Schicksale

SERIA
ACADEMIA
Band XII / Vol. XII
Eine Veröffentlichung der Evangelischen Akademie Siebenbürgen (EAS)
O publicație a Academiei Evanghelice Transilvania (AET)

Herausgeber der Reihe: / Serie editată de:
Dietrich Galter, Jürgen Henkel, Hermann Pitters

Sören Pichotta

Schicksale

Deutsche Zeitzeugen in Rumänien –
Lebensmut trotz Krieg, Deportation und Exodus

Schiller Verlag
Hermannstadt – Bonn

Gefördert vom Beauftragten der Bundesregierung für Kultur und Medien aufgrund eines Beschlusses des Deutschen Bundestages.

Förderung durch Evang.-Luth. Kirche in Bayern, München, Gustav-Adolf-Werk, Leipzig

Fotos: Sören Pichotta bzw. Privatfotos der Interviewten

Umschlag: Anselm Roth

© 2013 EAS & SV / Anselm Roth

Schiller Verlag Sibiu / Hermannstadt – Bonn
www.schiller.ro
verlag@schiller.ro

Druck: Alföldi Nyomda Zrt., Debrecen/Ungarn

ISBN 978-3-941271-90-6

Vorwort der Herausgeber	7
Deutsche Minderheiten in Rumänien	9
Die Bukowina – ein schönes Leben *Gertrude Vansurec*	13
Es ist alles vorbei *Wilhelmine Dumitraschevici*	23
Gott sei Dank, ist die Wende gekommen *Georg Stefani*	31
Siebenbürgen, das ist Heimat *Anneliese Andrăşescu*	40
Ein komisches Volk, aber sehr musikalisch *Alies Simion*	52
Bukarest war eine andere Welt *Hans Liebhardt*	62
Mein Leben ist ein Roman *Katharina Pavel*	75
Die letzte Dobrudschadeutsche *Ottilia Tănase*	84
Als der Vater weg war *Martin Gohn*	89
So bin ich groß gewachsen und so geh ich verloren *Eva Toth*	97
Jetzt braucht man keine Hilfe mehr in Zeiden *Juta Adams*	108
Mir gefällt das Wort Heimat *Inge Jekeli*	116
Der Kurator *Reinhard Beer*	125
Es gab die Nachbarschaften und noch keinen Televisor *Magdalena Vasile*	133

Ich habe mein ganzes Leben der deutschen Sprache
und Kultur gewidmet 142
    Peter Kottler

Hilfsverein der Deutschen Katholiken aus Bukarest 160
    Paula Fonosch und Felicia Stoica

Es wurde immer Ungarisch gesprochen 168
    Johann Ludescher

Das Banat ist ein kleines vereinigtes Europa 172
    Else von Schuster

Diese Deutschen kennen die Geschichte
der Deutschen nicht 182
    Katharina Schütz und Eva Mayer

Sie sagten, das macht nichts 191
    Dorothea Schiff und Matthias Kirsch

Ich bin immer geradegestanden für unsere Sachsen 205
    Brigitte Ilse Mureşan

Ich bin schneller in Deutschland als in Agnetheln 213
    Erhard Fraymayer

Deportation ins Lager 1002 226
    Hedda Katharina Vlad

Ohne Herodes kein Weihnachten 236
    Augustin Olear

Da ist immer ein Segen auf den Landlern gewesen 250
    Annelies Pitter

An Genschers Seite – Interview mit dem ehemaligen
Stadtpfarrer von Hermannstadt 261
    Wolfgang Rehner

Wir haben ein selbstbewusstes Forum 276
    Thomas Hartig

Projektidee und -ziel: Erinnerungskultur pflegen,
Identität bewahren 278

Vorwort der Herausgeber

Die Evangelische Akademie Siebenbürgen (EAS) hat als eigenständige Institution unter dem Dach der Evangelischen Kirche A. B. mit ihrem ökumenischen, interethnischen und interdisziplinären Programm eine wichtige Funktion für die Selbst- und Fremdwahrnehmung sowie für die Erinnerungskultur der Evangelischen Kirche Augsburgischen Bekenntnisses und der deutschen Minderheit in Rumänien. Die Evangelische Akademie ist in gewisser Hinsicht ein Aufbruchs- und Zukunftsprojekt, vor allem angesichts der Auswanderungswelle nach 1990.

Zum vielfältigen Programm der Evangelischen Akademie Siebenbürgen gehörte von Anfang an ganz grundlegend und wesentlich die Beschäftigung mit der Geschichte und dem Kulturerbe der deutschen Minderheit in Rumänien unter besonderer Berücksichtigung der Siebenbürger Sachsen in der Region. Beliebte und stets nachhaltige Veranstaltungen widmeten sich unter anderem unter kulturgeschichtlichen und museumspädagogischen Aspekten der Museumslandschaft und den vorreformatorischen Flügelaltären in Siebenbürgen sowie unter volkskundlichen und religionsgeschichtlichen Fragestellungen dem Brauchtum der deutschen Minderheit. Die Vergegenwärtigung, Aktualisierung und Bewahrung des nach wie vor äußerst lebendig, engagiert und optimistisch gepflegten deutschen Kulturerbes steht dabei gleichberechtigt im Fokus mit der Absicht und dem Ziel der Dokumentation und Bewahrung von Erinnerung. Das alles fördert und befruchtet den Dialog mit den Angehörigen der deutschen Minderheit, die sich bis heute bewusst entschieden haben, in ihrer Heimat in Rumänien zu bleiben und weiter hier zu leben. Die Akademie erfüllt somit eine bewahrende, dokumentierende, referierende und vermittelnde Rolle und Funktion.

Im Rahmen eines Akademieprojekts hat der Diplom-Museumswissenschaftler Sören Pichotta über einen längeren Zeitraum ein besonders interessantes Interview-Projekt unter dem Thema »*Schicksale – Deutsche Zeitzeugen in Rumänien*« mit Angehörigen der deutschen Minderheit in Rumänien durchgeführt, dessen Ergebnisse wir mit diesem Band unserer Reihe »*ACADEMIA – Veröffentlichungen der Evangelischen Akademie Siebenbürgen/ EAS*« nun gerne dem Publikum im In- und Ausland vorlegen. Der Museologe hat Männer und Frauen unterschiedlicher Generationen, Regionen, Geschlechter und Konfessionen in Rumänien in Interviews zu deren Lebenserinnerungen und persönlichem Schicksal befragt. Es sind spannende, in manchem vergleichbare, in manchem aber auch sehr unterschiedliche Selbstwahrnehmungen des eigenen Lebens und des Erlebens von persönlichem Schicksal vor dem Hintergrund der großen Geschichte und Politik, die hier referiert werden.

Der vorliegende Band gibt nun die Interviews dieses konfessions- und regionenübergreifenden Projekts wieder. Diese Dokumentation mit dem Ziel der Ergebnissicherung hat der Museologe für die Veröffentlichung ergänzt um eine Einführung zu Idee, Konzeption, Methodik und Durchführung des Projekts sowie ein Fazit als Zusammenfassung der Ergebnisse. Das ursprüngliche Forschungsvorhaben der EAS wurde vom Haus des Deutschen Ostens/HDO München finanziert. Wir danken nun dem Beauftragten der Bundesregierung für Kultur und Medien, der Evangelisch-Lutherischen Kirche in Bayern und dem Gustav-Adolf-Werk (Leipzig) für die zum Druck notwendigen Zuschüsse.

Der verdiente Projektleiter der Akademie im Bereich Archiv- und Museumsarbeit Sören Pichotta knüpft mit dieser Maßnahme und dem neuen Band an seine bisherigen Projekte und Bücher an: der Band »*Museen der Kirchenburgen. Kleinode in Siebenbürgen*« (160 S., 2008, ACADEMIA Sonderband 1) dokumentiert sämtliche Kirchenmuseen evangelischer Gemeinden in Siebenbürgen bis 2008; das Buch »*Vom Sammelsurium zum Museum. Aspekte der Museumsarbeit in der evangelisch-sächsischen Kirchenlandschaft Siebenbürgen*« (176 S., 2008, ACADEMIA Bd. 5) beschäftigt sich mit wissenschaftlichen, praktischen und methodischen Fragen der Museumsarbeit und -pädagogik für bestehende und zu konzipierende Museen der deutschen Minderheit in Siebenbürgen.

Mit Methoden der »Oral History« befragte der Museumswissenschaftler nun gezielt Angehörige der deutschen Minderheit in Rumänien nach Erinnerungen an die eigene Jugend und die Wahrnehmung der eigenen Lebenssituation in Rumänien vor und nach der Wende von 1989 bzw. dem Exodus der deutschen Volksgruppe aus Rumänien nach 1989.

Die sensibel und tiefgründig geführten Interviews und das dokumentarische Fotomaterial bieten einen höchst willkommenen und exemplarischen Beitrag zur deutschen Erinnerungskultur in Rumänien.

Sibiu/Hermannstadt, 15. Juli 2013

Dechant Dietrich Galter   *Pfarrer Dr. Jürgen Henkel*
Vorstandsvorsitzender EAS   *EAS-Akademieleiter a. D.*
Herausgeber ACADEMIA   *Herausgeber ACADEMIA*

Deutsche Minderheiten in Rumänien

Im heutigen Rumänien leben seit fast 900 Jahren deutschstämmige Bevölkerungsgruppen, die bis heute ihre deutschen Wurzeln in Sprache, Kultur und Tradition pflegen – und das teilweise sehr bewusst und mit Stolz. Die Geschichte der Deutschen in den heutigen rumänischen Landesteilen hat mit dem Zuzug von Siedlern aus dem moselfränkischen und Luxemburger Raum begonnen. In Anlehnung an deren Siedlungsgebiet Siebenbürgen – auch unter dem Namen Transsylvanien bekannt und damals zum ungarischen Königreich gehörig – entwickelte sich die »Nation« der Siebenbürger Sachsen[1], die zusammen mit Rumänen und Ungarn eine der drei historischen Ethnien Siebenbürgens darstellte. Charakteristisch für die Siebenbürger Sachsen sind ihre sozialen Organisationsformen und ihre Sprache – ein im Aussterben begriffener deutscher Dialekt. Ebenso bedeutsam sind ihre teilweise zum UNESCO-Weltkulturerbe erhobenen Kirchenburgen und mittelalterlichen Städte, die bis in die heutige Zeit nichts von ihrem Reiz eingebüßt haben und eingebettet in eine äußerst liebliche Landschaft einen touristischen Geheimtipp darstellen.

Um 1700 kam es unter österreichischer »Regie« zu einer weiteren bedeutenden Einwanderungswelle. Aus Schwaben kommend, fanden tausende Familien im Banat ein neues Siedlungsgebiet. Die demzufolge als Banater Schwaben bezeichneten Siedler wandelten mit viel Fleiß über Jahrhunderte hinweg eine riesige Brachlandschaft in fruchtbares Land um, das ihnen und den mitwohnenden Nationalitäten einen hohen Wohlstand bescherte und ein umfassendes Kultur- und Gemeinschaftsleben ermöglichte, selbst in Dörfern.

Neben diesen zwei bedeutenden Bevölkerungsgruppen haben sich in fast allen Regionen des heutigen Rumäniens weitere Deutsche angesiedelt: in der Bukowina, der Maramuresch, in der ans Schwarze Meer grenzenden Dobrudscha und in der Hauptstadt Bukarest. Es gibt wohl kaum eine größere Stadt in Rumänien, wohin es keine Deutschen verschlagen hat. Dies ist bis heute gut sicht-

---

[1] Im Laufe des Buches werden die Siebenbürger Sachsen auch nur als Sachsen bezeichnet. Dies ist nicht zu verwechseln mit den Sachsen des gleichnamigen Bundeslandes, dies betrifft auch das Adjektiv »sächsisch«. Hier handelt sich es um eine historisch bedingte Namensparallelität, ethnisch haben jedoch die Siebenbürger Sachsen mit den heutigen Bundes-Sachsen so gut wie nichts gemeinsam.

bar an (ehemals) deutschen Schulen und Kirchen – egal ob evangelisch oder katholisch –, die man teils groß und offensichtlich, teils klein oder versteckt antrifft. Und immer waren die Deutschen gern gesehen, denn ihre Tugenden wie Disziplin, Organisationstalent, Ordnung und Fleiß wurden geschätzt und bewundert. Das ist bis heute so. Fast reibungslos vollzog sich über die Zeiten das Zusammenleben der Deutschen mit den Nachbarethnien. In einer historisch gewachsenen Multikulturalität vollzog sich ein Spagat zwischen Abgrenzung und gegenseitigem Respekt, der unter dem Strich allen ein friedliches Miteinander bescherte und ermöglichte.

Ausgenommen sind natürlich Extremsituationen, die sich im Zusammenhang mit dem Zweiten Weltkrieg ergaben, aber selbst da blieben, verglichen mit den Geschehnissen in anderen Ländern, die Verhältnisse in Bezug auf die Deutschen vergleichsweise friedlich und Rumänien war nach dem Zweiten Weltkrieg das einzige osteuropäische Land, das »seine« Deutschen nicht geschlossen ausgewiesen hat.

Einen zahlenmäßigen Höhepunkt von 750 000 Angehörigen erreichten die Rumänien-Deutschen in der Zwischenkriegszeit. Dies entsprach einem landesweiten Anteil an der Gesamtbevölkerung von mehr als 4 Prozent, und dieser Anteil erhöhte sich in rein regionaler oder lokaler Betrachtung erheblich. Der Bevölkerungsanteil der Deutschen in Siebenbürgen lag 1930 bei knapp 10 Prozent, in Hermannstadt/Sibiu bei 47 Prozent.

Bis zum Regimewechsel in Rumänien 1990 lebten die rumäniendeutschen Bevölkerungsgruppen noch in ihrem jeweiligen historischen Umfeld, und die sozialen wie kulturellen Strukturen konnte man im Kontext ihrer zeitlichen Prägung als durchaus funktionierend bezeichnen: Noch immer wurden traditionelle Feste in Trachten gefeiert, der sonntägliche Kirchgang war für viele genauso obligatorisch wie der gemeinschaftliche Arbeitseinsatz vor dem Haus oder in der Kirche. Selbst in kommunistischer Zeit war die bedeutende Rolle von Kirche und Pfarrer innerhalb der deutschen Minderheit ungebrochen. Nicht zu vergessen die Gemeinschaftsverbände wie Nachbarschaften, Schwester- und Bruderschaften und das deutschsprachige Schulsystem, worin die Schüler in hochdeutscher Sprache unterrichtet wurden – bis zum Abiturabschluss und mit Rumänisch als Fremdsprache (!).[2]

---

[2] Vgl. Anton-Joseph Ilk / Johann Traxler (Hg.), Geschichte des deutschen Schulwesens von Oberwischau, Nürnberg 2009 (Veröffentlichungen zu den Zipsern im Wassertal, Bd. 1).

Bedingt durch die politischen und ökonomischen Umstände während der Ceaușescu-Zeit, die den Deutschen – wie auch ihren rumänischen oder ungarischen Landsleuten – das Leben beinahe unerträglich gemacht hatten, war der Drang in den vermeintlich »goldenen« Westen groß. Als sich 1989/90 die Tore zum Westen öffneten, begann herdentriebähnlich die große »Heimatflucht« der Rumäniendeutschen. Daheim blieben die Alten und Müden, aber auch die Heimatliebenden und Optimisten und die, die etwas bewegen wollten.

Mehr als 20 Jahre sind ins Land gegangen; eine nachziehende Generation gibt es unter den deutschen Minderheiten-Gruppen kaum, die demographische Uhr tickt. Vieles hat sich verändert in den historischen Siedlungsgebieten der Deutschen, bis – pessimistisch gesprochen – von den Deutschen in Rumänien nur noch die Baudenkmäler, Straßennamen und Friedhöfe übrig geblieben sein werden. Dann haben die imposanten und landschaftsprägenden Kirchenburgen der Siebenbürger Sachsen eine neue Aufgabe: dem Vergessen zu trotzen. Und auch weiterhin werden in stiller Zeugenschaft die einmalig schönen Dörfer und historischen Stadtkerne das Bild Siebenbürgens oder des Banats bestimmen. Städte wie Hermannstadt/Sibiu, Kronstadt/Brașov oder Schäßburg/Sighișoara haben bis heute auch ihre städtebauliche Prägung durch die deutschen Siedler bewahrt. Doch die Nachfahren der Erbauer dieser Stätten, die diese beseelten und dort ihren Alltag erlebten, die werden nicht mehr sein – und wieder sind Kulturen verschwunden.

Dieser Kulturverlust ist ein Verlust für alle Seiten, denn mit dem Abtreten der Deutschen aus diesen europäischen Kulturlandschaften verlieren diese auch einen Teil ihrer Multikulturalität. Nirgendwo sonst in Europa dürfte die Vielsprachigkeit so ausgeprägt sein wie in Teilen Siebenbürgens oder des Banats, wo innerhalb eines Ortes mehrere Sprachen gesprochen wurden und protestantische, katholische und orthodoxe Kirchen in Sicht- und Hörweite beieinander standen. Und dieses Nebeneinander gab es ebenso in Architektur wie in der Brauchtumspflege oder bei Jahrmärkten und Volksfesten.

Diese Vielfalt der Kulturen bildete eine einzigartige Brückenfunktion zwischen dem mitteleuropäisch-deutschsprachigen Raum und dem südöstlichen, orientnahen Europa, über Jahrhunderte hinweg.

Heute ist die Zahl der Deutschen in Rumänien auf einen kaum mehr in Prozent auszudrückenden Anteil gesunken. Die Tendenz ist altersbedingt und demographisch gesehen weiter stark fallend.

Nichtsdestotrotz sind die Deutschen in Rumänien eine wichtige politische Kraft. Die besondere politische Bedeutung wird unter anderem an der Tatsache deutlich, dass in dem immer noch siebenbürgisch-sächsisch geprägten Sibiu/Hermannstadt seit mittlerweile drei Amtsperioden mit Klaus Johannis ein deutscher Bürgermeister amtiert, der zum dritten Mal in Folge mit Traumergebnissen von bis zu 89 Prozent gewählt wurde, obwohl nur noch rund 1800 Deutsche unter den 140 000 Einwohnern zu finden sind.[3]

---

[3] Zur Bedeutung der Regionalparteien in Rumänien vgl. Jürgen Henkel, Die Idee der Regionen und Regionalparteien in Rumänien, in: Petra Zimmermann-Steinhart (Hg.), Regionale Wege in Europa. Föderalismus – Devolution – Dezentralisierung, München 2006 (= Schriftenreihe des Zentralinstituts für Regionalforschung der Friedrich-Alexander-Universität Erlangen-Nürnberg, Bd. 2), S. 96-114. Zur politischen Rolle der deutschen Minderheit nach 1989 vgl. Einblick & Ausblick. 15 Jahre Demokratisches Forum der Deutschen in Rumänien, Hermannstadt 2004.

Die Bukowina – ein schönes Leben

Gertrude Vansurec, geb. Praglowsky, 1922 in Itzkany/Ițcani in der Bukowina geboren, lebt in Kimpolung/Câmpulung Moldovenesc, evangelisch, verwitwet, Medizinstudium begonnen, später Lehrerin

Die Ahnen

Die Deutschen wurden in der Bukowina in drei Etappen angesiedelt und kamen aus verschiedenen Gegenden Deutschlands. Meine Vorfahren kamen 1787 aus Württemberg und aus Hessen nach Neu-Itzkany, das ging aus meinem Ahnenpass hervor. Das war unter Joseph II., dem Sohn Maria Theresias. Die Kolonisten bekamen zwölf Hektar, Vieh und ein Holzhaus zur Verfügung gestellt. Ich hab das Haus noch erlebt, ein kleines Häuschen mit ganz kleinen Fenstern. Der Mutter nach bin ich deutsch, nach meinem Vater teils deutsch, teils polnisch. So war mein Mädchenname polnisch, aber das Herz und die Gesinnung waren deutsch und meine Muttersprache auch. Mit meinen Eltern und mit sämtlichen Verwandten habe ich Deutsch gesprochen. Überhaupt wurde bei uns im Haus sehr viel gelesen, so dass ich ziemlich fest in der deutschen Sprache war. Itzkany war die Grenzstation zwischen Österreich und Rumänien, bis 1918. Und in Bahnhof-Itzkany gab es Fabriken, darum hatte das Dorf ein bisschen städtischen Anstrich. Und dann gab es noch Neu-Itzkany, da waren nur deutsche Grundwirte. Als Kind habe ich die rumänische staatliche Schule in Bahnhof-Itzkany besucht, wo ein oder zwei Mal

Deutsche Jugend in Tracht 1938 vor dem Deutschen Haus in Itzkany

in der Woche eine Stunde in Deutsch war. Ich konnte auch die deutsche Schule hier besuchen, aber die war konfessionell und das bedeutete Unterrichtssprache Deutsch. Doch weil die Bukowina 1918 an Rumänien angegliedert wurde, hatte mein Vater beschlossen:

»Wir wohnen jetzt in Rumänien und das Kind soll die Landessprache beherrschen.«

Umsiedlung und Krieg

1940 ist der größte Teil der Deutschen aus der Bukowina umgesiedelt worden. Es sind drei Transporte gegangen aus Itzkany. Wir waren beim zweiten, der letzte ging am 6. Dezember 1940. Wir kamen nach Österreich in ein Auffanglager nach St. Wolfgang am Wolfgangsee. Zum Empfang wurde dort die Buchenland-Hymne gespielt.

Es wurden uns Versprechungen gemacht: Wenn man nach Deutschland kommt, bekommt man das alles zurück, was man hier besessen hat. Aber es hat sich ganz anders verhalten: Im Herbst 1941 wurden wir von Österreich nach Oberschlesien abgeschoben und im Jahre '43 wurde meine Mutter in dem Ort Warthenau angesiedelt. Die Nationalsozialisten haben dort die Polen aus ihren Häusern vertrieben und manche Umsiedler haben das auch selbst gemacht. Die Grundwirte aus Neu-Itzkany bekamen die polnischen Bauernhöfe und die Polen wurden in Lager gesteckt, die waren mit Stacheldraht umzäunt. Aber viele wollten das nicht akzeptieren: Mein Cousin, der war ein gut situierter Mann und Kunsttischler. Sie haben ihm in Posen eine Tischlerei mit moderner Ausstattung geben wollen. Er hat es abgelehnt: Es gehört nicht mir, ich kann mich nicht in einen fremden Besitz ... Da hat man ihm gesagt: Sie sind ja schlimmer als die Polen. Nach ein paar Tagen kam die Einberufung an die Ostfront und er wurde drei Mal verwundet und war sechs Jahre in russischer Gefangenschaft. Meine Mutter hatte in Itzkany eine Parzelle und ein Feld, so hätten wir dies dort auch bekommen müssen. Aber sie haben uns nur eine Wohnung zur Verfügung gestellt, in Warthenau, in der alten Gasse. Im oberschlesischen Rybnik legte ich das Abitur ab und '43 hab ich mich in Breslau immatrikuliert und Medizin studiert. Im Wintersemester 44/45 wurden wir Medizinstudentinnen in einem Reserve-Lazarett eingesetzt, in Oberschlesien. Als im Januar '45 die Front näher kam, bin ich mit dem Lazarett nach Bautzen gekommen. Meine Mutter ist geflüchtet, mit der ganzen Familie. Sie konnten nicht viel mit sich nehmen, nur das, was sie mit den Händen tragen konnten und irgendwann sind sie als vermisst erklärt worden.

»*Es war schrecklich, ich will mich gar nicht an diese Zeit erinnern.*«

Am 13. Februar 1945 habe ich von Bautzen aus den Großangriff auf Dresden erlebt. Vorher war ich etliche Mal dort und da habe ich Dresden gesehen in seiner ganzen Schönheit. Das Lazarett wurde dann verlegt und eine Krankenschwester und ich sollten uns in Plauen, im Vogtland, melden. Am 8. Mai, als Deutschland kapitulierte, hatten die Amerikaner Plauen besetzt. Ich

Haus der Tante und des Onkels in Itzkany

wurde erst nach Grünbach und von dort nach Klingenthal versetzt. Als sich die Amerikaner zurückzogen, haben sie alles mitgenommen. Sie haben alles mitgenommen: Soldaten, Offiziere, das ganze Krankenhaus mit den Verwundeten, mit dem Personal. Wer schlau war, der konnte sich nach dem Westen retten. Ich hätte mitkönnen, aber ich wusste, wenn ich zu den Amerikanern gehen werde, werde ich meine Mutter nicht so rasch wiedersehen. Ich war das einzige Kind. Mit zehn Jahren starb mein Vater und ich hing sehr an meiner Mutter.

»*Aus Rumänien bist du gekommen – zurück nach Rumänien.*«

Das Vogtland wurde an die Russen abgegeben und sie schleppten uns nach Rumänien zurück. Ich war deutsche Staatsbürgerin, aber es hat nicht gegolten. So bin ich von Deutschland in das Banat gekommen. In Arad ließ man uns unter freiem Himmel frei. Viele haben Angst gehabt, zu sagen, dass sie Deutsche sind, aber ich hatte Glück mit meinem polnischen Namen, der war nicht mit Gold zu bezahlen. Da hat sich niemand an meinem Vornamen gestoßen, sondern sie haben mich als Polin betrachtet. Die Deutschen haben viel durchgemacht, sie hatten keine Rechte. Im Jahre '45 kam es zur Deportation nach Russland und im selben Jahr wurde ihnen alles enteignet. In ihre Häuser wurden Kolonisten aus der Dobrudscha oder der Moldau einquartiert. Doch weil es ihnen nicht endgültig gehörte, hatten sie kein Interesse, um diese Häuser instand zu setzen. Also erließen die Kommunisten ein Dekret und die Häuser wurden den Deutschen im Jahre 1956/57 wieder zurückgegeben.

Wahlheimat Banat

Meine Mutter, ich und Anverwandte sind im Banat, in Temeswar geblieben. Da mein Zeugnis aus Rybnik nur teilweise als gültig angesehen wurde, musste ich noch einmal auf die Schule.

»*Inzwischen war ich 30 Jahre, und wieder von vorn anfangen.*«

Erst 1951, sechs Jahre nach meiner Rückkehr, konnte ich mich wieder einschreiben auf der Hochschule. Ich habe aber nicht Medizin studiert, denn die haben mir die beiden Jahre nicht anerkannt. So habe ich mich an der Fakultät für Naturwissenschaften eingeschrieben und war nach vier Jahren fertig. Dann habe ich Naturkunde und Erdkunde an der deutschen Schule in Neupetsch und in Jahrmarkt unterrichtet – 15 Jahre. Das Banat wurde also zu meiner Wahlheimat und zu jener Zeit waren dort vorwiegend Dörfer mit deutscher Bevölkerung.

Ein neuer Anfang in der alten Heimat

Bis 1967 blieb ich im Banat und in diesem Jahr habe ich meinen Mann geheiratet. Wir waren schon alt, ich 44, mein Mann 50, so dass wir keine Kinder mehr hatten. Ich hatte Glück, mein Mann war auch Bukowina-Deutscher, nach der Mutter. Sein Familienname Vansurec ist aber ein tschechischer oder polnischer Name. Und wie es schon zu Österreichs Zeiten in der Bukowina war, seine Muttersprache war Deutsch. So kehrten wir in die Bukowina zurück, wo ich im Jahre '40 ausgewandert war. Ich ging aber nicht nach Itzkany, sondern nach Kimpolung. Mein Mann, er hatte da ein Haus, war gebürtiger Kimpolunger und er war ein großer Lokalpatriot. Ihn hat das geärgert, wenn er die offizielle Bezeichnung Câmpulung Moldovenesc gelesen hat.

»Wir sind Bukowinaer und nicht Moldovenesc.«

Fünfzehn Jahre habe ich an deutschen Schulen unterrichtet, die letzten zehn in Sadowa – eine sehr schöne Gemeinde. Dann bin ich in Rente gegangen und das bin ich auch noch jetzt. Seit 43 Jahren bin ich nun wieder in Kimpolung, in der Bukowina ansässig und fühle mich gut hier in meiner alten Heimat.

Eintracht im Streit

Meine Eltern waren evangelisch, als ich zur Welt kam. Oftmals war es, wie mein Onkel es gesagt hat: Sind's Jungs, sollen sie katholisch sein. Sind's Mädchen, dann sollen sie evangelisch sein. Man hat sich sehr gut vertragen. Aber nicht alle Katholiken und Protestanten. Wenn die jungen Leute sich gern hatten und der eine war katholisch und der andere evangelisch und keiner wollte nachgeben, sind die Freundschaften auseinandergegangen. Ich kann mich erinnern: Vor der Umsiedlung war in Itzkany das Deutsche Haus. Da hatte ein Katholik auf dem Klo an die Wand geschrieben: *Hier, in dieser gelben Butter hat gesessen Martin Luther.* Und ein Lutheraner hatte darüber geschrieben: Wenn man bisschen tiefer guckt, sitzt der Heil'ge Nepomuk. Aber jetzt sind nicht mehr diese großen Gegensätze. Die Ökumene macht sich bemerkbar. Dieses Haus ist ein katholisches, denn mein Mann war katholisch. Aber bei uns war das nie ein Thema. Einmal nur hat er mich gefragt, was ist der Unterschied zwischen katholischem und evangelischem Glauben. Na, bei uns ist Jesus sagte ich. Und die Maria wird verehrt, aber sie wird nicht angebetet. Und wir machen nicht das Kreuz, aber wer es machen will, den hindert niemand,

17

der kann es machen. Und bei uns ist ja der Kern des Gottesdienstes die Predigt. Nur das Abendmahl: Die Katholiken bekommen den Leib, die Hostie und den Wein trinkt der Pfarrer – da bin ich nicht einverstanden.

Evangelisch-Lutherisch

Die evangelisch-lutherische Kirche war, wie die anderen auch, eine Nationalitäten-Kirche. Es wurde nur Deutsch gepredigt und das war ein großer Fehler. Denn 1940, als die Deutschen weg sind, wurden die evangelischen Kirchen von den Orthodoxen übernommen. In der Bukowina hatte es 38 evangelische Kirchen und jetzt sind es nur noch drei: in Iacobeni, in Prisaca Dornei und in Pojorâta. Diese ist im Innern noch gut erhalten und an der Kirche steht noch:»Eine feste Burg ist unser Gott.« Einmal im Monat wird Gottesdienst gehalten. Aber im Winter fällt der Gottesdienst oft weg, weil es schwer ist, über die Berge zu klettern, mit dem Auto. Ein Pfarrer ist nach Deutschland fort, der andere ließ sich pensionieren und seit zehn Jahren kommt nun der Pfarrer aus Siebenbürgen, aus Bistritz. Aber es war zu viel für ihn und im Juli hatten wir seinen letzten Gottesdienst. Nun wird ein anderer Pfarrer für die Bukowina eingesetzt, einer aus Deutschland. Wir sind hier in der Diaspora. Vor 20 Jahren waren wir vielleicht noch 20 evangelische Christen, aber die Alten sterben weg. Die jetzigen sind alle in meinem Alter oder zehn oder fünfzehn Jahre jünger als ich und die Jungen kommen nicht mehr nach. In Pojorâta sind wir noch zwei evangelische Seelen geblieben. Mit den anderen waren wir zuletzt fünf, mit dem Pfarrer sechs und mit dem Herrn Jesus Christus sieben Seelen. Aber wir haben uns hervorragend gefühlt.

Die deutsche Sprache

In der Bukowina hatte jede Ortschaft auch einen deutschen Namen und überall wurde Deutsch gesprochen. Wenn man auf dem Amt war, dann hatte man es mit Deutsch zu tun. So wurden im Jahre '35 solche kleinen Täfelchen angebracht: *Bitte Rumänisch sprechen*. Hier, wo es richtig Österreich war, waren auch alle Register in deutscher Sprache geschrieben, noch in den zwanziger Jahren: Gerichtsakten, Kataster- und Grundbuch. Aber die Landbevölkerung hatte ihren Dialekt. Beispielsweise in Itzkany wurde der schwäbische Dialekt gesprochen. Er ähnelt sehr der deutschen literarischen Sprache, mehr als das (Siebenbürgisch-)Sächsische. Das Schwäbische im Banat ist mit dem Schwäbischen in der Bukowina ziemlich ähnlich.

Da hab ich mich sehr leicht hereingefunden, damals, als ich im Banat lebte. Die deutsche Sprache wurde erhalten durch die Schulen, die noch aus Österreichs Zeiten waren. Aber auf dem Land, den Dörfern, die rumänisch waren, wurde natürlich Rumänisch gesprochen. Es war dort eine massive rumänische Bevölkerung.

Die Deutschen in der Bukowina

In der Bukowina waren die Deutschen nicht so eine Gemeinschaft wie bei den Siebenbürger Sachsen mit ihren Nachbarschaften. Aber wir hatten unsere Traditionen: das Kirchweihfest, das Erntedankfest und die Sonnenwendfeier. In Itzkany wurde die Sonnenwendfeier genau am 21. Juni gehalten. Da ging man in den Birkenwald und die jungen Burschen haben da einen großen Scheiterhaufen aufgebaut. Man fuhr hin mit Wagen und Pferd. Für Getränke wurde gesorgt – es gab da auch ein Glas Bier –, man brachte Essen mit und es wurde erzählt und getanzt und gesungen. In der Dämmerung wurde der Scheiterhaufen angezündet und dann sind die Mutigen über die Flamme gesprungen. Das Erntedankfest war in der Kirche. Da wurde mit Blumen geschmückt und am Abend war eine Unterhaltung. Auch das Kirchweihfest wurde groß gefeiert. Das

Evangelische Kirche in Pojorâta

war der erste Sonntag im November. Da war Gottesdienst und die Verwandtschaft wurde aus den umliegenden Ortschaften eingeladen, die Großmutter, die Vettern und Basen. Und im anderen Jahr war der Gegenbesuch. Und am Abend war immer eine Unterhaltung. Die Evangelischen von Itzkany haben den letzten Sonntag im November auf dem Friedhof verbracht, der war hinter dem Bahnhof mit dem orthodoxen, katholischen und jüdischen Friedhof. Da wurde Gottesdienst gehalten und der Toten gedacht. Im Februar, bevor die Passionszeit begann, waren Maskenbälle im Deutschen Haus in Itzkany, ein imposantes Gebäude. Unten im Parterre war ein Restaurant und oben war ein großer Saal mit Parkett und Bühne. Ein sehr schöner Saal. Ich weiß nicht, ob noch irgendwo in der Bukowina, außer Czernowitz, so ein schöner Saal war. In den 30er Jahren hat sich die Jugend zusammengeschlossen. Man hatte einen Jugendführer oder Jugendführerin und wir kamen im Deutschen Haus zusammen. Jede Woche, sonntags gewöhnlich. Da hatten wir Schüler frei und da war der Pfarrer und seine Frau. Sie war in der Musik bewandert und hat sich mit der Jugend beschäftigt. Dann wurden Gesellschaftsspiele gespielt, man hat getanzt und Lieder gesungen. Es wurden Ausflüge organisiert in andere Ortschaften, Theaterstücke eingeübt und aufgeführt. Aber das war alles unpolitisch. Und wir trugen auch das Dirndl als Nationaltracht. Und dann sind alle fort. Zuerst wurden die jungen Männer genommen, dann sind die anderen alle nach Deutschland. Wie viele Deutsche damals in der Bukowina lebten, kann ich nicht genau sagen. Es waren ganze Dörfer, die deutsch waren. Bis 1940 hat es gehalten und dann waren nur noch wenig zurückgeblieben. Hier im südlichen Teil der Bukowina, da ist von den Deutschen nur ganz wenig übrig geblieben. Ich weiß nicht, ob im ganzen Buchenland noch 3000 oder 4000 deutsche Menschen sind. Aber im Jahre '90 sind die so genannten Foren gegründet worden und da kommen die Deutschen noch zusammen.

Richtige Deutschstämmige sind die wenigsten, denn mit dem Fortgang der Deutschen sind viele Mischehen entstanden. Viele Frauen haben Rumänen geheiratet, denn es waren wenig deutsche Frauen, aber viele rumänische Männer. Was ich sehr bedauert hab ist, dass deutsche Frauen, trotzdem sie einen rumänischen Mann hatten, mit den Kindern nicht deutsch gesprochen haben. Aber insgesamt haben sich die Deutschen und Rumänen gut verstanden. Die Auswanderung nach Deutschland kam für mich nicht in Frage. Ich war in Deutschland, die ganzen Verwandten sind dort. Aber was soll ich in Deutschland? Ich hab meinen Beruf gehabt, der mir gefallen hat, ich hab an deutschen Schulen unterrichtet, wir hatten in Temeswar das deutsche Staatstheater, die evangelische Kirche ... Rumänien ist das einzige Land in Osteuropa, wo jeden Tag eine deutsche Tageszeitung erscheint. In Rumänien habe ich wieder Fuß gefasst. Mein Mann war Deutscher, meine Schwiegereltern auch, und hier im Haus wurde Deutsch gesprochen. Da waren lauter Nachbarn deutsch. Auch in den 70er und 80er Jahren. Hier waren deutsche Kolonien und überall waren so schöne Häuser mit vier Fenstern vorn und mit einem Satteldach, das war typisch für die Deutschen. Und sie haben sie in den 40ern stehen gelassen und sind umgesiedelt – fort und haben sich Honig um den Mund schmieren lassen ...

Bukowina – deine Völker

Bis 1940 wurde eigentlich nicht gefragt, bist du Pole oder Ukrainer oder Rumäne oder Deutscher. Bevor die Bukowina 1918 wieder an Rumänien fiel, stand sie unter der Herrschaft eines Staates, Österreich. Österreich hat sehr viel getan in diesen 150 Jahren. Es hat die Zivilisation, die österreichische Disziplin hierher übertragen. Kaiser Franz Josef von Österreich, König von Ungarn, war Erzherzog der Bukowina. Sie war die östlichste Provinz des Kaiserreiches und es wurde Kronland genannt. Czernowitz war die Landeshauptstadt und es war eine vielsprachige Stadt: Deutsch, Rumänisch, Polnisch und Ukrainisch. Jede Nationalität oder Ethnie – wie man es jetzt als modernes Wort gebraucht – hatte ein Haus. Ein Gebäude, zum Beispiel das Deutsche Haus, das Polnische Haus, das Ukrainische Haus. Czernowitz wurde das »orientalische Wien« genannt, so wie Temeswar das »kleine Wien« genannt wird. Auch die Universität in Czernowitz war ganz nach österreichischem Muster.

»Es war ein schönes Leben.«

Das Besondere aber an der Bukowina war, dass es hier sehr viele Juden gab. Vor allem in Czernowitz, aber auch hier in Itzkany war ein jüdischer Tempel. Diese nationalsozialistische Bewegung, die durch Hitler in Deutschland hervorgegangen ist, sie hat sich auch hier bemerkbar gemacht, aber nur ganz wenig. Die Deutschen haben mit den Juden friedlich hier gelebt: Da war beispielsweise der jüdische Arzt mit dem evangelischen Pfarrer aus Itzkany befreundet. Unser Glaube stammt schließlich von ihnen, Jesus war ja Jude. Die Muttersprache der Juden war deutsch. Und die Juden wurden als die Kulturträger des Deutschtums betrachtet. Kultur, denn es waren Dichter, es waren Philosophen, also viele akademisch gebildete Menschen, die sich der deutschen Sprache bedienten. Und dann hatten sie noch ihren Jargon, das Jiddische. Aber die Juden begannen im Jahre '38 auszuwandern, ein Teil ging nach Palästina. Die Juden, die nicht weggingen, wurden verschleppt von den rumänischen Nationalisten. Sie wurden nach Transnistrien geschafft, dort sind viele ums Leben gekommen. Als ich daher gekommen bin, im Jahre '67, da waren meine Freunde aber auch wieder Juden, denn mit ihnen konnte ich Deutsch sprechen. Da war die Nachbarin, sie war mit einem Christen verheiratet und auch sehr christlich eingestellt. Die Frau Gottesmann, ein schöner deutscher Name, Gottesmann. Und sie wussten, dass ich Deutsche bin, und sie wussten, was die Deutschen mit den Juden gemacht haben. Aber sie haben es mich niemals fühlen lassen. Wir waren alle gut befreundet. Heutzutage sind keine Juden mehr in Kimpolung. Aber früher waren in der Bukowina sehr viele. Das war typisch Bukowina!

Abgesang: Dulce Bucovina – süße Bukowina

Bis 1940 war es sehr schön; überall in der Bukowina, in jedem Dorf, auch in den Städten, in Suceava, in Radautz, in Dorna. Der rumänische Dichter Mihai Eminescu hat der Bukowina ein Gedicht gewidmet: *Dulce Bucovina* – süße Bukowina, *vesele grădini* – fröhlicher Garten ... Es war viel Frohsinn hier, es war kein Hass unter diesen Nationalitäten. Es war diese österreichische Atmosphäre, es wurde gegrüßt: »Küss die Hand«, nicht »Guten Tag«, wie die Deutschen sagen.

Ortsnamen:
Warthenau – Zawiercie
Neupetsch – Peciu Nou
Jahrmarkt – Giarmata
Sadowa – Sadova
Jakobeny – Iacobeni
Pozoritta – Pojorâta
Radautz – Frătăuții Vechi

Es ist alles vorbei

Wilhelmine Dumitraschevici, geb. Klein, 1933 in Watra Moldawitza / Vatra Moldoviței (Bukowina) geboren, lebt ebenda, evangelisch, seit 1958 verheiratet und 1990 verwitwet, zwei Töchter, Arbeiterin und Verkäuferin

Als Kind ausgewandert

Mein Vater war Robert Klein und die Mutter Emilie, geborene Grün. Die Großmutter hieß von zu Hause Sendler und war verheiratet mit Adam Grün. Wir waren drei Kinder. Man hat uns Schwaben geheißen – das hab ich noch von den Eltern gehört. Aber ich weiß nicht, woher sie kamen. Hier im Moldovița-Kloster beim Eintritt kann man noch sehen, da steht ein Name von einem Vorfahren: Adam Grün 1846, der ist zu der Zeit gekommen. In dieser Gegend gab es Dörfer, das waren deutsche Kolonien. Da haben nur sechs Familien Rumäner gewohnt, die anderen waren alle deutsch. Hier im Dorf waren weniger Deutsche, vielleicht 200 Familien. Weil wir Deutsche waren, wurden wir im 1940er umgesiedelt. Mit dem ersten Transport, im Mai, Juni, sind die reichen und klugen Leute weggefahren: Fabrikanten, Rechtsanwälte, Doktoren, Lehrer oder geschulte Leute. Die Ärmeren sind geblieben, und das riss die Familien auseinander. Später mussten alle weg, ob sie wollten oder nicht. Es sind nur die ganz Alten geblieben oder nur wenige Deutsche und die haben die Russen nach Russland in die Deportation verschleppt, im Jahre '44. Unser Transport war Anfang Dezember. Ich kann mich erinnern, der ging von hier nach Vatra Moldoviței.

Es waren etwa zehn Personalwaggons. Mit uns konnten wir bis zu 100 Kilo nehmen. Der Vater, die Mutter und wir zwei Kinder sind erst nach Lodz abgefahren und dann nach Sigmaringen und Sießen bei Saulgau. Dort wurden Aussiedlerlager gemacht – Aussiedler, keine Flüchtlinge. In Sießen war ein Kloster, da waren Tausende von Menschen gewesen, vielleicht vom ganzen Kreis waren wir dort. Und 80 Personen waren in einem Saal mit Stockbetten. Im Lager bin ich in die 1. Klasse gegangen, hab noch Gotisch in der Schrift gelernt. Die Männer sind in die Arbeit gegangen, jeder, was er verstanden hat, auch bei die Bauern. Die Jugend ist eingezogen ins Militär. Nach einem Jahr wurden wir in Polen angesiedelt. Der Großvater wollte zurück nach Rumänien: Ich geh nicht nach Polen, ich war dort im Ersten Weltkrieg, dort ist nur der Tod. Und am Nachmittag war er tot. Man hat uns nicht weit von Krakau gebracht und da haben sie den Polen die Häuser weggenommen. Auch haben sie für uns Kolonien gemacht mit neuen Häusern. In einem Monat war das Haus fertig, es war zum Abzahlen, 25 Jahre. Und wie man uns hat angesiedelt, da hat man den Tata in den Krieg eingezogen und die Mama ist geblieben mit dem Boden und man hat ihr Arbeitskräfte gegeben, die waren Polen. Dort in Polen hab ich mich manchmal erinnert an die Berge hier. Ich hatte eine Sehnsucht. Dort habe ich die Schule besucht, aber die polnischen Kinder haben wir überhaupt nicht gesehen, obwohl noch Polen dort waren. Wir hatten eine extra Schule. Wegen der Kriegszeit habe ich in drei Jahren vier Klassen gemacht und danach ein Jahr die Handelsschule.

Flucht

Es waren Winterferien, als die Front kam und wir haben 30 Kilometer bis zum Bahnhof fahren müssen. Wir verpassten den Zug und so sind wir zurück. Alle waren schon weg, der Bürgermeister und die Beamten, nur noch Frauen, Kinder und alte Menschen waren da. Nach zwei Tagen hat uns die Polizei verständigt: Sie müssen raus! Da haben wir wieder den Wagen gepackt. Das war um den 10. Januar '45. Wir sind geflüchtet, Tag und Nacht unter freiem Himmel. Ab und zu haben wir gehalten, dass die Leute uns Tee geben und wir haben gebetet. Unser Wagen war voll mit acht Kindern, von den Tanten, der Cousine. Es war sehr kalt und wir sind gegen Westen gefahren. In Breslau hat uns niemand aufnehmen wollen und dann sind wir über die Tatra in die Tschechei und dorthin sind auch die Tante und die Großeltern gekommen. Ich weiß nicht mehr wie, es gab keine Meldungen, aber irgendwie zog sich alles zusammen, wo die meisten sind. In der Tschechei, März '45, haben uns die Russen eingeholt. Die haben uns registriert und in unseren Dokumenten gefunden, dass wir von Rumänien sind. In Prag kamen wir auf einen russischen Transport mit Panzern und Soldaten. Für uns waren Viehwaggons, jeder mit 30 oder 40 deutschen Flüchtlingen. Sie haben uns die Pferde und die Wagen weggenommen, und uns nur 70 kg gelassen: vier Personen, ein paar Kleider und Essen: Brot, Zucker, Mehl, Fleisch in großen Dosen – das hatten wir noch von Polen. Die Fahrt hat einen Monat gedauert. Die Behörden haben sich schlimm mit uns benommen, aber die einfachen Leute und die russischen Soldaten haben gesagt: Wir haben auch Kinder. Und dann sind sie manchmal gekommen mit einem Eimer voll Essen für die Kinder. Bis Oradea sind wir mit den Russen mitgekommen. Dort hat man uns abgeladen und in einem Kloster untergebracht. In einer Früh, es war fünf Uhr, haben sie gesagt: Alle raus! Barfuß, nackt, wie wir waren. Die haben uns in den Hof gebracht und dann haben sie geschaut, dass wir nur ein Kleid hatten, die anderen Sachen sollten bleiben. Von dort aus sind wir mit dem Zug nach Târgu Jiu gefahren, wo das russische Militär uns in Baracken und

Mit der Mutter

Zelte gelagert hat, nicht ganz einen Monat. Und danach ging es in ein größeres Lager, auch nur mit Baracken und deutschen Soldaten. Man hat uns drei, vier Monate gehalten, bis in den Dezember. Wir waren in Gefangenschaft und es sind täglich vier, fünf Leute gestorben, auch eine Schwester von der Mama. Es waren in diesen Lagern 100 oder 150 Nonnen von Hermannstadt, katholisch oder evangelisch. Als es kalt geworden war, ist eine Kommission gekommen: Russen, Amerikaner, Engländer und auch Rumäner. Die haben sortiert: Erst haben sie die Nonnen nach Sibiu frei gelassen und die Alten und die Waisenkinder haben sie mitgenommen. Die deutschen Soldaten wurden nach Russland abgeführt und zuletzt haben sie uns gelassen, die Zivilleute.

Das Ehepaar Grün, die Großeltern mütterlicherseits

Zurück in die Bukowina

Es wurde gesagt: Wer weiß, wo er hin will, soll sich melden. Die Mama und ihre Schwester sagten: Na, wir fahren zurück in die Bukowina! Sie haben gedacht, wir bekommen zurück, was wir hatten, aber die ganze Familie war ja weg. Ich selbst war typhuskrank, hatte kein Haar am Kopf und einen aufgeschwollenen Bauch. Im Lager sagten sie zur Mama: Sie stirbt unterwegs. Das sagte sie: Wo sie wird sterben, da will ich sehen, wo ich sie begrab. Ich lass sie nicht hier. Und dann sind wir zurückgekommen in die Bukowina, die Mutter, wir drei Kinder und die Tante mit zwei Kindern. Die Großmutter war noch bis nach Mărășești gekommen, dort ist sie gestorben. Wir ließen sie beim Roten Kreuz. Wo sie beerdigt ist, weiß niemand. Am 6. Dezember 1945 sind wir in Vama angekommen. Dort wartete eine Anverwandte, die Tante Anna. Sie hat uns zu sich genommen. Und wir haben dort eine Nacht geschlafen und am zweiten Tag haben sie uns mit dem Schlitten nach Hause gebracht. Auf unserem Grundstück wohnte der alte Onkel Peter. Er war Fleischer und hatte unser Haus nach der Auswanderung bekommen, um dort Tiere zu schlachten und zu verkaufen. Er hat zur Mama gesagt: Kommt zu uns mit die Kinder. Wenn ich die Kinder sehe, werde ich meine Erna vergessen. Sie war 18 Jahre und wurde nach Russland verschleppt. Und der ließ uns dort wohnen: Wir haben in unserem Haus drei Jahre gewohnt. Dann hat es ein Kriegsinvalide bekommen und uns gekündigt. Er hat gesagt, ich brauch das Haus, aber er wollte es nur verkaufen. Ein Rumäner war das. Da hat uns eine Nachbarin genommen. Sie hat gehabt ein altes Häuschen, dort hat man in der Kriegszeit immer tote Soldaten gebracht. Sie hat gesagt: Ich kann in diesem Haus nicht wohnen. Nehmt es, wohnt ihr darin. Da haben wir gewohnt in diesem Häuschen, zwei Jahre, bis die Alte ist gestorben. Dann haben wir von einer anderen Tante ein Stückchen Garten bekommen und da hat die Mutter ein kleines Häuschen gebaut.

Zurück in den Alltag

Hier habe ich noch drei Klassen gemacht, Rumänisch. Im ersten Jahr hab ich nichts sprechen können, da kam der rumänische Pfarrer und der Schuldirektor, die zwei konnten Deutsch und die haben mit mir ein bisschen Deutsch geredet. Nur mit mir. Die Alten konnten noch Deutsch, weil sie haben noch unter Österreich gelebt. Mit 15 Jahren hat die Mama gesagt: Du bist schon groß, ich werde dich nehmen in die Bretterfabrik. Da haben sie kleine Kisterln gemacht, für Gemüse, Weintrauben und Obst. Das war drei Jahre gewesen, bis 50. Danach ist der Kommunismus stärker geworden und sie haben nationalisiert. Und sie haben Kantinen begonnen zu machen. Dort habe ich in der Küche als Küchenhilfe gearbeitet mit der Mama und der Tante Olga. Und von der Küche hat ein rumänisches Mädchen gesagt: Dort sind nur deutsche Frauen. Am zweiten Tag ist gekommen ein Zettel, ich soll gehen und arbeiten in der Fabrik. Da bin ich nach Moldovița gegangen, fünf Kilometer weiter und habe bei der Kooperative im Büro gearbeitet, zehn Jahre. Dann, 1958, hatte ich geheiratet. Mein Mann hatte wahrscheinlich einen ukrainischen Namen, Dumitraschevici. Auch das gab es hier, denn die Bukowina war immer vermischt. Dann hab ich Kinder bekommen und zehn Jahre unterbrochen. Danach habe ich wieder gearbeitet in einer Buchhandlung bis zur Rente als Verkäuferin.

Vaterverlust

Der Vater war an der Ostfront gewesen und '44 ist er hier durchgekommen mit den deutschen Soldaten, als wir weg waren. Und er war bei derselben Tante Anna in Vama und hat sich getroffen mit Rumäner von hier. Sie wollten ihn verstecken, doch er sagte: Was soll ich hier, ich muss nach Deutschland, ich hab dort meine Frau und drei Kinder. Dann wurde er verletzt und sie haben ihn irgendwo bei Hannover in ein Krankenhaus gebracht. So blieb er in Deutschland und wir waren wieder in Rumänien. Er hat uns in Deutschland, in der Zeitung gesucht und hat niemand gefunden. Irgendwann schrieb er einer Rumänin, dass er seine Familie nicht finden könne. Sie kam am selben Tag mit dem Brief zu uns. Es war eine große Freude für uns gewesen. Nach drei Jahren hat er uns gefunden. Aber er konnte nicht auf Besuch gekommen und die Briefe wurden zensiert. Es war sehr streng gewesen. Er lebte in Norddeutschland, da hat er sich das Häuschen gemacht bei Gifhorn. Gearbeitet hat er auf einem Flughafen bei den Engländern. Ich glaub 1968 bin ich zu ihm gefahren. Das war das erste Mal nach dem Krieg, dass ich ihn sah. Dann ist er Frührentner geworden und 1978 ist er zurückgekommen. Wir waren sehr froh. Er hat als Deutscher hier gewohnt und zwei Jahre später ist er gestorben.

Kirche – meine Kirche habe ich nie verlassen

Meine Mama war evangelisch, der Tata katholisch. Sie haben sich so von Anfang an ein Wort gehalten: Wenn ein Mädchen auf die Welt kommt, soll es sein evangelisch. Wenn es Buben sind, katholisch. Ich hab mich mit einem orthodoxen Rumäner verheiratet, aber meine Kirche habe ich nie verlassen. Unsere evangelische Kirche hier ist orthodox geworden. So gehen wir Deutschen jedes Mal nach Eisenau oder Pojorâta oder nach Suceava. Wenn der Pfarrer kam, sind wir alle gegangen, ich, die Mama, die Tanten. Früher wurden wir vom Pfarrer manchmal abgeholt und zurückgebracht und dann haben wir gesungen im Auto. Es war schön und der Pfarrer hat gesagt, solange ich zu euch kommen kann, mache ich es. So viele Pfarrer haben wir gekannt, aber viele sind weg. Wir haben immer geweint. Dann ist nur der Pfarrer Rehner mit uns geblieben und der Pfarrer Kraus.

Zu Hause wurde Rumänisch gesprochen

Mit meinen zwei Töchtern habe ich nicht Deutsch gesprochen, denn ich hab gearbeitet und wir haben bei den Schwiegereltern gelebt, das waren Rumänen. Meine Schwiegereltern konnten noch ein bisschen Deutsch von der österreichischen Zeit. Sie sind aus der Nordbukowina gewesen, aus Czernowitz. Sie waren wie Deutsche, nie aufgeregt, sehr friedlich. Aber zu Hause wurde nur Rumänisch gesprochen. Jetzt, mit den Enkelkindern und den Urenkelkindern spreche ich Hochdeutsch. Meine zwei Töchter können weniger, aber die Enkelin spricht fließend Deutsch. Der Enkel weniger, er versteht alles, aber er ist ein Ruhiger und will nicht viel reden. Aber ein wenig fühlen sich die Enkel noch deutsch, irgendwie halb und halb. Der Enkelsohn war drei Jahre schon in Deutschland. Er geht zu einem Bauer und arbeitet dort zwei Monate, je nachdem, was er hat. Und in Deutschland, da wird nur deutsch gesprochen, und er hat so etwas übrig für das Deutschtum: die Ordnung, ein Wort zu halten, die Disziplin.

Vom Weinen und Sehnsucht

Wenn ich nach Deutschland zu meinem Vater gefahren bin, hab ich die Anverwandten getroffen, in Gifhorn, in Salzgitter, Koblenz. Es war immer ein Weinen gewesen: zu treffen, zu trennen. Es hat mir immer leid getan, dass wir getrennt sind auf dieser Welt. Dort bleiben konnte ich auch nicht, denn ich war verheiratet und hatte Kinder. Dahin zu reisen war so schwer: Mit einem Gesuch an die Polizei und den Pass hat man 24 Stunden, nachdem man über die Grenze kam, abgeben müssen. Ich habe so viel mitgemacht an der Grenze. Die Zöllner waren frech und haben nicht geglaubt, dass wir aufrichtig sind. Der Tata hat immer gesagt: Bezahl, Kind, ich geb dir etwas Geld, du sollst den Zoll bezahlen und nicht schwindeln. Dann musste ich weinen und hatte Sehnsucht nach meiner Familie von zu Hause, nach meinen Bergen und meinen Tannen. Wenn ich heimgekommen bin, bin ich in die Berge gegangen und dachte mir: Ob

Wilhelmine Dumitraschevici vor ihrem Haus

das gut oder schlecht hier ist, hier bin ich zu Hause, es ist mein Land, ist meine Ortschaft, mein Mutterland. Deutschland war mein Vaterland, da war der Tata, die Cousinen, die Tanten, die Onkels. Deutschland bleibt nur als Andenken jetzt. Wo mein Vater lebte, ist irgendein anderes Leben: Dort ist Flachland und die Sprache. Einmal kam der Bruder von der Mama auf Besuch und er sagte: Ihr seid ganz wie die Zigeuner von die Karpaten. Der hat uns ganz anders gesehen, obwohl er auch von hier kam. Aber was immer man sagen kann über das deutsche Volk – die große Disziplin, da bin ich stolz. Dieser Tage habe ich mit einem Herrn vom Krankenhaus geredet, der sagte: Ich hab die Tochter in Frankreich und ich habe

Belgien und Holland gesehen. Sagt er, Deutschland ist ein sehr zivilisiertes Land. Da ist alles so genau und alles am Platz. Ich bin stolz irgendwie, ein Volk, was weiß, was es will. Nicht wie hier, die haben uns gezeigt all diese Jahre, was sie sind. Ich weiß nicht, was man sagen soll. Ich bin immer gegangen zu der Wahl, aber es hat sich nichts verändert.

Die Deutschen hier nach dem Krieg

Meine Eltern haben sich gut verstanden mit den Rumäner vorher. Als wir nach dem Krieg zurückkamen, sind wir mit dem Schlitten von Vama her gekommen, im Winter. Da haben wir Nachbarn, getroffen und sie riefen: Seid willkommen Zuhause, ihr seid doch auch von hier, seid unsere. Nachher bei den Kommunisten, da haben sich manche mit schlechten Wörter vergriffen: Ihr seid Deutsche, ihr habt den Hitler geholt, habt Krieg gebracht. Wir sind dann frech geworden: Ihr seid auch nicht die Guten, ihr habt uns verkauft. Habt uns betrogen und unser Vermögen genommen. Ich hab mich manchmal gefragt: Was haben unsere Großeltern hier gesucht, warum sind sie hergekommen, denn manchmal war das Leben für mich schwer. Wir Deutsche waren schlecht angesehen, wegen dem Krieg. Wir haben uns Feinde gehalten, wir haben etwas gestört und manchmal schien es mir, wir Deutsche waren hier verstoßen. Das hat man gespürt, aber auch nicht oft. Wir waren hier nur noch ein paar deutsche Familien mit wenigen Kindern und Jugend. Die, die noch da waren, haben gemischt geheiratet: die Mädchen mit rumänischen Burschen, die Buben mit rumänischen Mädchen. Und einige sind gefahren nach Deutschland, für ein Jahr oder mehr. Sie studieren oder haben sich Arbeit gefunden, aber haben hier Häuser, und wenn sie alt werden, kommen sie zurück. Es gibt noch das Deutsche Forum, eins ist hier in der Ortschaft. Aber auch die sind nur noch ein paar wenige Alte. Die Jugend wandert aus und hat kein Interesse mehr.

Wir waren im Forum einstmals 200 Mitglieder von Vama bis herauf nach Moldovița und bis nach Argel. Jetzt sind wir nur noch wenige und treffen uns selten, vielleicht einmal in sechs Wochen bis zwei Monaten. Je nachdem, wie man Interesse hat oder ob jemand kommt. Wie soll ich sagen, es ist alles vorbei.

Gott sei Dank ist die Wende gekommen

Georg Stefani, geboren 1936 in Deutsch-Tekes / Ticușul Vechi, lebt in Fogarasch/ Făgăraș, evangelisch, Installateur, Monteur, ledig

Kindheit

Meine Eltern, Georg und Sophia Stefani, sind wie ich in Deutsch-Tekes geboren und haben dort als Landwirte gearbeitet. Auch die beiden Großeltern haben immer in Deutsch-Tekes gewohnt, damals blieb man über Generationen im Dorf. Wir hatten ungefähr acht Hektar Land. Die Felder wurden in meiner Kindheit noch mit den Tieren bearbeitet – mit den Pferden, Kühen oder Büffeln. Die Eltern hatten Pferde, und mit denen fuhren wir auf die Felder und es wurden Weizen, Mais oder Kartoffeln angebaut, nebenbei auch Flachs und Hanf zum Weben. Ich habe meine Kindheit als etwas sehr Schönes empfunden. Ich hatte ein gutes Elternhaus und hab mich sehr geborgen gefühlt. Uns wurde Ordnung und Gewissenhaftigkeit beigebracht, alles, was man zum späteren Leben braucht. Die Familien hielten sehr zusammen: Zu den Feiertagen kamen meine Großeltern zu uns oder wir gingen zu ihnen: Beispielsweise zum Neuen Jahr, da haben wir religiöse Wünsche überbracht. Es wurden Krapfen und Baumstriezel mitgenom-

Georg Stefanis Eltern

men und sie bedienten uns mit Esswaren und Limonade.

Ausbildung und Beruf

Ich bin in Deutsch-Tekes sieben Jahre in die deutsche Schule gegangen, die damals zur evangelischen Kirche gehörte. Meine Einschulung war 1944, in der Zeit, als gerade der Umbruch im Zweiten Weltkrieg kam. Da musste natürlich die rumänische Sprache in der Schule gelernt werden. Ab 1952 bin ich zur Berufsausbildung in eine bautechnische Schule gegangen. Doch ich wurde krank, musste abbrechen und wurde später zum Mechaniker für Zentralheizung ausgebildet. Ich arbeitete eine Zeit in der Kollektivwirtschaft, aber es ging schlecht und es war Ungerechtigkeit: Der eine bekam

für die gleiche Arbeit mehr, der andere weniger. Darum sind meine Schwester und die Eltern weggezogen. Sie sagten: Zuhause in Tekes ist nichts mehr mit dieser kommunistischen Misswirtschaft. Sie haben dann ein Häuschen in Fogarasch gebaut und so bin ich auch hergekommen. Hier war ich als Heizungsmonteur angestellt, bis ich 60 wurde.

Die Siebenbürger Sachsen früher

Zu Hause erfuhren wir von den Großeltern, wir sind hier als Siebenbürger Sachsen eingewandert zur ungarischen Zeit. Wir haben hier unsere Rechte und wir möchten das bleiben, was wir sind. Wirtschaftlich ging es den Sachsen in der österreichisch-ungarischen Monarchie besser als in der kommunistischen Zeit. Jeder hatte seinen Grund und Boden, den er nutzen konnte. Aber die Ungarn stellen ihre nationalen Probleme in den Vordergrund. Sie haben immer gern gehört, dass man ihre Sprache spricht, und als Sachse war man irgendwie zweitrangig. Als Siebenbürgen zu Rumänien kam, ging es wirtschaftlich herunter, also wieder schlechte Zeiten für uns. In erster Reihe haben wir unsere sächsische Mundart gepflegt, indem wir sie zu Hause und untereinander gesprochen haben. Hochdeutsch sprach man dann in der Schule. Neben der Sprache wurde auch die Tradition mit den Trachten gepflegt. Die wurde bei Taufen, Hochzeiten und bei verschiedenen Anlässen angelegt, das war typisch. Und wir Sachsen waren so erzogen, dass man nicht stehlen und nicht lügen durfte und die guten Eigenschaften alle. Die Rumänen haben vieles von den Sachsen lernen müssen, was die Wirtschaft und die Ordnung anbetrifft.

Haus mit Eltern

Die Siebenbürger Sachsen und die anderen

Tekes hatte in meiner Kindheit um die 1500 Einwohner und der größte Teil waren Sachsen. Dann wohnten noch ein Drittel Rumänen und ein kleiner Teil Zigeuner. Das Dorfleben war schön und es wurde Ordnung gehalten und die siebenbürgisch-sächsische Gemeinschaft gepflegt: Man ging in Tracht in den Gottesdienst und in der Schule wurde natürlich deutsch gelehrt. In dieser Zeit war das Verhältnis zu den anderen mehr auf Distanz. Man hat nicht viel Gemeinsames gehabt: unsere evangelische Kirche ist an einem Platz und die orthodoxe Kirche der Rumänen ist wieder sonstwo. Deren Häuser und Höfe waren separat am anderen Ende des Dorfes und sie hatten ihre Bräuche und wir hatten unsere Bräuche. Da gab es kulturelle Unterschiede. Alle Sachsen im Dorf konnten auch Rumänisch und so hat man mit den anderen gesprochen, aber es hatte jeder seine eigenen Feiern. Bei den Sachsen war kulturell viel los: Es gab Unterhaltungen und Chöre, schon in der Schule. In der Winterzeit gab es die Bälle, wo man sich unterhielt, getanzt und gesungen hat. Man wollte sächsisch, oder sagen wir, deutsch bleiben. Auch hat es noch die Bruderschaften und Schwesternschaften gegeben und der Bruderschaftsvater kontrollierte, was geschah. Doch irgendwann bemerkten die Sachsen, dass es nicht gut ist, wenn man isoliert lebt. Also hat man ab den 50ern zu den Unterhaltungen auch die rumänischen Nachbarn eingeladen. Dann ist es geschehen, dass der eine oder der andere einen Rumänen oder eine Rumänin geheiratet hat und diejenigen wurden etwas auf die Seite geschoben. Es war lange nicht so gut angesehen worden, wegen der Sprache und weil sich die Sachsen als fortschrittlicher gesehen haben.

Man ist aber jetzt befreundeter als noch vor Jahren. Da hat sich inzwischen viel geändert und es werden auch andere Nationen geheiratet – Ungarn oder Rumänen. Nach dem Zweiten Weltkrieg sind die Sachsen von den Rumänern nicht gut angesehen worden, weil die Deutschen den Krieg verloren hatten. Man hat gesagt: Ihr seid Hitleristen. Und in der kommunistischen Zeit hatte man als Deutscher nicht viel Rechte. In der Schule durften wir nicht unsere Geschichte lernen, sondern nur die rumänische. Trotzdem war es anders als in Polen oder Russland, es durfte hier noch die deutsche Sprache und das Sächsische gepflegt werden – auf dem Papier. Doch insgeheim wurden die Pfarrer und Lehrer, also diejenigen, die die Sprache und Sitten weitergeben konnten, so terrorisiert und kontrolliert, dass sie es nicht mehr aushalten konnten und auswanderten. Die Absicht war, wenn die einmal alle weg sind, dann wäre es mit allem zu Ende. Doch es sind immer junge Pfarrer und Lehrer hinzugekommen, so dass die deutsche Sprache und das Sächsische doch weiter gepflegt werden konnte. Und Gott sei Dank ist die Wende gekommen, dass wir unsere Sprache und Mundart heute noch sprechen dürfen. Jetzt schätzen die Rumänen die Deutschen, weil sie nach dem Krieg so schnell Deutschland aufgebaut haben und natürlich auch wegen dieser friedlichen Vereinigung von Ost und West. Und in diesem Moment hat das Misstrauen untereinander fast ganz aufgehört. Es gibt jetzt ein sehr gutes Verhältnis zwischen Rumänen und Deutschen.

Kränzchen und Frauenarbeit, Brot und Speck

Es gab in Tekes einen großen Wald mit einer Schneeglöckchenwiese. Im März haben die Schüler mit den Lehrern immer einen Ausflug hin gemacht. Man nahm Brot, Speck und Zwiebel mit und der Speck wurde gebraten und Hanklich gemacht, das hat man dort verzehrt. Es waren viele siebenbürgisch-sächsische Feste. Beispielsweise im Juni gab es den Johannes-Tag. Da wurde eine Krone auf einem Holzstamm gebaut und mit Blumen geschmückt. Dann wurde eine Flasche mit Getränk auf die Krone getan und wer von den Jugendlichen hinaufstieg, dem gehörte die Flasche. Und es wurde natürlich getanzt und gesungen. Im Winter kamen die Frauen aus der Nachbarschaft zum Kränzchen zusammen, wo sie den Hanf oder Lein bearbeiteten. Der Hanf oder der Flachs wurde an den Rocken angebunden und mit der Spindel gesponnen. Daraus wurden dann schöne Leinsachen gewebt. Das war die Frauenarbeit. Und die Männer kamen zusammen, um

Karten zu spielen und sich zu unterhalten. Jede Familie hat im eigenen Backofen gebacken und wöchentlich wurden sechs bis acht Brote gebacken, das war genug für eine Woche. Jeder Hof hatte ein, zwei Schweine und die wurden vom Hausvater meistens Weihnachten geschlachtet. Daraus hat man Speck und Wurst, Leberwurst und allerhand gemacht. Das wurde geräuchert und damit es sich hielt, hat man es auf den Aufboden gehängt und trocken aufbewahrt. Wichtig war auch das Kraut. Da war sogar ein spezieller Garten in der Nähe vom Dorf, nur für Kraut. Das wurde dann im Herbst in Fässer sauer eingelegt und daraus wurde gefülltes Kraut gemacht oder man benutzte es als Zuspeise zur Wurst mit Bratkartoffeln. Als ich Kind war, hat man den Wein meistens gekauft. Später haben die Leute den Wein selbst gemacht. Aus Zwetschken, Wildbirnen und sogar aus Schlehen wurde Schnaps gemacht. Zunächst hat es im Dorf Stellen gegeben, wo man Schnaps brannte, doch später ist es so gekommen, dass jeder seinen eigenen Kessel hatte. Davon durfte nichts verkauft werden, sondern nur für den eigenen Bedarf, das ist auch heutzutage so.

Die Kirche

Seit 2001 war ich Presbyter, bis 2009. Ich hab mich aus Zeitgründen zurückgezogen, aber ich hab versprochen, dass ich mich auch hinfort in der Gemeinde in der Altenbetreuung engagieren werde.
Im Kirchenchor singe ich bis heute mit, seit mehr als 25 Jahren. Meine Eltern und meine Großeltern haben das schon gemacht. Es ist großartig und ich mache das auch weiter. Die

Georg Stefani (rechts) in Tracht

Kirche war immer in deutscher Sprache. So konnten nur die mitmachen, die die Sprache verstanden. Seit der Einwanderung der Siebenbürger Sachsen hat die Kirche vorgeschrieben, was die Kinder und Jugendlichen zu tun und zu lassen haben. Da musste jeden Sonntag in die Kirche gegangen werden. Nicht etwa wollen. Wenn jemand nicht in den Gottesdienst kam, der musste das begründen. Gab es keinen Grund, wurde man bestraft und eine Zeit lang einfach ausgegrenzt oder durfte nicht an den Jugendtreffen teilnehmen. Zur kommunistischen Zeit konnte man nicht mehr verpflichtet werden, da hatte man die Freiheit, zur Kirche zu gehen oder nicht. Im Kommunismus gab es großes Misstrauen, dass in der Kirche irgendwie Politik gepredigt werden könnte. So kamen in die Kirche Leute von der Geheimpolizei *Securitate*, um zu kontrollieren. Und die Pfarrer haben versucht mit den Kindern Gottesdienst zu halten, aber in der Schule wurde das verboten, weil es keinen Gott geben sollte. Doch seit der Wende kann der Pfarrer predigen, was er will, aber da sind die meisten Sachsen nach Deutschland ausgewandert. Nur noch ältere Menschen sind geblieben.

Über die deutsche Sprache zur evangelischen Kirche

Ein positives Zeichen den Sachsen gegenüber ist, dass einige Rumänen ihre Kinder in die deutsche Schule schicken und das diese Kinder, wenn sie acht Jahre in die deutsche Schule gehen, bereit sind, nachher zur evangelischen Kirche zu gehören. Aber die Eltern müssen das entscheiden, ob sie ihre Kinder nach unserem Brauch konfirmieren lassen wollen. So gibt es jedes Jahr Konfirmationen, und im letzten Jahr waren es wohl sechs Kinder. Aber dass ein sächsisches Kind konfirmiert wird, ist selten noch der Fall. Sie sind eben nicht mehr da, sondern nur noch rumänische, eventuell ungarische und sogar Zigeunerkinder. Die, die schon während der Schulzeit in der Kirche aktiv sind, bleiben es nach der Konfirmation auch. Sie spielen dann zu Weihnachten das Krippenspiel in deutscher Sprache oder singen in den Chören. Und es gibt eine sächsische Tanzgruppe, wo sie unsere Tracht anziehen – rein rumänische Kinder, die Deutsch sprechen.

Aufgeführt wird hier in Fogarasch oder sonst anderswo im Land, und sie sind sogar nach Mönchengladbach eingeladen worden. Dort haben sie die sächsischen Tänze vorgeführt – und großen Applaus dafür bekommen. Das ist bei den Gemeindegliedern sehr willkommen und sie werden akzeptiert und man sieht, dass die evangelische Kirche durch die neue Generation eigentlich weiter existieren kann hier in Siebenbürgen.

Einige von den Schülern, die konfirmiert worden sind, bleiben nach der Schule der deutschen Sprache und Kultur treu und sie kommen zur Kirche. Da sieht man, sie bleiben treue Mitglieder. Andere wiederum nicht, wie das ja auch bei den Sachsen der Fall ist. Nicht alle von den Sachsen, die hier in die Schule gegangen und konfirmiert worden sind, bleiben der Kirche so treu.

Die anderen Konfessionen

In Fogarasch haben alle ihre Kirchen: die Ungarn, die katholisch, reformiert oder unitarisch sind – und sie halten sich sehr an ihre Sprache. Die Rumänen haben die orthodoxe Kirche und seit der Wende ist auch die griechisch-katholische Kirche dabei. Zwischen den Kirchen untereinander gibt es gute Verhältnisse. Es gibt die Ökumene, und die ökumenischen Gottesdienste werden meist in unserer Kirche abgehalten, von den verschiedenen Pfarrern der Konfessionen. So kommt man zusammen und sieht, dass wir Christen zusammengehören.

Die Auswanderung

Als alle weggingen, hab ich gesagt, es hat keinen Sinn, dass ich ausreise. Ich bin hier gewöhnt und ich werde trachten, mit meinem Einkommen auszukommen. Wenn es einmal der Fall sein sollte, dass ich nicht mehr gut auskommen kann und Hunger leiden muss, dann werde ich auch versuchen auszuwandern. Das war damals meine Absicht. Die meisten sind ausgewandert, weil sie hier keine Zukunft für ihre Kinder sahen: Man wollte deutsch bleiben und hat hier keine Möglichkeit gesehen. Wir müssen zurück in das Land unserer Vorfahren. Der zweite Grund war der Lebensstandard. Mit der

Frauentracht

Wirtschaft war es schlecht bestellt. Es ging immer nur bergab. Man hat gesagt: Wir werden morgen oder übermorgen Hunger leiden, denn es gab keine Butter oder in die Salami war etwas anderes eingemischt und so weiter. Man hatte keine Hoffnung, dass es hier besser werden könnte. Als die vielen Sachsen ausgewandert sind, war es für mich schmerzlich, erleben zu müssen, dass wir weniger werden. Anfangs hat es ausgesehen, als ob es Schluss wäre mit dem Deutschen und dem Sächsischen. Dann hat man sich zusammengerafft und gesagt: Wir sind die, die dageblieben sind und wir müssen versuchen unser sächsisches Dasein weiter zu behalten. Und es ist gut gelungen, weil jüngere Rumänen in die deutsche Schule kommen und uns helfen,

Evangelische Kirche in Fogarasch

die deutsche Sprache und das Sächsische weiter zu pflegen. Weil wir in der Kirchgemeinde zahlenmäßig viel weniger geworden sind, rücken wir mehr zusammen. Vor der Wende waren es ungefähr 1800 evangelische Mitglieder bei der Kirche – und nur Sachsen. Dann sind so viele ausgewandert, so dass nur noch 320 Evangelische sind, davon sind vielleicht 70 Prozent Sachsen. Die anderen sind Rumänen. Insoweit diese Hinzugekommenen weiter mitmachen, glaube ich, dass das weiterbesteht. Anfangs, als die erste Konfirmation mit Rumänen stattfinden sollte, kam das Presbyterium zusammen, um zu fragen, was der eigentliche Grund dafür ist, dass die Jugendlichen zur Kirche gehören wollen. Man hat sich gefragt, ist das die innere Einstellung, ist dies eine Glaubensfrage oder geht es um Interesse, dass sie zur deutschen Nation gehören wollen, weil sie vielleicht einmal nach Deutschland gelangen wollen. Diese Frage hat man sich gestellt und man hat sie nicht beantwortet, sondern offen gelassen: Wer das Bedürfnis hat, zur evangelischen Kirche zu kommen, der soll es haben und wird gerne angenommen. Man ist froh, dass man Jugendliche hat, die aktiv mitmachen und die vielleicht auch die Zukunft unserer evangelischen Kirche gestalten.

Leben in Deutschland

Ob sich die Hoffnungen der Ausgewanderten erfüllt haben, weiß ich nicht. Einige haben sehr gute Arbeitsplätze bekommen, andere wieder nicht. Einige haben hier die Fakultät gemacht und dann erwartet, dass sie dort einen großen Arbeitsplatz bekommen. Das war selten der Fall und da war schon Enttäuschung. Die meisten haben gedacht, wenn ich nach Deutschland übersiedle, dann werde ich als Deutscher angesehen und gerne aufgenommen. Dem ist nicht gerade so, weil Deutschland ein Zuwanderungsland ist, da gibt es viele Ausländer. Unsere Landsleute sind nicht so angesehen, wie sie es erwartet haben. Hier ist es nach der Wende besser gegangen: Wir haben unsere Rechte als Deutsche bekommen und die wirtschaftliche Lage geht auch besser.

Deutsch-Tekes

Wenn die Ausgewanderten aus Deutschland kommen, staunen sie, wie es hier möglich ist, so gut zu leben. Einigen davon tut es dann leid, dass sie weg sind. Ich hab eine meiner Cousinen, die nach Deutschland ging, gefragt: Wenn man dich jetzt fragen würde, ob du lieber in Deutschland oder in Siebenbürgen leben willst, was würdest du antworten? Ich muss es ehrlich sagen, sie hat eine lange Pause gemacht und mir keine klare Antwort darauf gegeben. Das war für mich schon genug.

Deutscher oder Siebenbürger Sachse?

Ich fühle mich sowohl als Siebenbürger Sachse als auch als Deutscher. Sachse deshalb, weil wir unsere Traditionen – anders als in Deutschland – hier weiter gepflegt haben. Als Deutscher fühl ich mich, weil wir die gleiche Sprache sprechen, die man in Deutschland spricht und weil wir von deutscher Seite als solche angesehen werden. Als wir im '95er in Deutschland waren, waren wir bei vielen freundlichen Leuten auf Besuch und wurden sehr freundlich aufgenommen. Die Deutschen aus Deutschland haben für uns sehr, sehr viel getan. Und tun noch, obwohl es dort auch nicht mehr so glänzend geht. Aber diejenigen, die ausgewandert sind, beklagen, dass sie benachteiligt werden, sie spüren Unterschiede zwischen den Russland-Deutschen und den Siebenbürger-Deutschen: Es wurde gesagt, dass die sehr viel mehr Unterstützung bekommen als sie. Auf welche Art und Weise das ist, weiß ich nicht.

Siebenbürgen, das ist Heimat

Anneliese Andrâşescu, geb. Hellermann, Batschka-Schwäbin, geboren 1938 in Benzenz/Aurel Vlaicu, Bezirk Hunedeora, heute wohnhaft in Deva, verwitwet, pensionierte Buchhalterin

Bitte stellen Sie sich und Ihre Familie vor.

Meine Eltern sind Hellermann, Karl und Elisabeth, geborene Krummers. Ich habe '57 geheiratet, einen Rumänen. Natürlich waren die Eltern nicht begeistert. Doch er sollte es sein und dann haben sie ihn akzeptiert und gut aufgenommen. Mit meinem Mann bin ich wegen der Arbeit erst nach Konstanza, später nach Turnu Măgurele gezogen. Das war am Ende der Welt, nur Rumänen. Eine deutsche Firma baute ein großes Chemiewerk auf und da brauchten sie Dolmetscher. Nach drei Jahren sind wir wieder her gekommen. Zuhause war Siebenbürgen. Wir wohnten hier in Deva und waren oft bei den Eltern. Doch die waren alt und '96 haben wir das Haus in Benzenz verkauft und die Mutter hergebracht, hier ist sie 2003 verstorben. Ich habe auch eine Tochter, sie ist Ingenieurin und lebt in Deva. Sie hat zwei Kinder und beide haben schon geheiratet und jetzt habe ich eine Urenkelin, die ist 2008 geboren. Alle sind getauft, konfirmiert und getraut in der evangelischen Kirche und geredet wird zu Hause nur Schwäbisch. Auch meine Urenkelin, sie steht auf und sagt: Mami, ich hab dich lieb. Und dann dreht sie sich um und sagt: Tati, te iubesc. Papi, ich liebe dich. Mir kommt das Hochdeutsche sehr schwer vor. Es klingt nicht heimisch. Es ist die Sprache, die man im Kindergarten und in der Schule lernt. Da musste man dann die Gedichte lernen und so ... Da kommt man so unbewusst rein, das geht von selbst vom Schwäbischen ins Deutsche. Und das Schwäbische ist dem Deutschen viel näher als das Siebenbürgisch-Sächsische.

Sie sind Batschka-Schwäbin. Können Sie was dazu sagen?

Der Urgroßvater, der Einwanderer, ist 1754 in Münster geboren und zog dann nach Tscherwenka, Serbisch-Banat, in der Woiwodina. Er gehörte zu den ersten drei, die sich auf den Weg nach Benzenz machten und das Ganze in Bewegung gebracht haben. Dann erklärten sie den anderen in der Batschka: Wir brauchen Handwerker! Da kam der Schmied, der Maurer, der Tischler. Da kam ab 1896 ein Batschka-Schwabe nach dem anderen dazu. Der Boden gehörte ungarischen Grafen. Die hatten Schulden und mussten den Boden an die Hermannstädter Bank verkaufen. Und damit der Boden nicht liegenbleibt und sie mit diesen Schulden dasitzen, brauchten sie tüchtige Bauern, denen sie den Ackerboden verkaufen konnte und so haben sie Verträge mit den Batschka-Schwaben geschlossen. Doch die haben schwere Zeiten mitgemacht, die Felder waren verwildert und an Epidemien sind sehr viele gestorben – es sind wohl auch einige zurückgegangen. Da kam es, dass der verwitwete Urgroßvater Krummers, Philipp, mit sieben Kindern, die Witwe Schmitt, Sophia, mit sechs Kindern heiratete. Gemeinsam hatten sie noch eine Tochter und drei der Krummers-Kinder sind mit den Schmitts Ehepaare geworden, so auch meine Großeltern. Benzenz war immer ein rumänisches Dorf und die Schwaben waren dort der kleinere Teil, vielleicht um die 100 bis 200. Und es gab keine Zigeuner, keine Ungarn, keine Sachsen – alle später gekommen, durch Heirat und so ... Die heutigen Benzenzer sind fast alle gemischt. Ich habe versucht aufzustellen, wie viele heute noch in Rumänien sind von denen, die von den Batschka-Schwaben abstammen. Direkte Abkommen sind in Benzenz nur noch zwei. Die anderen sind gemischt mit Ungarn, Sachsen oder Rumänen. Und in Batiz gibt es nur noch eine Familie – also nichts mehr los.

Wie sah das typische Leben bei den Batschka-Schwaben aus?

Jeder hatte seine Landwirtschaft mit zwei oder drei Kühen und Pferden. Man hatte so fünf bis zehn Hektar Land. Aber da waren auch zwei oder drei reiche Familien, die hatten 30, 40 Hektar. Traditionen in diesem Sinn gab es eigentlich nicht, man hat so gelebt, wie man es gekannt hat. Man hat sich an die Evangelische Landeskirche angeschlossen und hat alles mitgemacht: Kirchweihfest, Weihnachten, Ostern. Es wurde normal gefeiert, so richtig mit Weihnachtsbaum und Christkindl. In der Kirche wurden Gedichte gesagt. Die Steppkes mussten schon sagen: Liebes Christkindlein komm, mach mich fromm, dass ich in den Himmel komm. Die Alten, auch meine Großmutter, trugen noch so ein Kleid, *Scheselrock* hieß er. Er war mit einem Volant, ganz eng anliegend, aber eine eigentliche Tracht gab es keine.

Sind Sie in Benzenz zur Schule gegangen?

Als noch viele Deutsche in Benzenz waren, gab es eine deutsche Grundschule. Der Schulraum war in der Kirche. Wenn Unterricht war, wurde der Raum geteilt. Sonntags, wenn der Pfarrer gekommen ist, war die Trennwand offen und dann war Gottesdienst. Der Raum war kein großer und alle sieben Klassen waren da. Aber '46, glaub ich, im Sommer, da mussten wir raus aus der Kirche und sind in die rumänische Schule umgezogen. Das mit den ersten vier deutschen Klassen wurde bis in die 50er beibehalten. Als weniger als zehn Kinder waren, wurde die deutsche Schule aufgelöst und sie mussten täglich nach Broos pendeln. Auch ich bin von der fünften bis zur siebten Klasse nach Broos in die deutsche Abteilung gegangen, zusammen mit den Sachsen. Für das Lyzeum mussten wir uns entschließen: entweder Hermannstadt oder Temeswar. Die, die Sachsen waren, haben sich nach Hermannstadt verlangt, und die Schwaben nach Temeswar. Wie es zu diesem Entschluss kam, kann ich genau nicht sagen. Auf jeden Fall hat das Sachsen- oder Schwaben-Sein was damit zu tun gehabt. Ich ging jedenfalls nach Temeswar an das Lenau-Lyzeum und in unserem Jahrgang waren sieben deutsche Klassen mit 170 Schülern – und nur eine Rumänin war dabei. Das ist jetzt alles andersherum. Nachdem ich das Lyzeum absolviert hatte, versuchte ich auf die Hochschule zu kommen. Mein Traum war Pharmazie, aber es hat nicht geklappt. So bin ich gleich nach dem Abitur nach Hunedoara, das war ein Industriezentrum nahe Benzenz. Dort habe ich angefangen zu arbeiten.

Welche Erinnerungen haben Sie an Ihre Kindheit?

Geboren bin ich im Haus der Großeltern. Da war die ganze Großfamilie: die Großeltern mit ihren Kindern und den Enkelkindern, also bis zwölf Leute unter einem Dach. Es war immer etwas los, das war schön. Es wurden Feste gefeiert und da war das ganze Dorf im Schulhof und ringsum saßen die Großmütter und die Tanten. Wir Kinder sind aufmarschiert und haben Maskenball und alles gemacht. Es ging weiter, auch in dieser Zeit. Manchmal denk ich: Wie hatten sie überhaupt die Kraft. Und der Kindergarten: Da hatte die Volksgruppe für die Bauern auf dem Land den Erntekindergarten organisiert. Nur für die Sommer- und Erntezeit, damit die Leute ihre Feldarbeit machen können. Sie haben die Kinder in der Früh abgegeben und am Abend abgeholt, es gab zu essen, es gab den Mittagsschlaf und alles in der Kirche. Von der Diakonie kamen Kindergärtnerinnen aus Hermannstadt und einige Mädchen gingen von Benzenz nach Hermannstadt und lernten Weben und Kochen.

Sie sagten Volksgruppe. Was haben Sie davon wahrgenommen?

Die Deutschen haben sich zum Deutschtum hingezogen gefühlt und in der Volksgruppe mitgemacht, wie das hier hieß. Das war von Deutschland organisiert. Wer nicht in der Volksgruppe war, der wurde schief angeschaut. Aber ich weiß nicht, wie groß deren Überzeugung war. Und es gab da auch welche, die sagten: Ich will mit denen nichts zu tun haben.

Haben Sie noch Erinnerung an die Kriegszeit?

In der Kriegszeit kamen mal die Deutschen, mal die Russen, dann war mal rumänisches Militär. Und die Kinder haben Schokolade gekriegt. Aber es waren immer nur Episoden. Wie der Krieg zu Ende war, da hat die Großmutter sehr geweint: Warum weinst du, Oma? Weil die uns jetzt alle totschlagen. Der Hitler ist gefallen und jetzt geht es uns allen an den Kragen. Also, sie hat nicht um Hitler geweint, sondern um uns. Das Einschneidendste war, dass die Väter weg waren. Und '45, am 15. Januar ist die Mutter mit ihren beiden Schwestern in die UdSSR ins Donbass [Donezbecken] deportiert worden – drei Mütter aus derselben Familie. Mein Bruder war gerade ein Jahr geworden und die Mutter hätte nicht wegmüssen, doch die lokalen Behörden haben durchgegriffen. Die jüngste Tante hatte Glück, sie heiratete noch schnell einen rumänischen Unteroffizier. Der hat sie in der Nacht zum 15. Januar auf den Wagen gehoben, ist ins Nachbardorf zum Bürgermeister gefahren und sie haben sich trauen lassen. Sie war gerettet vor der Deportation, aber er bekam Probleme in seiner Einheit: Du hast eine Deutsche geheiratet, raus! Da musste er auf dem Feld arbeiten, damit er uns ernähren konnte. Die Großeltern haben zusammen mit der Tante dreieinhalb Jahre auf uns gesorgt, auf sechs Enkel, alle ohne Mütter und Väter, in zwei Zimmern und in der Küche. Da war was los.

Die Eltern

Was war das für ein Erlebnis, als die Mutter zurückkam?

Dort ist sie geblieben bis zum 18. Juli '48. Es kamen alle drei Schwestern zusammen zurück, und in der Nacht, als sie kamen, da war ein Hallo, ein Weinen, ein Lachen. Doch sie waren ganz verwahrlost, die zwei, drei Wochen Weg haben sie mitgenommen. Auch waren sie sich nicht sicher, ob sie hierher zurückkommen konnten, denn manche sind in Deutschland gelandet. Der Kontakt zur Mutter war schnell hergestellt, doch da war die Geschichte mit dem Vater. Das sind Dinge, die ich am liebsten ausblenden würde: Mein Vater hatte Glück, er war auf einer Baustelle irgendwo im Land, als die in Benzenz geholt wurden. Er war sozusagen flüchtig und dann hätte man ihn in ein Lager eingesperrt, nachträglich. So hat er sich über ein Jahr in einem Loch im Kuhstall verkrochen, nicht einmal die Kinder oder die Nachbarn durften das wissen.

Wie ging es nach dem Krieg weiter?

Wir, also die Großeltern, hatten so zehn Hektar Boden und als die Nationalisierung im Juni '48 kam, haben uns die Felder nicht mehr gehört. Die haben andere bekommen und für die mussten wir auf unseren Feldern arbeiten. Von dem, was wir erarbeitet haben, bekamen wir ein Viertel oder ein Fünftel. Jedenfalls mussten wir schwer arbeiten, auch die Kinder. Wir waren den ganzen Sommer im Einsatz und mussten bei den Feldarbeiten mitmachen, Kühe und Gänse hüten. Das hat alles dazugehört, da gab es keine Extrawurst. Und es war nichts da fürs Auftischen. Da musste Kartoffel und Maismehl in das Brot rein. Im Frühjahr die Brennnesselsuppe essen und den Spinat aus Rübenblättern machen. Doch gehungert haben wir nicht. Brot war da.

Welches Verhältnis hatte man zum rumänischen Umfeld?

Das Zusammenleben mit den Rumänen hat bei uns eigentlich sehr gut geklappt. Wir waren immer gemeinsam und ich hatte gute Freunde, die Rumänen waren. Ich bin auch tanzen ge-

Die kleine Anneliese

Was verbindet Sie mit Siebenbürgen?

Ja, das ist Heimat. Das ist etwas Selbstverständliches, dass man da bleibt. Ich wurde schon oft gefragt: Wie bist du nicht ausgewandert? Erst habe ich mir gesagt: Nie. Später habe ich gesagt: Bisher noch nicht. Aber jetzt weiß ich, dass es nicht sein wird. Ich fühle mich in Deutschland als Rumänin, irgendwie ist man ausgegrenzt. Hier heißt es dann immer *Nemţoaica*, die Deutsche. Aber damit muss man leben, wenn man eine Minderheit ist.

gangen zu den rumänischen Unterhaltungen und sie sind zu uns gekommen, wenn Kirchweih war. Das Rumänisch kam von selbst. Aber bei den Alten war es mit dem Rumänisch schwieriger. Meine Großmutter konnte sehr wenig. Sie ist Hausfrau gewesen und hat die vielen Kinder und Enkelkinder zu betreuen gehabt. Aber die Generation meiner Mutter und wir, da gab es kein Pardon. Nun, es gab auch solche, die gesagt haben: Oh, bist du deutsch, rede Rumänisch, oder so ... Da war hier und da mal ein Angriff, aber allgemein nicht. Ich kann nicht sagen, dass es Druck gab. Dass viele Ungarn in Rumänien nicht Rumänisch sprechen, finde ich nicht richtig. Da ist der Nationalismus zu schlecht orientiert.

Womit identifizieren Sie sich als Rumäniendeutsche?

Vielleicht ist es irgendwo der Stolz, dass man als Deutscher pünktlich ist und gewissenhaft sein muss. Es heißt gleich: Aha, du bist Deutsche. Dieses Aha, das macht einen stolz und man fühlt sich irgendwie verpflichtet, da etwas mehr zu tun als viele andere. Oder: Als die Revolution '89 ausgebrochen ist, haben sich hier in Deva alle sehr laut geäußert und gefreut. Wir Deutschen waren ruhig. Mein Bruder hat kein Wort darüber gesagt, er wollte auswandern, und ich sagte auch nichts. Da saß irgendwo die Angst, es könnte nicht gelingen und dann würden wir die Ersten sein, die verantwortlich gemacht werden. Man hat immer gedacht: Du bist Deutscher und

Großfamilie in den 1980er Jahre

musst ruhig sein. Als Minderheit muss man sich irgendwie neutral verhalten. Dann waren wir natürlich froh, dass wir auf Besuch nach Deutschland fahren konnten. Und jetzt ist für mich als Rentnerin und Alleinstehende das Fernsehen das Allerwichtigste, was mir diese neue Welt gebracht hat. Ich hab über 20 deutsche Sender. Mit dem Kabel kann ich alles sehen, was mich interessiert. Ich hab jahrelang die rumänischen Nachrichten gehört, aber irgendwann war es zu viel, weil es so viel Zirkus und Streit und Schlechtes zu hören gibt. Da hab ich gesagt, ich muss mir das nicht antun. Also schaue ich nur das, was mir gefällt in den deutschen Sendern von A bis Z, von ARD bis ZDF. Was es da alles gibt, oh Gott. Und dann die vielen Volkslieder. Das ist für mich eine Sache, die wir früher nicht hatten. Jetzt kann ich Schritt halten, ich kann mit meinem Bruder erzählen, ich bin mitten drin. Ich weiß, wo sie leben, ich sehe sie, ich kann jetzt alles miterleben.

Würden Sie sich mehr als Batschka-Schwäbin identifizieren oder mehr als Deutsche?

Deutsch. Deutsch. Ja, durch die Verwandtschaft und durch die Fernsehsendungen. Aber nie als eine Nationalistin. Nie, dass ich den anderen sag, du bist weniger wert, und weil ich ein Deutscher bin. Das finde ich auch sehr schlecht.

Sind sie oft in Deutschland gewesen?

Alle zwei, drei Jahre bin ich für ein, zwei Monate dort gewesen. So lernte ich die ganze Verwandtschaft kennen und auch das tägliche Leben, das Gute und das Schlechte. '96 war ich in Karlsruhe beim 40-jährigen Treffen vom Temeswarer Lenau-Lyzeum. Da habe ich alle von denen getroffen, die von hier weg sind. Wir aus Rumänien waren nur noch fünf. Alle anderen sind in Deutschland, Österreich, der Schweiz oder Übersee. Bei dem ersten Treffen war mir sehr bange: Wie werden wir aufgenommen und wie fühlen wir das? Es hat auch solche gegeben, die gefragt haben: Du bist noch immer in Rumänien? Ich sagte: Ja, ich bin noch immer da. Das war irgendwie so unangenehm. Aber beim 50-jährigen Treffen in Nürnberg waren alle älter und haben anders gedacht und es war nicht mehr dieses Herabschauen. Da hab ich mich besser gefühlt, irgendwie gleichgestellt, nicht mehr dieses: Na, du kommst jetzt von Rumänien. Eine alte Dame vom Forum hat mir hier gesagt: Wenn du nach Deutschland fährst, sag nicht, du kommst von Rumänien. Du kommst von Siebenbürgen, die meisten Deutschen wissen gar nicht, wo dieses Siebenbürgen ist. Die glauben, das wäre irgendwo in Österreich oder in Deutschland. Nein, sag ich, das mach ich nicht. Entweder akzeptieren sie mich so, wie ich bin, oder nicht.

Als junge Frau ...

Wann waren Sie das erste Mal in Deutschland?

Das war '67, da waren wir zu Besuch in der DDR. Ach, das war eine ganz andere Welt. Die DDR war weit vor uns. Und unsere Verwandten aus der DDR kamen zum ersten Mal im '58er auf Besuch. Schon wie die angekommen sind: Die waren anders gekleidet, die hatten Dinge, die wir noch nicht einmal geträumt haben – Nylonstrümpfe oder Regenschirme. So Kleinigkeiten, aber ganz unterschiedlich als bei uns. '91 bin ich zum ersten Mal nach Westdeutschland, da war alles zum Staunen. Überall, wo man hingekommen ist, hatte man gar nicht genug Sinne zum Aufnehmen. Man war so verloren in einer ganz anderen Welt. Dann hatte ich immer das Gefühl, was zum Kuckuck haben die so viele Geschäfte, wer braucht das alles? Und wo ich überall gewesen bin: in Crailsheim, in Stuttgart und in Hamburg, in Würzburg, in München, in Esslingen. Die vielen Schlösser, ich habe alles so dankbar aufgenommen, weil alles so schön und interessant war. Und Ostdeutschland war für mich ... Dresden ist für mich der Nabel der Welt. Das ist doch so schön, da verändert sich immer was.

Welches Bild bekamen Sie von den Deutschen dort?

Eigentlich hatten wir fast nur Kontakte mit Verwandten, die von hier weg sind. Die haben dort Freunde und Verwandte, die auch von hier sind. In diesen Kreisen haben wir uns bewegt und auch wohlgefühlt. Oft hieß es, die Deutschen sind arrogant, kalt und nicht kontaktfreudig. Eines Tages bin ich nach Hamburg mit diesem Wochenendticket gefahren und da hab ich die Deutschen ganz normal kennengelernt. Ich sitz da und mit einem Mal komme ich mit einer Dame ins Gespräch. Die hat dann gefragt: Ah, sie kommen aus Rumänien, warum sprechen sie so gut deutsch? Ich hab ihr alles erklärt und es war neu für sie. Für manche existieren wir Deutsche im Ausland einfach nicht.

Welche Rolle spielte die evangelische Kirche in Ihrem Leben?

Ja, die gehört dazu. Die ganzen Jahre haben wir immer noch zur Kirche in Benzenz gehört. Da wurde Kirchensteuer bezahlt, die Kinder getauft, Konfirmation gefeiert und alles, was dazu gehört. Erst spät, nach der Wende, haben wir dann hier den Anschluss zur evangelischen Gemeinde in Deva gefunden. Doch die wird von Jahr zu Jahr schwächer. Um die Hundert sind noch, meistens alte Leute. Der Pfarrer in Broos betreut uns und noch zehn andere Gemeinden. Und Adventsfest und Fasching feiern wir immer gemeinsam, die Kirchengemeinde und das Deutsche Forum, das ist dann alles eins. Unsere evangelische Kirche hält alles zusammen, auch durch die Sprache.

Sie erwähnten das Deutsche Forum, können Sie etwas dazu sagen?

Zurzeit sind wir 117 Forumsmitglieder und noch 22 Sympathisanten und nicht jeder, der könnte, ist hier Mitglied, da ist eine Grauziffer. Im Forum Deva gibt es einen Vorstand mit fünf Leuten, zu diesen gehöre ich auch. Da bin ich verantwortlich für Soziales. Ich mach die Listen für Hilfsaktionen und bin hier Mädchen für alles: Kassiererin, Sekretärin, mache die Buchhaltung und Botengänge, bezahle die Rechnungen, was so alles anfällt. Ich mach es gerne. Was ich am meisten schätze, ist, dass ich raus aus meiner Wohnung komme. Ich muss freundlich sein und zuhören, wenn die Alten kommen und erzählen. Da ist die eine ärmer als ich, der andere hat mehr Krankheiten als ich. Und dann bin ich die Zufriedene.

Hat man als Nicht-Deutscher eine Chance, Mitglied im Deutschen Forum zu werden?

So wie mein Schwiegersohn sind viele Rumänen als Sympathisanten dabei und sie können alles mitmachen, wie die anderen auch. Das Forum will jetzt die Satzungen ändern und das Ganze ein bisschen öffnen. Es werden ja immer weniger Deutsche. Den Rumänen, die dazukommen und mal einen Ausflug mitmachen oder eine Adventsfeier, denen gefällt das.

Was ist die Hauptaufgabe des Forums?

Das Forum ist Ansprechpartner für die Deutschen aus dem In- und Ausland und wir arbeiten eng mit der evangelischen Kirche zusammen. Wir haben eine Bibliothek, da kann man deutsche Bücher und deutsche Zeitung lesen. Wir organisieren Feierlichkeiten und versuchen wenigstens einmal im Jahr einen Ausflug zu machen. Irgendwas machen wir immer und dadurch versuchen wir den Leuten das Gefühl der Zusammengehörigkeit zu geben. Die Vorsitzende macht die Verbindung zur Schule, dass die Schüler wissen, es existiert ein Forum. Sie kommen, wenn sie etwas brauchen, holen Kassetten und Bücher. Wenn sie 18 sind, können sie ins Forum eintreten. Aber es ist keine große Aktivität: Wir probierten es mal mit einem Handarbeitskreis, das hat nicht funktioniert. Wir haben es im Forum auch mit einer Kindergruppe versucht. Denn in der Früh sind die Kinder in der Schule. Zu Hause kann keiner der beiden Eltern Deutsch und dann konnten sie nachmittags deutsch untereinander spielen und reden. Eine pensionierte Kindergärtnerin hat da mitgemacht, aber auch das hat nur kurze Zeit gedauert.

Gibt es eine deutsche Schule in Deva?

Es gibt hier ein Kolleg mit einer deutschen Abteilung. Das sind zwölf Klassen, also mit Abitur und einschließlich deutschem Sprachtest. Dort haben auch meine Enkelkinder Deutsch gelernt. Aber es sind nur noch wenig Deutsche. In der zweiten oder dritten Klasse sind zwei Kinder Deutsche und die anderen sind Rumänen. Die sind aus besser gestellten Familien, die wollen, dass ihre Kinder Deutsch lernen. Das ist unser Glück, sonst gäbe es die deutsche Abteilung nicht mehr.

Auf welchen Ebenen hat das Forum direkte Kontakte nach Deutschland?

Direkte Kontakte hat das Deutsche Forum Deva nicht. Vom Sozialwerk der Siebenbürger Sachsen in München bekommen wir Hilfen. Die schicken Gelder an die Saxonia-Stiftung in Kronstadt für Leute, die bedürftig sind,

Erntekindergarten im Jahr 1942 (Anneliese stehend außen rechts)

meistens Rentner. Wir machen Listen über jene, deren Renten hier klein sind und wir teilen dann das Geld aus. Die Leute sind sehr dankbar über die 100 Lei, die sie bekommen. Aber es gibt das nur einmal im Jahr. Oder die Deportierten, die bekommen von der Vereinigung der Russlanddeportierten in Temeswar, zehn Euro pro Jahr. Vor Jahren waren es noch um die 50 Leute, heute sind es noch neun.

Was würden Sie sich für die Arbeit des Forums als Unterstützung wünschen?

Wir haben einmal über 200 Millionen Lei (damals etwa 5500 Euro) Unterstützung bekommen. Damit haben wir die Räumlichkeiten in Ordnung gebracht und Möbel und Heizung angeschafft. Einige Kleinigkeiten könnte man noch machen, aber wir haben keine großen Ansprüche.

Welche Hoffnung hatten Sie für das Land nach der '89er Revolution?

Ich hatte mir vorgestellt, dass da auf einem Mal der Westen sein wird. Die Erwartungen waren viel zu hoch und dann kam die große Enttäuschung. Am Anfang haben wir mitgefiebert, doch wenn man sieht, wie eine Legislatur nach der anderen ... Dann wird man müde und sagt: Ach, aus und vorbei. Das kann ich bis heute nicht verstehen, wie wir so blauäugig waren und gedacht haben, einmal wird alles gut. Ich bin enttäuscht, aber ich vergesse nie, was wir dazubekommen haben. Diese Öffnung, dieses deutsche Fernsehprogramm, das bringt mir so viel. Auch das deutsche Programm im rumänischen Fernsehen, da weiß man, was geschieht. Wenn ich jetzt höre: In der Ceaușescu-Zeit war es besser, sag ich: Mensch, sehen die Leute nicht, was sich alles doch verändert hat. Wenn man in die Geschäfte geht, wenn man sieht, wie sich alles entwickelt. Das Enttäuschende ist die Korruption und die Mentalität, das Balkanische. Jeder, der oben ist, versucht schnell reich zu werden und vergisst, wozu er da ist. Er weiß nicht, dass er dienen muss diesem Land oder etwas tun soll dafür, dass er gewählt wurde. Diese Mentalität ändert sich nicht.

Sie sind hier geblieben. Konnten Sie die Leute verstehen, die ausgereist sind?

Einige haben ja schon vor '89 probiert auszuwandern. Aber nach der Wende sind sie massiv weg. Massiv, und wir haben uns in Benzenz richtig einsam gefühlt. Da hat man sich Gedanken gemacht, wieso man so viele raus lässt. Aber das war die Freiheit. Doch es hat angefangen die Familien zu zerreißen und das war kein Zuckerlecken. Na klar, verstehen konnte ich das, ich verurteile keinen Menschen, der gegangen ist. Jeder muss das für sich entscheiden. Auch ich hab ans Ausreisen gedacht. Meine Tochter war '93 ein Jahr in Deutschland bei einer Schulung und da hab ich im Stillen gehofft, dass sie zurückkommt und sagt: Wir wandern aus. Aber dann hat sie gesagt: Nein, nie. Sie war in Eisenhüttenstadt – da sag ich schon viel. Sie hat dort ein Jahr das Leben mitgemacht, in einer Zeit, als jeder Angst um seine Arbeitsstelle hatte.

Was denken Sie über die Zukunft der deutschen Minderheit?

Ich glaub, es geht noch eine Weile weiter. Wenn man sieht, wie viele Leute noch aktiv sind im ganzen Land, was da alles noch lebt, die Kirche und das Ganze ... Das ist nicht von heute auf morgen totzukriegen. Wie lange das noch hält, das kann man schwer sagen. Möglich, das noch einige zurückkommen mit ein bisschen Geld und die fangen was Neues an. Aber wie es einmal war, wird es nicht mehr, das ist vorbei. Ich bin froh, wenn ich sehe, dass meine Kinder und die Enkel noch ein bisschen mitmachen. Aber es wird immer weniger.

Was haben Sie gehört von den Ausgereisten, wie sie sich in Deutschland fühlen?

Eine Bekannte meiner Mutter, sie ist nach der Wende zurück ins Dorf gekommen und hat uns immer erzählt, wie es ihr in Deutschland geht. Da waren mehr Tränen als Friede, Freude, Eierkuchen.

Orte:
Tscherwenka – ung. Cservenka,
serb. Crvenka

Ein komisches Volk, aber sehr musikalisch

Alies Simion,
geb. Köhler, 1944 geboren in Reps/Rupea, lebt seit 1968 in Iași, evangelisch, verwitwet, Lehrerin, seit 2002 Rentnerin

Kindheit

Ich bin in eine siebenbürgisch-sächsische Familie hineingeboren. Meine Mutter stammte aus Bistritz und mein Vater aus Reps, dort bin ich auch auf die Welt gekommen. Meine Mutter hätte lieber anderswo gelebt als in Reps, denn sie hat sich immer als Städterin betrachtet: Reps, sagte sie, sei ein Dorf, im besten Fall ein Marktflecken. In Reps bin ich zuerst in die deutschsprachige Schule gegangen und ab der 8. Klasse auf das rumänische Lyzeum – zum Leidwesen meiner Eltern. Ich hätte ein deutsches Lyzeum besuchen können, aber da hätte ich in Schäßburg oder Kronstadt im Internat wohnen müssen, das wollten sie nicht. Anfangs konnte ich kein Wort Rumänisch und musste alles auswendig lernen. Doch ich habe die Sprache ziemlich schnell gelernt. Nach der Matura wollte ich studieren, etwas Exotisches: Dolmetscher, fremde Botschaften. Doch ich bin bei der Aufnahmeprüfung nicht angekommen. So blieb ich ein Jahr zu Hause und habe als Lehrerin für Französisch, Rumänisch und Geschichte gearbeitet auf einem Dorf namens Galt neben Reps. Dabei kam mir der Gedanke im Unterrichtswesen zu bleiben und Deutsch und Rumänisch zu studieren. Das klappte '63 und ich ging an die Uni nach Temeswar. An der deutsch-rumänischen Abteilung waren die Gruppen in deutsche und rumänische Studenten eingeteilt, was wir als Glück empfanden. Wir waren im Studienjahr nur zwei aus Siebenbürgen, die anderen waren Banater Schwaben und wir haben uns gut verstanden. Vielleicht war es nicht fair den anderen gegenüber, dass wir Deutsch-Muttersprachler nur unter uns waren. Meine Lizenz habe ich als Lehrerin für Deutsch und Rumänisch bekommen und bis zu meiner Pensionierung habe ich Deutsch als Fremdsprache unterrichtet. Nun arbeite ich etwas beim Deutschen Forum, bin im Vorstand, mache Berichte und übersetze noch.

Mit der deutschen Sprache ans andere Ende der Welt

Nach meinem Abschluss im '68er waren weder in Siebenbürgen noch im Banat Posten ausgeschrieben worden, sondern nur für das Altreich. In Bukarest, wo die Zuteilungskommission war, sagten sie mir: Wählen Sie Iași, da ist ein sehr guter Posten im Hochschulwesen. Doch wenn man annahm, musste man dort bleiben, ob es dir gefiel oder nicht. Ich habe angefangen zu weinen und meine Eltern waren entsetzt: Um Gottes Willen, Iași ist am Ende der Welt, was sollst du dort. Doch ohne viel nachzudenken bin ich nach Iași an die Technische Universität. Damals waren sehr viel Studenten, die Deutsch lernen wollten. Es war wie eine Gegenwirkung zum Russischen, das ja verpflichtend war. Und es war die Zeit nach '68, als der Einmarsch in die Tschechoslowakei war. Rumänien war dagegen und hatte sich etwas den westlichen Staaten geöffnet. Da hatte ich Angst nach Iași zu kommen, denn die Russen waren so nahe. Zudem hatte die Technische Universität einen guten Ruf – im Unterschied zu jetzt. Es kamen viele Besucher aus der DDR, aus der Bundesrepublik. Deutsch war also sehr wichtig und ich habe damals mehr übersetzt als unterrichtet. Das hat mir sehr gut gefallen und dieses Interesse an der deutschen Sprache gehört auch zu meinem Hierbleiben.

Moldauer Freude

Ich habe einen Rumänen aus der Moldau geheiratet und der arbeitete auch an der Hochschule. Das war ein Grund, dass ich hier geblieben bin. Für ihn wäre es schwer gewesen in Siebenbürgen, er hätte sich nicht so gut angepasst wie ich hier. Außerdem hat es mir in Iași gut gefallen, aber nicht die Stadt an sich, sondern die Menschen, die waren unterschiedlich zu Temeswar. Dort war das Temperament der Leute zurückhaltender wegen der vielen Nationalitäten – Serben, Ungarn, Deutsche, Rumänen. In Iași macht man den ersten Schritt aus dem Haus und schon begrüßt man dich. Als ob man dich kennen würde und sie erzählen gleich wie es ihnen geht. Ebenso meine Schwiegereltern: Sie waren einfache Menschen vom Dorf. Ich hab nie gedacht, dass es solche Dörfer gibt: so ärmlich und am Ende der Welt. Keine Straßen, kein Wasser und die Häuser aus Lehm. Doch diese Menschen, die nie irgendetwas mit Siebenbürger Sachsen zu tun hatten, die haben mich aufgenommen, als sei ich eine Rumänin. Das rechne ich ihnen hoch an. Jetzt ist die Begeisterung, die es anfangs bei mir gegeben hat, ein wenig gedämpfter. Man erlebt ja schon so allerhand und sieht, dass es bei den Menschen, auch wenn sie freundlich sind, etwas Gleichgültigkeit gibt.

Mein Siebenbürgen-Gefühl hat sich verändert

Meine Mutter sagte immer: Wie hast du das gemacht? Du bist hier aufgewachsen und plötzlich hast du deine Koffer genommen und bist nach Iași verschwunden. Doch wenn ich von Reps höre oder in die Nähe komme, da fange ich schon an zu zittern. Da fang ich an zu weinen und kann es kaum erwarten, die Repser Burg zu sehen, dann weiß ich, ich bin zu Hause. Aber dieses Zuhause ist so weit weg. Ich hatte immer gedacht, ich werde einmal zurückgehen und meine alten Tage dort verbringen. Doch das kann ich mir nicht mehr vorstellen. Dieses Siebenbürgen, dieses Reps, sind nicht mehr die Orte, wo ich aufgewachsen bin, sondern der Teil meines Lebens, woher ich stamme. Aber in Iași lebe ich.

Soll ich den Deutschen Deutsch lehren?

Wenn ich an die Siebenbürger Sachsen denke, frage ich mich: Wie konnte in so kurzer Zeit sich alles so schnell auflösen? Schon in den '60ern sind viele mit Mühe und Not ausgewandert und langsam ist das Sächsische verschwunden. Ich erinnere mich noch, wie meine Eltern sagten: Wir wandern nicht aus. Wir haben hier unser Haus, wir haben, was wir brauchen. Wenn die einen in den Brunnen springen, müssen wir nicht auch hinter ihnen springen. Immer wenn ich was vom Ausreisen hörte, dachte ich mir: Die haben nichts gelernt und nichts gemacht, die wollen nur auswandern. Was wird sie erwarten? Auch mich fragte man damals in Reps: Gehst du nicht nach Deutschland? Aber ich hatte nie den Wunsch gehabt. Ich sagte mir: Was soll ich in Deutschland mit meinem Fach? Soll ich den Deutschen Deutsch lehren? Der erste große Einschnitt für meine Familie war, als mein Bruder 1982 nach Deutschland ging. Mein Vater lebte damals nicht mehr, aber meine Mutter sagte immer: Wenn der Vater das erlebt hätte, dass sein Sohn nach Deutschland fährt, der hätte das nicht überlebt. Mein Bruder ist auf Besuch zu unserem Onkel und wir dachten, er ist gefahren, weil die Frau meines Bruders – sie war Rumänin – krebsverdächtig war. Aber es war so eine Ausrede, damit wir nicht weiterdenken mussten. Den Grund hat er mir später gesagt: Er hat in Bukarest gelebt und es hat ihm dort nicht gefallen. Vielleicht spielte das Berufsleben, die Umgebung eine Rolle. Auch andere Verwandte sind ausgewandert, beispielsweise die Geschwister meiner Mutter. Aber sie haben doch alle in Siebenbürgen gelebt und gehörten doch gar nicht nach Deutschland. Als sie dort waren, haben sie plötzlich diesen – ich will jetzt nicht sagen Heiligenschein – aber dieses Besondere bekommen: Ja, die sind in Deutschland, die sind immer reich.

Vorurteile, Nachteile, Vorteile

Meine Großeltern sagten: Die Rumänen haben die Sachsen nicht gern. Die Rumänen sticheln. Die Ungarn nicht, aber die Rumänen. Aber auch uns gegenüber gab es Vorurteile: Hier in Iași haben wir in unserem Freundeskreis Rumänen aus Siebenbürgen, die mit Sachsen zusammengelebt haben. Die haben zu meinem Mann gesagt: Du heiratest eine Sächsin, die sind doch alle so einfältig. Ich fragte: Was verstehst du unter einfältig? Na, sie sind so brav, nicht aufbrausend oder sich irgendwie hervordrängelnd. Ruhig und zurückhaltend sind sie – das wollten sie meinen. Die Einstellung der Leute hier war um eine Zeit mit den Deutschen, dann wieder gegen sie. Aber gegen die Russen gab es mehr Widerwillen. Wenn man von Deutschen sprach, war es so, als würde jemand Besonderes kommen. Ich weiß nicht warum. Zuhause in Reps wären sie jetzt froh, wenn die Sachsen wieder da wären. Vielleicht geben sie sich Rechenschaft, dass das nicht nur kulturell, sondern auch wirtschaftlich eine Gemeinschaft war, die dazu beigetragen hat, dass Reps eine Zeit lang einen wirtschaftlichen Aufschwung erlebt hat. Aber jetzt kann ich mich als Minderheit nicht beklagen, wir werden von der Regierung nicht benachteiligt. Ich würde fast sagen, wir haben mehr Rechte als die Mehrheit. Als rumänische Staatsbürgerin benachteiligt die Regierung mich allerdings. Sie kürzen uns die Renten und Gehälter. Ich kann nicht reisen, wie ich will und wenn ich etwas erledigen muss, geht es nicht. Da ist nicht nur die Regierung schuld, sondern die Beamten und das System. Man hat viel mitgemacht, aber ich hatte mich irgendwie gewöhnt. Viele Siebenbürger Sachsen konnten das nicht und deshalb

55

sind sie ausgerissen. Aber der Hauptgrund, vielleicht will es niemand zugeben, waren nicht politische Gründe, sondern ein besseres Leben.

Ich habe empfunden, dass ich etwas anderes bin – kleine Episoden

Aufgewachsen bin ich in einem geschlossenen deutschen Umfeld. Es waren kaum Rumänen auf unserer Gasse und so hatte man nicht viel mit ihnen zu tun, höchstens man ging mal in ein Geschäft. So haben wir deutschen Kinder auch nicht mit den anderen gespielt. Ich weiß noch: Wir hatten einen großen Garten, daneben gab es einen Graben mit einer Brücke. Dort versammelten sich immer die Zigeunerkinder. Und einer, der war besonders böse. *Covrig* haben sie ihn gerufen, das bedeutet Brezel. Wenn der kam, dann war Alarm. *Covrig* bedeutete: Jetzt verschwinden, denn der hat immer mit Steinen auf uns geworfen. Das war das erste Mal, wo ich empfunden habe, wir sind etwas anderes. Selbst als wir auf der rumänischen Schule waren, haben wir uns nur mit sächsischen Freunden getroffen: am Sonntag, zum Spazierengehen, zum Skifahren – nie kamen Rumänen zu uns. Sie haben nicht bei uns mitgemacht, haben aber auch selber nichts gemacht: Sie sind nicht Skier gefahren, sie sind nicht Rad gefahren, sie sind nicht in den Wald gegangen. Wenn jemand in den Wald lief, dann war klar, es sind wir Sachsen. Jeden Sonntag, wenn schönes Wetter war, machten wir Ausflüge. Wir trafen uns sonntags zehn Uhr an der Burg und gingen in einen der vielen Wälder, wo auch die Jause genommen wurde. Im Winter sind wir immer auf dem Bach Schlittschuh gefahren. Da waren auch rumänische Kinder und ich wusste, die, die keine Schlittschuhe hatten, das sind Rumänen. Warum sie keine hatten, hab ich mich nie gefragt. Sie haben uns aber nie gestört.

Als wir zum ersten Mal Rumänisch lernten, in der fünften Klasse, dachte ich: Ah, wir müssen ihre Sprache sprechen und wenn man einmal diese Sprache spricht, dann werden wir auch wie die, was ich mir nicht wünschte. Ich wollte nicht so sein wie die anderen.

Woher weißt du, dass du eine Sächsin bist: von der Sprache her, von der Gemeinschaft.

Jeder hatte seine eigene Kirche, wir Sachsen, die Ungarn, die Rumänen und die Zigeuner noch eine. Das wusste ich von Anfang an, dass diese verschieden sind. Wir waren evangelisch und von Zuhause hatte man ein wenig falschen Stolz. Wir hatten unsere sächsische Kirche, die war die größte und schönste und sie war inmitten der Ortschaft und sie gehörte uns. So bin ich in Reps immer nur an der katholischen Kirche vorbeigegangen. Ich war da nie neugierig, es schien mir als etwas Fremdes, was nicht zu mir gehörte. Warum weiß ich nicht, denn jetzt gehe ich auch in die orthodoxe oder katholische Kirche. Alle unsere Freunde, Nachbarn und Bekannten – alles Sachsen – trafen sich zum Sonntag in der Kirche. Und die Männer gingen manchmal nach dem Kirchbesuch auf einen Frühschoppen. Da war die Gemeinschaft noch sehr organisiert. Aber die eigentliche Identitätspflege fand wohl in den Familien statt. Außerhalb war es um diese Zeit etwas gefährlich, denn um eine Zeit wurden viele Lehrer und Pfarrer verhaftet. Aber dann haben sie uns doch gelassen, dass wir sonntags in die Kirche gingen. Und zum 1. Mai, wo man defilieren musste, sind die Sachsen alle geschlossen um fünf Uhr auf die Burg gegangen und haben gesungen. Da hat niemand etwas gesagt. Ich habe persönlich keine schlechten Erfahrungen gehabt, aber ich weiß, dass es die bei anderen gab.

Konfirmation 1958

Sachsen und Schwaben, evangelisch und katholisch

Wir Siebenbürger Sachsen sagen immer: Die Banater Schwaben sind nicht richtige Deutsche und die Banater Schwaben sagen: Wir sind nicht richtige Deutsche.
Mit 19 Jahren bin ich nach Temeswar, wo die Banater Schwaben waren. Im Unterbewusstsein waren wir uns bewusst, dass wir Deutsche waren. Wichtig war dabei die Sprache, und das hat man den anderen auch gezeigt. Aber es gab auch Unterschiede zwischen den Siebenbürger Sachsen und den Banater Schwaben: Sie waren katholisch und wir evangelisch. Und die Sprache: Bei uns Sachsen ist der Unterschied zwischen der Hochsprache und dem Dialekt so groß, dass das Hochdeutsch und der sächsische Dialekt nicht zu verwechseln war. Aber bei den Schwaben war Dialekt und Hochsprache nicht getrennt. Da haben wir über die Sprache gelacht und gesagt: Die

Rast auf einer Wanderung

sprechen nicht richtig Deutsch. Aufgefallen ist mir auch, dass wir Siebenbürger Sachsen so zusammengehalten haben und bei denen war die Individualität stärker. Jeder war für sich, nicht so für die anderen. Wir haben immer gesagt: Diese geizigen Schwaben denken nur an ihre Familie. Vielleicht war es ein wenig Neid, denn die Banater Schwaben schienen reicher und wohlhabender als wir. Das sah man an den Ortschaften, die sahen anders aus. Die Häuser waren anders gebaut, nicht so aneinandergereiht wie bei uns sondern dazwischen waren noch Hof und Garten. Und die Straßen und die Landschaft im Banat war anders: weite Ebene, nicht so enge Täler wie in Siebenbürgen. Die Bauerngehöfte bei den Schwaben waren nicht so armselig. Überhaupt haben mir die sächsischen Dörfer nie so besonders gefallen. Man sah, dass dort viel Arbeit ist, aber vielleicht im Einzelnen war es doch nicht so gut organisiert. Dieses Kleinliche und Enge und immer das gemeinsame Organisieren, das ging mir auf die Nerven. Ich würde sagen, die Siebenbürger Sachsen sind zwar arbeitsam, fleißig und ehrlich, aber auf eine Art auch ein wenig verschlagen und gar nicht so gutmütig und großzügig, wie es heißt. Auch nicht so rein und ordentlich. Ich will nicht verallgemeinern, nur was ich so erlebt hab, hat mich nicht so begeistert. Als ich damals auf dem Dorf unterrichtet habe, hätte ich fast gesagt, dass mir die Rumänen lieber sind als die Sachsen. So war ich irgendwie froh, dass ich von Siebenbürgen weg bin. Eine Tante sagte einmal: Die Sachsen sind so ein komisches Volk. Ja, sagte ich, du hast recht, ein komisches Volk, aber sehr musikalisch.

Ich wusste nicht, dass hier Deutsche leben

Als ich nach Iași kam, wusste ich nicht, dass hier Deutsche leben oder gar hier geboren sind. Ich hatte keine Beziehung zu ihnen, obwohl ich mich als *Săsoaica*, als Sächsin bezeichnete. So hatte ich meinen ersten Kontakt zu den Deutschen erst nach 20 Jahren, nach der Wende. Das kam durch diese Anzeige: Wir sollen das Deutsche Forum gründen. Mein Mann sagte: Geh und triff dich mit deinen Leuten. Erst interessierte es mich nicht, doch dann bin ich hin und sah: Aha, es gibt noch viele. Das war etwas Komisches, denn bis zur Wende war das eigentlich Tabu, dass sich so viele Deutsche trafen. Zur Gründung des Forums, im April '90, war eine Begeisterung und wir waren eine Unmenge. Der Saal konnte sie gar nicht fassen. Dann musste man beweisen, dass man deutsch ist: ob man getauft und konfirmiert war und man brauchte einen Ahnenpass. Da kam man langsam hin, wie es früher war, doch wie sollte man es anders beweisen. Am Anfang waren viele, die sagten, sie sind Deutsche, konnten aber nicht Deutsch. Da fragte man, sind sie jetzt deutsch oder nicht. Das war damals ein Durcheinander und meine Tante sagte: Jetzt fangt auch ihr an mit Volksdeutschen! Ich wusste gar nicht, was das ist: Volksdeutsche. Jedenfalls fingen wir an, die Mitglieder einzutragen. Am Anfang waren wir ungefähr 230. Da konnten wir uns natürlich nicht mit Siebenbürgen vergleichen, nicht einmal mit Bukarest oder der Bukowina. Später, als nicht mehr so viele kamen, sagte man: Gut, es sollen auch die Sympathisanten kommen. Die, die eigentlich Rumänen sind, sich aber als Deutsche sehen. Circa 120 Mitglieder haben wir im Forum plus die Sympathisanten. Von den 120 sind die meisten ältere Leute. Sie leben in Iași, aber sie stammen meistens, wie ich, aus Siebenbürgen und aus der Bukowina. Gebürtige Iașier deutscher Abstammung sind nur noch zwei. Sie sind hier in die Schule gegangen und hier in der evangelischen Gemeinde getauft. Deren

Vorfahren kamen als Händler, Kaufleute, Handwerker wahrscheinlich aus der Bukowina, die zu Österreich gehörte. Wir hatten auch eine evangelische Kirche, aber die ist jetzt orthodox. Im Hof dort gibt es noch Grabsteine, da kann man sehen, dass es Deutsche hier schon vor 1700 gab. Sie hatten hier auch eine deutsche Schule, es war alles gut organisiert. Wegen dem Krieg '41 haben sich die Deutschen aufgelöst. Da gab es einen Kirchenvorsteher oder Pfarrer, der ist mit dem Archiv weg. Buchstäblich aufgelöst hat es sich, so gibt es kaum noch deutsche Leute, die hier geboren sind. Auch bei uns im Forum trat ein großer Schwund an Interesse ein, denn viele kamen nur zu uns wegen der Mitgliedskarte, damit konnten sie leichter nach Deutschland fahren. Auch mit der deutschen Sprache ist es schwächer geworden und mit den jungen Leuten, die haben keinen Bezug mehr dazu. Sie sind einfach aus unserem Gesichtsfeld verschwunden und so sehe ich die Zukunft nicht besonders. Die Kinder von denen, die jetzt 40 sind, kommen nicht und wir Rentner sind überlastet, aber vielleicht treffen wir uns zu selten. Ich denke, in Siebenbürgen ist es ein wenig anders. Trotzdem würde ich sagen, es ist im Aussterben, denn zurück kommt niemand mehr. Es ist schade. Als Kind gab es noch diese Gemeinschaft und es hat mir gefallen. Als ich größer war, gefiel mir dieser Zwang nicht, aber dass es jetzt überhaupt nichts mehr gibt, das ist traurig. Aber ich darf niemand verurteilen, denn ich bin auch nicht da geblieben. Ich bin zwar noch in Rumänien, aber in Iași.

Deutschlandbild(er)

Deutschland war für mich immer ein ganz besonderer Ort. Wenn ich von dort zurückkam, hab ich gespürt, dass das irgendwie zu mir gehört, aber weit entfernt und unkonkret. Vielleicht wegen der Sprache. Wir Siebenbürger Sachsen hatten zwar unseren Dialekt zu Hause, aber man hat in der Schule Deutsch gesprochen und geschrieben. Also rechnete man in seinem Inneren, ich gehörte da irgendwie hin. Zum ersten Mal sind wir 1990 nach Deutschland gefahren – endlich reisen, endlich aus diesem Land raus. Ich fühlte mich freier und in Deutschland konnte ich die deutsche Weite erleben. Es war nicht so eng wie hier. Das war ein Ereignis, das war der Traum meines Lebens. Aber es gab am Anfang gleich eine Enttäuschung: Wir fuhren von der Tschechoslowakei an die Grenze zu Bayern. Da fragte uns der Beamte: Warum sind Sie nicht über Österreich gekommen? Ich erklärte: Wir haben kein Visum für Österreich. Da antwortete er: Man hätte Ih-

In den Karpaten

nen gar kein Visum geben sollen. Das hat mich so enttäuscht. Ich dachte, wenn ich Deutsch spreche, dann werde ich anders behandelt. Aber ich hab es verschmerzt, denn es gefiel mir alles so gut. Es war so wunderbar, wie im Märchen: eine andere Welt, diese Ordnung und Reinheit. Auch die Menschen habe ich als freundlich empfunden, obwohl man damals meinte, man soll nicht sagen, dass man aus Rumänien kommt. Man hat da irgendwie eine Abneigung. Ich bin viel in Deutschland herumgefahren und hab Land und Leute kennengelernt. Aber das Deutschland, auf das ich gewartet hatte, das war ein Fantasiebild. Jetzt nach 20 Jahren bin ich nicht mehr so begeistert und ich könnte mir ein Leben dort nicht vorstellen. Wenn Deutsche früher herkamen, gehörten sie zu mir, aber bei ihnen werde ich von ihnen nicht so ohne Weiteres angenommen. Sie sind mir doch weiter entfernt als der rumänische Nachbar. Ich war mit meinem Bruder im vorigen Jahr in Dinkelsbühl beim Sachsen-Treffen. Wir wollten sehen, was geschieht. Dann standen wir dort und sagten: Gehören wir hier dazu? Wir fanden heraus, die meisten verbindet noch der sächsische Dialekt, der wird aber immer seltener. Man hört viel mehr Rumänisch sprechen in Dinkelsbühl. Und die Tracht, die trennt mich genauso gut, wie sie mich verbindet. Dann gab es die Baumstriezel und die rumänischen *Mici*, als wenn das uns verbindet. Ich habe es als große Enttäuschung empfunden. Lediglich bei der Tracht vom Repser Ländchen, da hat es mich tatsächlich ergriffen. Für mich hat es eigentlich keinen Sinn. So fragte ich mich: Was suchst du dort? Vielleicht such ich meine Vergangenheit.

Bukarest
war eine andere Welt

Hans Liebhardt, geboren 1934 in Großpold/ Apoldu de Sus, lebt seit 1951 in Bukarest, geschieden, Adoptivgroßvater, Journalist und Autor

Herr Liebhardt, sagen Sie bitte etwas zu Ihrer Kindheit.
Ich bin 1934 in Großpold geboren. Mein Vater war Landler und von Beruf Fassbinder. Die Mutter war eine Siebenbürger Sächsin, doch sie ist schon '38 gestorben. Mein Vater fiel im Krieg auf der Krim und so haben mich die Großeltern väterlicherseits aufgezogen. Ich hatte noch einen Bruder, der hat bei der Schwester meiner Mutter gelebt. Wir wurden '45 zeitweilig enteignet, da waren die Weingärten und der Grund weg. Nur mit einer Kuh sind wir geblieben und wir bekamen Kolonisten auf den Hof, die sogenannten neuen Besitzer. Aber es gab im Agrargesetz eine Klausel, dass Leute, die in der rumänischen Armee gedient haben, nicht enteignet werden. Mein Vater war bei der rumänischen Armee und so bekamen wir ein wenig Grund zurück und die neuen Besitzer mussten auch vom Hof.

Wo sind Sie in die Schule gegangen?
Die Schule, das ist etwas Interessantes. Ich bin in Großpold in die Volksschule gegangen und es waren recht gute Lehrerinnen, die ganz hervorragend mit den Kindern gearbeitet haben. Dann hat die Großmutter gedacht, dass das Gymnasium das Beste für mich wäre und ist nach Hermannstadt gefahren und an den Schuldirektor von Hannenheim geraten. Kurz darauf besuchte ich das Gymnasium auf dem Hundsrücken.

Das ist das heutige Kunstlyzeum neben der Brukenthalschule und es war eine sehr gute Schule. Gewohnt habe ich zwei Jahre im Hause Hannenheim als Kostjunge. Es war durchaus üblich, dass sächsische Kinder bei Familien in der Stadt aufgenommen und beköstigt wurden. Ich war gut in der Familie integriert.

War das Gymnasium nach dem Krieg noch eine deutsche Schule?

Selbstverständlich, man konnte immer Deutsch in Rumänien lernen. Es gab überall hervorragende deutsche Professoren, die die Hochschule in Deutschland gemacht haben und deutsche Literatur, Naturkunde, Erdkunde, Mathematik gelehrt und auch Bücher geschrieben haben. Manche sind an rumänische Hochschulen gekommen; das waren alles gescheite und hoch gebildete Leute. Auch in der Nachkriegszeit war diese deutsche Tradition nicht umzubringen und die Verstaatlichung der Schulen '47 bedeutete nicht so einen Einschnitt, im Gegenteil: Die Gehälter wurden pünktlich bezahlt. Umgebracht wurde die Schultradition erst 1989, nach dieser sogenannten Revolution. In den Nachkriegsjahren war es so, dass die Sachsen von den Dörfern gesagt haben: Grund haben wir keinen mehr, Aussteuer können wir nicht entrichten, wir können unseren Kindern nur eine Sache geben: Bildung. Dieser Bildungsgedanke zieht sich übrigens durch die gesamte Geschichte der Sachsen. So gelangten in den Jahrhunderten vor allem Pfarrer- und Lehrersöhne, aber auch einfache Bauernsöhne nach Deutschland auf die Hochschulen. Dort haben fast alle erst eine theologische Ausbildung gemacht und nebenher noch ein anderes Fach. Damit konnten sie Lehrer sein an den Gymnasien in Hermannstadt oder Schäßburg. Wenn sie aber eine gute Pfarrstelle auf einem Dorf gefunden hatten, sind sie dahin gegangen. Das haben viele gemacht, denn als Pfarrer hat man besser gelebt als als Lehrer. Nehmen wir aus dem 19. Jahrhundert den berühmten Joseph Haltrich. Der hatte in Leipzig studiert und in Schäßburg deutsche Literatur und Klassik unterrichtet. Das hat er 24 Jahre in ärmlichen Verhältnissen gemacht und er sagte: Ein schöner Ausblick vom Schulberg in Schäßburg ist mehr wert als ein schönes Gehalt. Aber dann suchten sie auf einem Dorf einen Pfarrer. Haltrich ist gewählt worden und hingezogen. Also ein großer Teil unserer siebenbürgischen Zivilisation stammt aus Pfarrhäusern. Als wir später Klassentreffen veranstalteten, waren von 80 Schülern nur noch drei in Rumänien geblieben, alle anderen waren in Deutschland. Sie waren mit der hiesigen Schule so gut vorbereitet, dass sie beispielsweise ihr ganzes Leben lang an deutschen Schulen unterrichtet haben. Das war der Stand der Ausbildung an den deutschen Schulen hier.

Wie war die Schülerzusammensetzung? Gemischt?

Nein, es war eine deutsche Schule für sächsische Kinder in siebenbürgischer Tradition.

Warum ließen die Rumänen nach dem Krieg den Deutschen ihre Schulen?

Ich denke an gewisse Mechanismen: Unser Bischof Friedrich Müller war mit Dr. Petru Groza, dem damaligen Ministerpräsidenten befreundet. Der kam aus Siebenbürgen und kannte die Verhältnisse und andere Leute aus den historischen Parteien auch. Sicher, die Sachsen waren zunächst verschrien als Kollaborateure und SS-Leute und man hat Begriffe wie Hitlerist gebraucht. Aber in Siebenbürgen habe ich das nicht gehört.

Dann hat es diese Jahre mit der Deportation nach Russland gegeben, mit dieser absoluten Misere auf den Dörfern und Städten. Schiere Armut war das. Aber es sind rasch Änderungen gekommen in der Kommunistischen Partei und man hat '48 den Beschluss in der nationalen Frage gemacht, wonach zumindest als Theorie die Deutschen gedeckt und sogar verteidigt worden sind. Und die Siebenbürger- und die Banaterdeutschen waren hervorragende Handwerker. Mit denen hat man damals ganze Fabriken und Stadtteile aufgebaut. Das andere war: In der Landwirtschaft haben sie in den '50ern die Kollektivierung mit den Zigeunern angefangen und bald eingesehen, dass sie weniger Mais ernteten als sie säten. Da hat man sich besonnen, dass man das besser mit den Deutschen machen kann. So war in Großpold ein Deutscher Vorsitzender in der Kollektivwirtschaft, auch die Feldbrigadiere waren junge deutsche Männer und es hat hervorragend geklappt.

Die Leute hatten Arbeit, haben sich die Häuser renoviert, Badezimmer eingebaut, Fernsehgeräte angeschafft, sind auf Urlaub gefahren. Sicher, die Enteignung hat den Leuten im Endeffekt nicht gefallen, sonst wären sie '89 nicht haufenweise weg. Aber sie haben gelebt, überlebt und gefeiert und viele Kinder sind geboren worden. Also jeder kann reden, was er will, aber was nach '89 alles kaputtgemacht worden ist durch die Zerstückelung der Bodenflächen oder die Vernichtung der Industrie durch die sogenannte Privatisierung ... Das sind alles Gründe für das Elend von heute.

Wie ging es für Sie nach der Schule weiter?

Nach Hermannstadt bin ich ans Pädagogische Lyzeum in Schäßburg gekommen. Dort wurde ich so gut ausgebildet, dass ich '51 nach Bukarest ging und mit 17 Jahren Journalist bei der deutschen Tageszeitung *Neuer Weg* wurde.

Wie sind Sie auf die Idee gekommen, Journalist zu werden?

Ich hatte in Schäßburg für die Zeitung geschrieben, über Schülerveranstaltungen und dergleichen. Also ich war bekannt. Der *Neue Weg* hatte einen Zeitungsinspektor, der war Schäßburger, und der hat gesagt: Hans, du bist ein armer Bub, willst du nicht zur Zeitung? Der *Neue Weg* hatte ein Journalistenheim, da konnte ich wohnen, in der Kantine essen – so hatte ich eine Existenz. Dann wurde in Bukarest die *Literaturschule Mihai Eminescu* gegründet, das war ein Eliteinstitut. Die Organisatoren haben beim *Neuen Weg* angerufen, dass sie einen jungen begabten Kollegen suchten. Außerdem mussten in den Klassen ein Deutscher und ein Ungar sein, der Form halber. So kam ich dort hin. Da waren die besten Professoren, die man aufbieten konnte. Wir waren etwa 30 Studenten und gewohnt haben wir in der Villa neben der sowjetischen Botschaft. Wenn ich Bücher in deutscher Sprache brauchte, hat man sie für mich kommen lassen. Wir hatten in Weltliteratur Tolstois »Krieg und Frieden« und ich sagte, dass ich so ein schweres Buch nicht Rumänisch lesen will, in zwei Wochen hatte ich es in Deutsch, wahrscheinlich aus der DDR. Nach einem Jahr ist den Rumänen aber die Schule zu teuer geworden und da hat man beschlossen, dass man uns in die Philologie-Abteilung der Hochschule übersiedelt.

Haben Sie in Bukarest Siebenbürgen vermisst?

Ich habe in der Kulturabteilung gearbeitet und ich bin ununterbrochen gereist, auch nach Hause. Ich hatte gar keine Zeit, etwas zu vermissen. In den ersten Jahren bin ich in Urlaub nach Großpold, zum Großvater. Ich hatte nichts anderes im Kopf als raus zu den Brigadieren aufs Feld, in die Rebschule oder die Weingärten zu gehen. Manchmal rief die Zeitung an und sagte: Bleib noch und bring einen Text mit. Das waren sicher meine besten Sachen, die ich dort geschrieben hab, und sie haben mich später immer gut erinnert. Also keine Spur von Heimweh. Doch mein Großvater ist dann gestorben und da hatte ich nichts mehr dort. Großpold hat mir gefallen, aber Bukarest war eine andere Welt.

Was war für Sie das Interessante am Journalismus?

Was mich sehr interessiert hatte, waren die vielen Kontakte mit sämtlichen deutschen Schriftstellern, die es noch in Rumänien gegeben hat, in Bukarest, Kronstadt, Hermannstadt. Der *Neue Weg* war eine Zentralstelle der Deutschen in Rumänien, man konnte da einiges machen.

Wie ist der **Neue Weg** *von den Deutschen in Rumänien angenommen worden?*

Es hat in der Zeitung durchaus gescheite Leute gegeben. Sie wussten, dass sie die Zeitung kaum machen können, wenn sie nicht auf die Themen der Bevölkerung eingehen. Es war wohl Anfang der '50er Jahre, da wurde eine Beratung gemacht mit sämtlichen deutschen Intellektuellen aus Bukarest, aus Siebenbürgen, aus dem Banat. Sie haben mehrere Tage gearbeitet und es waren drei Mappen mit den Themen Geschichte, Volkskunde und Kulturerbe. Diese Themen hatten wir vor uns und wir haben angefangen ein Programm für zehn Jahre zu machen.

Wie ist man im **Neuen Weg** *mit der wichtigen Institution Kirche umgegangen?*

Es war so, dass alle in der Redaktion gewusst haben, ein anständiger Mensch schreibt nichts gegen die Kirche – da hätte uns der Vater im Himmel bestraft. Von der Zeitung her hat sie sich eher um die Kirche bemüht als umgekehrt. Der Chefredakteur Ernst Breitenstein, ein gebürtiger Hermannstädter, war mit dem Bischof Müller und nachher mit dem Bischof Albert Klein befreundet. Wenn der Bischof Kraft seines Amtes im Parlament, der Großen Nationalversammlung, saß, neben wem ist er gesessen? Neben dem Herrn Breitenstein. Sicher haben die besprochen, was man tun könnte und ausgemacht, was man vermeidet. Der Bischof Müller hatte die Zwei-Gewalten-Theorie: Gebt dem Kaiser, was des Kaisers ist, und Gott, was Gottes ist. Das war seine Losung. Und die Losung beim *Neuen Weg* war: Gebt dem Kommunismus, was des Kommunismus' ist, und lasst die Kirche in Ruh. Beim *Neuen Weg* war es theoretisch so, dass man allgemein wettern konnte. Man schrieb einen Aufsatz: Religion ist Opium für das Volk, ohne Beispiele oder Namen, denn ein paar Phrasen über das Opium haben niemand weh getan.

Hatten Sie als Journalist Probleme mit der Obrigkeit, die Kirche zu besuchen?

Man musste nicht alles an die große Glocke hängen. Man konnte immer sagen, wir gehen aus Tradition, aus Anhänglichkeit zum Deutschtum oder

Reiterstandbild des rumänischen Königs Karl I. in Bukarest

solche Sachen. Wir sind ja tatsächlich zu einer Menge Veranstaltungen bei den jeweiligen Kirchen gegangen: zum Auferstehungsfest auf den Metropolie-Berg, denn die orthodoxe Auferstehung war die schönste. Große Kirchenkonzerte hat es bei den Katholiken in der Sankt-Josephs-Kathedrale gegeben und Weihnachten ist man in die lutherische Kirche, da gab es den schönsten Weihnachtsbaum – das ist Bukarest. Ich hab mich etwa '87 in der evangelischen Gemeinde eingeschrieben, weil eine Dame gesagt hat, dass es sich so gehört. Zudem war ich befreundet mit dem damaligen Stadtpfarrer, da wollte ich die Kirchensteuer hier bezahlen. Also man hat zu hundert Prozent Verbindung gehabt und so ist es auch heute.

Ich bin sogar in der Gemeindevertretung und schon zum zweiten Mal gewählt.

Welche Rolle spielten die Deutschen in Bukarest?

Das es Deutsche hier gab, wusste ich. Ich kannte sogar den Direktor sämtlicher deutschen Schulen zwischen 1924 und 1944 in Bukarest persönlich. So habe ich aus hunderten Gesprächen mit ihm alles mitbekommen über die Deutschen und über deren große Schülerzahlen in Bukarest, so etwa 2000. Dann fing ich an etwas über die Bukarester Deutschen zu schreiben und habe mit dem ehemaligen Stadtpfarrer Hans Petri angefangen. Mit ihm und mit dem, was mir der Direktor gesagt hatte, war ich in der Thematik der Deutschen drin. Nach dem *Neuen Weg* bin ich 1970 zum Fernsehen. Ich wurde stellvertretender Chefredakteur in der Minderheitenredaktion und war zuständig für das deutsche Fernsehprogramm und für das deutsche Programm von Radio Bukarest. Dann haben wir nach 1990 angefangen über das deutsche Leben hier Filme zu drehen. Zwölf Jahre haben wir die Serie *Bukarester Geschichten* produziert unter der Bedingung, dass sie etwas Deutsches drin hat. Wie verzweifelt suchten wir deutsche Spuren, aber wir fanden sie hundertprozentig und manchmal absolut unerwartet. Ab dem 17. Jahrhundert sind die Sachen belegt und sicher hat es noch früher angefangen. Sie sind als Handwerker aus Siebenbürgen gekommen und später mit dem Aufschwung kamen sie auch aus Preußen oder der Schweiz. Das war mit der Vereinigung der Donaufürstentümer 1859, da sind jede Menge deutscher Baumeister gekommen, für den Eisenbahnbau Ingenieure, aber immer auch Künstler – Musiker, Theaterleute und andere. Beispielsweise die Familie Karl Storck und seine Söhne, die haben die rumänische Bildhauerei begründet. Die verschiedensten Berufe waren in deutscher Hand. Zum Beispiel auf der Calea Victoriei war ein deutsches Fotoatelier neben dem anderen. Auch der König ist ins Atelier Duschek gegangen, wenn er Paradefotos gebraucht hat. Die Apotheken, fast hundertprozentig in deutscher Hand. Die Industrie, die Brauereien, wurden mindestens zur Hälfte von Deutschen geführt. Der Erhardt Luther und seine Witwe Sophie, das war die große Wohltäterin, in Bukarest und Konstanza. Und auf dem Etikett stand der Name Luther.

Waren die Deutschen hier organisiert?

Die lutherische Kirche und die Schulanstalten waren sehr starke Stützen für das Deutschtum in Bukarest. Um 1900 hat ein Auftrieb angefangen und der ist bis 1945 gegangen. Bis dahin war es ein starkes, gut organisiertes Gemeinwesen mit Liedertafel, der Sektion des Siebenbürgischen Karpatenvereins SKV oder dem Turnverein. Der war, wo heute in Cotroceni die Tennisstadien sind. Sie hatten Feste und alles Mögliche und die evangelischen Deutschen hatten ihre Schulen: das Jungen- und Mädchengymnasium, die Handelsschule, die Volksschule und den Kindergarten. Und die Deutschen in Bukarest waren immer nahe an den Landesherrschern. Das kam aus der Zeit, als Elisabeth Königin war, sie war evangelisch und ging hier zu den Deutschen in die Gemeinde. Später kam ich drauf, dass es auch noch eine katholische Seite gab. Da hatte ich das Glück, dass ich den Großneffen des Erzbischofs Netzhammer kennengelernt hatte. Dieser hat die Tagebücher seines Großonkels herausgegeben. Er wirkte von 1905 bis 1924 in Bukarest und war stark befreundet mit König Karl I. Ein sehr interessierter Mensch und der geistige Wert und das Wirken des Erzbischofs waren hervorragend: Er ist viel gereist durch Rumänien und sein Buch »Aus Rumänien« ist bis heute das Beste, was an Reiseliteratur geschrieben wurde.

Was ist von den Deutschen hier übrig geblieben?

Es gab nicht mehr viel, denn es ist nicht hundertprozentig positiv zu nehmen, was die Deutschen in Bukarest gemacht haben, weil sie sich hier ziemlich auffällig benommen hatten. Ich habe Filmstreifen gesehen, wo die Deutschen in Stiefelhosen und Braunhemd über die Calea Victoriei zur Deutschen Gesandtschaft marschierten und sich zu Hunderten aufstellten, mit Hitlergruß und allem, was dazu gehörte. Das fiel in einer rumänischen Stadt noch mehr auf als in einer siebenbürgischen. Dafür haben sie es nach '45 stark gekriegt. Der erste Schlag war die Deportation in die Sowjetunion '45 – und die war aus Bukarest noch mehr, als von sonst wo. Später kam die Enteignung. Die deutschen Fabrikanten hatten es zu Reichtum gebracht, beispielsweise die Villen am Snagov-See, die waren weg. Und die deutschen Schulen, die der Kirche gehörten, die sie jetzt zurückkriegt, das war nach '45 auch alles am Ende. Erst später haben sie das damals hochmoderne deutsche Lyzeum in Bukarest gebaut, weil die deutsche Schule so einen guten Ruf hatte, dass sogar Söhne von Premierministern hingingen. Das ist aber das einzige Beispiel, was mir einfällt, dass man noch eine deutsche Schule gebaut hat.

Wie viel Deutsche lebten hier in Bukarest?

Es sollen um 1900 ungefähr 15 000 Deutsche hier gelebt haben. Es ist aber nicht zu bestätigen, denn die Rumänen haben erst spät angefangen Volkszählungen zu machen und da wurde zuerst die Frage nach der Konfession gestellt. Sicher sind nur die Einschulungszahlen, aber in den Schulen waren nicht nur Deutsche, sondern auch Juden, Rumänen, Katholiken. Heute gehen wir davon aus, dass es noch 2000 Deutsche in Bukarest gibt, wahrscheinlich sogar mehr. Es ist die Sache, wer sich als Deutscher ausgibt. Der Rückgang war hier nicht so stark wie in Siebenbürgen, wegen der vielen Mischehen wirkte dieser Faktor gegen die Auswanderung. Die evangelische

Gemeinde in Bukarest ist die mit den meisten evangelischen Mitgliedern in Alt-Rumänien. Der Herr Stadtpfarrer zählt das sehr streng. An seiner Stelle hätte ich das etwas aufgerundet, aber er hat gesagt, wenn das hier nur 995 sind, dann schreiben wir nicht 1000.

Wie viele deutsche Katholiken gibt es in Bukarest?

Vielleicht sogar etwas mehr als Lutheraner. Zu seiner Zeit waren es viele deutsche Katholiken und sie haben sich früher hervorgetan als die Lutheraner und hatten viele Einrichtungen. Das ging von den Katholiken der Fürstenhöfe aus, und dann kamen auch Mönchsorden, die sehr aktiv waren. Nur sind die Katholiken rascher im Rumänertum aufgegangen. Heute gibt es noch den Verein der Bukarester Deutschen Katholiken. Den hat die Frau eines Attachés an der Deutschen Botschaft Anfang der '90er Jahre gegründet und jetzt ist dort Paula Fonosch tätig, eine sehr tüchtige Frau. Da kommen Spenden und diesem Verein wurde ein Haus gekauft. Das ist einer der wenigen deutschen Vereine, die etwas dazugebaut haben.

Ich habe dem Verein auch viel geholfen, so dass die Leute sagten, wenn der Hans den Katholiken so viel hilft, warum kommt er noch in die evangelische Kirche. Ich habe dann gesagt, in der Bibel steht, denen die geistig arm sind, muss man helfen. Das ist natürlich ein Scherz.

Wie wurden die Deutschen von den Bukarestern wahrgenommen?

Das ist dieses allgemeine Urteil, was die Rumänen über die Deutschen haben: Er ist fleißig, er arbeitet, er ist tüchtig. Es hing von der individuellen Erfahrung ab, dass man beispielsweise deutsche Handwerker geschätzt hat. Auf der anderen Seite meinen die Rumänen, der Deutsche ist auch blöd und man kann ihn umgarnen. Außerdem kommt der Deutsche ihnen langweilig vor: Wenn ein Deutscher einen Witz erzählt, da lacht kein Rumäne, das ist für den nicht lustig.

Hatten die Deutschen eigene Wohnviertel oder hat man integriert gewohnt?

Integriert. Es dürfte Stadtteile gegeben haben, wo sie sich mehr niedergelassen haben, aber eine überproportionale Konzentration hat es wohl nirgends gegeben. 1886 wurde die erste richtige Regulierung der Dâmbovița vorgenommen. Damals ist das Cotroceni-Viertel entstanden mit viel Baugrund für Villen. Sicher haben sich dort eine ganze Menge deutsche Ärzte, Fabrikanten, Bäckermeister und andere Geschäftsleute ihre Villen gebaut. Es war aber so, dass sie dort mit anderen zusammen waren, mit Juden, Rumänen,

Evangelische Kirche in Bukarest

Franzosen, also jeder, der sich das leisten konnte.

Gab es jemals Probleme mit diesen Ausländern?

In Bukarest nicht. Der deutsche Mensch hat gearbeitet und die Tischlereien, die Mühlen geführt. Das war schwere Arbeit, für die Besitzer und für die, die da ihr Brot verdient haben. Die Deutschen waren Arbeitgeber und der Bukarester ist von Natur aus viel zu kommod, dass er sich mit solch unnötigen Sachen abplagt, um den Deutschen noch die Arbeit zu nehmen. In der rumänischen Wahrnehmung wird Bukarest als eine tolerante Stadt hingestellt, wenigstens über lange Strecken. Auch in der Zeit des rumänischen Nationalismus hatte dies in Bukarest für die Deutschen weniger Auswirkungen gehabt. Nun, die Legionäre, die waren schon etwas Übles. Es gab in den 30er Jahren Ausschreitungen, aber die waren nicht gegen die Deutschen gerichtet, Antonescu und Hitler waren ja Partner.

Haben die Deutschen in Bukarest alle Rumänisch gesprochen?

Selbstverständlich, denn hier läuft der ganze Alltag auf Rumänisch. Außerdem ist diese Sprache leicht und geht ins Ohr. Es war für die Deutschen eher das Problem, das Deutsche für sich und die Familie zu erhalten. Ich habe es erlebt, dass ich zwei Drittel meiner Tageszeit Rumänisch geredet habe, schon weil ich beim rumänischen Fernsehen gearbeitet hab.

Wurden Sie als Deutscher dort akzeptiert?

Es war verboten, etwas gegen uns zu sagen. Wenn die Partei Sendungen in deutscher oder ungarischer Sprache macht, dann ist das die Linie der Partei und die Leute sind zu achten und zu schätzen. Außerdem hatten die Ungarn und auch wir die besten Programme gemacht, einfach weil wir fleißiger waren. Wie mein ungarischer Kollege zu mir sagte: Pass auf, dass das Programm nicht zu gut wird, denn sonst fordert es den Neid heraus. In der Zeit von 1970 bis 1980 war das ungarische Fernsehen das beste in Rumänien. Vielleicht hatten sie auch einen besseren Blick auf die Dinge als die Rumänen. Mit einer zweiten Sprache sieht man eben mehr. Und sie waren eineinhalb Millionen Ungarn in Rumänien, die konnten alles abdecken. Bei den Deutschen war es schwerer, wir waren nur eine halbe Million und die Zahl ist immer gesunken, da haben wir schon in den 70er und 80er Jahren viel mit rumänischen Kollegen gemacht.

Was hat sich heute für Ihre Arbeit verglichen zu damals verändert?

Es ist thematisch schwerer geworden. Früher in den 70-, 80ern konnten wir aus dem Vollen schöpfen und es gab jede Menge Intellektuelle, Musiker, Schriftsteller. Im Bereich der Unterhaltung haben wir viele Musikformationen begleitet und wir hatten sogar eine eigene Blaskapelle. Weil sie so gut waren, hatten sie sogar ein Gastspiel in München. Es gab massenweise Volksfeste, heute haben wir nur noch die Überreste. Einen Vorteil hat es: Man kann jetzt durch die ganze Welt reisen, um die ehemaligen Landsleute aufzusuchen. Da war man schon in Südamerika, in Australien und nicht zu reden von der Bundesrepublik, zwei Drittel der Leute von uns, die etwas können, leben nun mal dort. Wenn ich zurückschaue, wie ich als Autor gewohnt war zu arbeiten, da ist viel zusammengefallen. Ich hab mir manchmal überlegt, wie man die Leute noch erreichen kann. Die ADZ, die *Allgemeine Deutsche Zeitung für Rumänien*, ist ein guter Verteiler, die aber auch mit Mühe gehalten wird – nicht nur vom Geldgeber, sondern auch von den Mitarbeitern. Denn mit dem Gehalt konnte man seit 1990 nicht überleben. Überlebt haben wir von den Hilfspaketen, die wir von der Kirche bekommen haben oder später von der Stiftung eines Freundes. Also es sind viele Opfer erbracht worden, damit wir über die Jahre gekommen sind. Als der *Neue Weg* nach 1989 zur ADZ wurde, habe ich mich nicht mehr in den Vordergrund gedrängt, da ich schon älter war. Man hat dann eine GmbH gemacht und aus Deutschland hat das *Ifa*, das Institut für Auslandsbeziehungen in Stuttgart, die Druckerei vermittelt und die Computertechnik geliefert. Das war alles nicht leicht in einer rumänischen Umgebung: Mit der Finanzierung nicht und wir haben viel lernen müssen, vom Umgang mit der Maus bis zur Parlaments-, Finanz- und EU-Terminologie. Immerhin gab es eine Vereinbarung mit dem *Ifa*, so dass auch immer wieder Kollegen aus Deutschland kamen. Leider bleiben sie nicht lange, aber sie sind für uns sehr nützlich, da können wir nach den deutschen Fachausdrücken fragen. Denn wir bekommen aus der rumänischen Politik die Unterlagen und aus diesen und der vielen Gerüchtepublizistik, die die Rumänen machen, dann anständige deutsche Nachrichten herauszufiltern ist schwierig.

Wie viele Mitarbeiter sind bei der ADZ?

Ungefähr 30. Und es kommt vieles von den Kollegen aus den verschiedenen Städten: Kronstadt macht, was sie können, Hermannstadt liefert sehr gut. Es gibt eine starke Redaktion in Temeswar, in Reschitz. Wir in Bukarest müssen dann planen, dass alles rechtzeitig in die Druckerei geht.

Worin liegt das Selbstverständnis der Zeitung?

Es hängt von den Leuten ab, die es machen. Den Teil, den ich mache, da setze ich meinen Standpunkt durch, dass wir alles, was unsere deutsche Bevölkerung angeht, hineinbringen: Veranstaltungen, Forum, Schulen, Kirche. Darin liegt die Rechtfertigung, warum es die ADZ gibt. Ich stelle mich aber nicht gegen andere, die meinen, Wirtschaft sei wichtiger. Dann sag ich: Hoffentlich werden auch immer mehr Firmen aus dem deutschsprachigen Raum aus diesem Grund unsere Zeitung abonnieren. Allerdings hätte ich mir diesbezüglich mehr versprochen: Denn wenn die 2000 österreichischen Firmen hier nur ein Abonnement machen würden, ständen wir anders da.

Warum sind Sie in Rumänien geblieben?

Weil ich nichts anderes kann. Hier kann ich als Journalist und im Fernsehen arbeiten, habe meine Hörfunkprogramme und kann meine Bücher schreiben. Für Deutschland bin ich nicht gut genug. Dort hat man so viele hervorragende Journalisten und Schriftsteller und in einem deutschen Fernsehen zeigt man nicht einen 77-jährigen. Und deshalb habe ich nie mit dem Gedanken der Ausreise gespielt, für mich gab es die Gründe nicht. Natürlich versuche ich aus Deutschland so viel wie möglich mitzubekommen, aber ich bin für Rumänien ausgebildet: in den verschiedenen Sprachen und Kulturen. Einer hat mal zu mir gesagt: Wenn du so weitermachst, bist du am Ende hier der größte Schriftsteller ... Weil alle anderen ausgewandert sind.

Konnten Sie die Ausgewanderten verstehen?

Ja, und ich verstehe diese Verachtung gegenüber den Dingen hier in Rumänien. Ich lese ja viele Erinnerungen. Es geht

Zeichnung von Helmut Stürmer zu der Geschichte *Irgendwo* von Hans Liebhardt

tief in die Massenpsychologie hinein, wie viel den Leuten angetan wurde und wie sie gekränkt wurden. Ein Mensch, der ein Leben lang gearbeitet hat, nimmt es nicht hin, wenn ihm die Zigeuner die Kuh, das Haus und was weiß ich nicht alles, wegnehmen. Das ist ins Bewusstsein eingegangen und da versteh ich, dass sie nach '90 wie die Hasen weggerannt sind. Aber natürlich geht es auch darauf zurück, dass sie ihre Entscheidung wegzugehen, verteidigen. Wenn sie nostalgisch zurückkommen, sich ihre Höfe halten, Künstler in Hermannstadt ausstellen, wo sie mehr beachtet werden als sonst wo, das versteh ich. Nur, ich möchte nicht hören, wenn man sagt: Du blöder Kerl bist dageblieben. Das ist nicht geklärt, wer der blöde Kerl ist.

Sie haben eine Adoptivenkelin, sprechen Sie mit ihr Deutsch?

Sie war im deutschen Kindergarten, jetzt geht sie auf die deutsche Schule. Aber der Lehrer plagt sich, wir plagen uns, sie plagt sich. Sie will davon auch nicht allzu viel wissen. Ich denke, das ganze System, für rumänische Kinder deutsche Muttersprache zu unterrichten, ist verfehlt. Als Fremdsprache im Goethe-Institut wäre es effizienter.

Aber die deutschen Schulen werden als Erfolg wahrgenommen!

Möglich, aber in Bukarest weiß ich, wie es ist: In der Schule wird Deutsch gelehrt, aber wirklich gelernt wird in Nachhilfestunden für schweres Geld, denn der Weg zur deutschen Sprache über ein Gedicht von Rilke ist nicht der kürzeste. Es fehlt das Umfeld.

Mein Leben ist ein Roman

Katharina Pavel, geb. Kieltsch, Jahrgang 1930, geboren und wohnhaft in Bukarest, verwitwet, zwei Kinder, pensionierte Schneiderin und Hausfrau

Frau Pavel, können Sie bitte etwas über Ihre Familie erzählen?

Mein Vater, Michael Kieltsch, ist 1907 geboren und die Mutter, Emilie, geborene Frantz, kam 1900 auf die Welt. Meine Eltern sind alle beide in Bukarest geboren, wurden hier getauft, konfirmiert und 1929 haben sie sich evangelisch trauen lassen, noch vom damaligen Pfarrer Honigberger. Ein Jahr später wurde ich in Bukarest geboren und wurde auch evangelisch getauft. Alle Großeltern waren Siebenbürger Sachsen. Die Großmutter väterlicherseits kam aus Heldsdorf bei Kronstadt und der Großvater aus Heltau bei Hermannstadt. Die Großeltern von der Mutterseite kamen aus einem Dorf neben Kronstadt. Alle beiden Großeltern sind nach Bukarest gekommen. Mein Kieltsch-Großvater war Bäcker und mein Vater auch, bei der Bäckerei Ehrmann. Der andere Großvater war auch Angestellter in einer Brotfabrik, bei Geisler, das war ein Jude. Die Großmütter waren beide Hausfrauen. Der Großvater Frantz hatte vier Kinder. Er hat ein Grundstück gekauft, ein Haus darauf gebaut und den Rest des Landes an die Kinder verteilt. Dort haben meine Eltern im '32er gebaut. Vor 25 Jahren hat man das Elternhaus abgerissen und mich in diese Neubauwohnung gebracht. Sie haben uns zwar das Haus bezahlt, aber das war ja nichts. In meiner Familie gab es schwere Schicksale: Meine Frantz-Großmutter ist im '21er gestorben, da war meine Mutter 14 Jahre. Ich hatte noch eine Schwester, die ist mit acht Monaten gestorben, und der Bruder mit acht Jahren. Meine Mutter verlor ich im '39er, als ich neun war. Nach eineinhalb Jahren hat mein Vater das zweite Mal geheiratet und 1945 musste er in Deportation, wo er starb. Leider verlor ich von meinen Zwillingen noch die Tochter, als sie 17 war. Gott sei Dank hatte ich immer eine Familie, die mir geholfen hat: erst die Anverwandten, später meine eigene.

Was haben Sie als Kind von den Deutschen in Bukarest wahrgenommen?

Die Deutschen in Bukarest hatten auch Nachbarschaften, die hatten sich an der Straße gegenüber dem katholischen Friedhof getroffen. Meine Mutter hat mich immer mitgenommen und dort wurde erzählt und gesungen. Es gab auch die Liedertafel und das Kulturhaus, es hieß wohl *Eintracht*. Das war ein großes Gebäude, da haben meine Eltern ihre Hochzeit gemacht. Da war auch die große Wurstfabrik, die gehörte einem Deutschen, Rochus. Die gibt es heute noch. Wenn mein Vater freitags sein Gehalt bekam, gingen wir hin. Ich grüßte immer schön: Grüß Gott, Frau Rochus. Die haben Geschenkpakete gemacht mit feiner Wurst: Leberwurst und andere Sachen. Ich habe immer mein Päckchen bekommen und es war so schön gepackt. Gegenüber vom Friedhof war ein Gässchen, dort hatte ein Deutscher ein kleines Restaurant. Alle Deutschen, die ihre Angehörigen auf den Friedhof geschafft haben, haben dort das Tränenbrot genommen. Und neben der Fabrik, wo mein Vater arbeitete, war auch ein Restaurant. Es war nicht groß und hatte einen deutschen Namen, da trafen sich auch die Deutschen, später die deutschen Soldaten. Auf der Straße und in der Straßenbahn hat man oft Deutsch gehört, denn vor Kriegsende haben die Deutschen sich nicht hüten müssen, so wie später. Die Rumänen hat es nicht gestört. Aber so viel Deutsch wie in Kronstadt oder Hermannstadt wurde in Bukarest nicht gesprochen. Die Deutschen waren ja in der Minderheit. So habe ich auf der Straße auch schon früh Rumänisch gelernt. Als im '44er die Russen kamen, war die Situation schlechter geworden. Der Onkel hat mir verboten, Deutsch zu sprechen, so haben wir uns nur noch Rumänisch unterhalten, aus Vorsicht. Die Leute haben gesagt: *Uite, Nemți!* – Schaut, Deutsche! Auch meine Kinder habe ich nicht Deutsch gelehrt. Erst nach der Wende habe ich mich wieder getraut, offen Deutsch zu sprechen, aber da war es zu spät, die Kinder waren schon groß. Aber Übergriffe gab es nicht,

Im Geburtshof in Bukarest mit der ganzen Familie

wir kannten ja die rumänischen Nachbarn gut. Wir hatten einen großen Hof, wo wir nur mit den Verwandten gewohnt haben. So habe ich als Kind auch keine rumänischen Freunde gehabt. Man ist einfach untereinander geblieben und meine Freundin war auch Deutsche.

Wo sind Sie in die Schule gegangen?

Ich bin in die deutsche Mädchen-Schule gegangen. Sie war ungefähr dort, wo jetzt der deutsche Kindergarten ist, und die Buben-Schule war an der Kirche. Wir waren um die 30 Schülerinnen, meist Deutsche, und die Lehrer auch. Hier und da hatten wir auch rumänische Mitschüler – vor allem Juden. Wie mein Bruder auf die Welt gekommen ist, im '35er, wurde mein Vater zur rumänischen Armee einberufen. Vater wollte unbedingt seinen Sohn sehen, doch man hat ihn nicht gelassen. Da ist er durchgebrannt und musste ein Jahr ins Militärgefängnis. Meine Mutter hatte es schwer, allein mit uns durchzukommen, denn sie war nicht arbeiten. Da wurde ich ein Jahr ins Internat geschickt. Ich habe mich gut gefühlt dort. Es waren nur Mädchen in meinem Alter. Jeden Sonntag um 9 Uhr war evangelischer Kindergottesdienst, seit damals bin ich mit der Kirche verbunden. Ich hätte noch länger in die Schule gehen können, aber mein Vater hatte kein Geld mehr, es war '44. Da war ich gerade mit der siebten Klasse fertig, und er hatte gesagt, ich solle die Schneiderei machen. Es hatte mir gefallen, weil meine Olga-Tante eine sehr gute Schneiderin war. So wurde ich '44 ein Lehrmädel.

Sie erwähnten die Juden. Wie war das Zusammenleben in Bukarest?

Es waren sehr viele Juden zu der Zeit in Bukarest. In der Straßenbahn hab ich sehr viel Jiddisch gehört und auch immer verstanden, was sie gesprochen haben. Sie sind nicht aufgefallen und die Deutschen und die Juden haben sich gut verstanden. Ich hatte auch eine Jüdin als Freundin gehabt. Die hat bei uns in der Nachbarschaft gewohnt und sie sprach auch

Hochzeitsfoto der Eltern (1929)

Deutsch. In der Stadt waren ganze Straßen mit jüdischen Geschäften. Als ich 14 Jahre war, wurde ich als Lehrmädchen im größten Modehaus in Bukarest angestellt. Die Besitzer waren auch Juden und sie waren sehr gelehrte und feine Leute. Sie hatten um die 60 Angestellte und dort habe ich drei Jahre Schneiderei gelernt. Auf der Arbeit haben wir alle Rumänisch gesprochen, aber die Besitzer konnten auch Französisch, denn die Frau Weisser ist jedes Jahr nach Paris gefahren, um Stoffe zu bringen. Die Firma hat auch für Königin Maria gearbeitet, die Mutter vom König Mihai. Auf der Strada Lipscani, der Leipziger Straße, war ein jüdisches Geschäft nach dem anderen. Und es waren auch viele Straßenverkäufer, noch im '44er und '45er waren sie hier. Aber das waren die armen Juden. Dann hat man zuerst die Juden verschleppt und später die Deutschen. Ich kann mich aber nicht erinnern, dass es Ausschreitungen gab. Und in meiner Familie gab es keinen Antisemitismus. Das gab es nicht.

Wie haben Sie den Krieg in Bukarest erlebt?

Man hat die Deutschen mit Freude empfangen. Doch man hat gespürt, dass Krieg war, weil es Bombardierungen gab. Im Stadtteil Cerbu Vodă war ein großes Spital nur für Deutsche. Einmal war ich dort und es waren sehr viele Verwundete, das war ein Elend. Zu Hause ist aber nicht über den Krieg gesprochen worden. Während des Krieges war das Verhältnis zwischen Rumänen und Deutschen gut, aber das hat sich zuletzt geändert. Dann kamen die Russen, das war schrecklich. Einmal traten sie bei uns auf den Hof und sagten: Du meine Frau und du meine Frau. Sie haben sich ein Zimmer besetzt und sind einige Tage geblieben. In der Zeit habe ich mich im Bett versteckt und wir haben nicht Deutsch gesprochen, nur Rumänisch.

Was ist Ihnen nach Kriegsende in Erinnerung geblieben?

Mein Vater wurde deportiert. Sie sind um fünf Uhr in der Früh gekommen und haben

Schulklasse 1938 in Bukarest (Katharina Pavel 3. in der oberen Reihe)

mir gesagt: Wenn du deinen Vater nicht bringst, nehmen wir dich. Ihnen war es ja egal, wer mitgenommen wurde, Hauptsache, die Zahlen haben gestimmt. Da bin ich weinend zu meinem Vater in die Ehrmann-Fabrik, statt zur Großmutter zu gehen. Ich erzählte ihm, dass sie ihn abholen wollen und bin mit ihm zurück. Sie haben ihn und die Stiefmutter mitgenommen. Ich hab das gar nicht begriffen, was los war, ich war ja noch ein Kind. Mein Vater sagte mir noch: Geh zur Omama. Ich habe ihn das letzte Mal am 11. Januar 1945 gesehen, da war ich ohne Mutter und Vater. Er wurde an den Donbass verschleppt, wo er nach vier Monaten, am 7. Mai '45, starb. Ich habe dann bei der Großmutter gelebt und sie war sehr streng mit mir. Ich war auch oft bei der Tante, immer hin und her. Und mein Onkel hatte auf meinen Bruder gesorgt. So habe ich mein Leben gelebt, bis ich meinen Mann kennenlernte und geheiratet habe.

Sie haben dann bald geheiratet?

Ich war 17 Jahre und hatte gerade ausgelernt. Auf dem Hof meiner Olga-Tante wohnte ein rumänisches Paar. Die Dame war auch Schneiderin und sie hatte gerade ein Brautkleid gemacht. Ich sollte es anprobieren und da sagte sie: Oh, wie schön dir das Brautkleid steht, ich sollte dich bekannt machen mit meinem Bruder! Meine Tante fragte mich: Was meinst du? Ich antwortete: Ich will nicht heiraten, lass mich in Ruhe!
Da drohte die Tante mir: Wenn du nicht heiratest, gehst du zum Onkel aufs Dorf arbeiten. Das war der Bruder von meiner Großmutter. Der war der Reichste dort und hatte Mühlen auf dem Dorf. Aber was sollte ich dort machen? Ich mach mir nichts aus der Landarbeit. So

Mit Onkel Dolphi (Adolph) auf der Calea Victoriei, circa 1934

entschied ich mich eben doch zu heiraten. Mein Mann war Rumäne, er hieß Berthelot Pavel und er war damals 27 Jahre, also zehn Jahre älter als ich.
Am 1. November '47 bin ich mit meinem Mann zum ersten Mal ausgegangen und am 30. November haben wir Hochzeit gemacht. Wir haben in der rumänischen Kirche geheiratet, weil die Zeiten so waren. Eigentlich wollten die Verwandten, dass ich einen Deutschen heiratete. Aber dann sahen sie ein, dass es besser wäre, den Namen zu wechseln – Kieltsch war ein deutscher Name. Es ging alles so schnell, ich wusste nicht, was da geschieht. Ich habe ihn nicht geliebt, aber er hat mir doch gefallen. Wir haben uns so gut verstanden und ich hatte so eine schöne Ehe, 60 Jahre und zwei Monate. Ich habe es nie bereut, dass ich ihn geheiratet habe. Der Pfarrer Player hat uns bei der Goldenen Hochzeit getraut, vor 13 Jahren, es war seine erste Goldene Hochzeit. Mein Leben ist ein Roman. Nachdem ich geheiratet habe, habe ich nicht mehr gearbeitet. Ich hatte mich erst wieder angestellt, als die Kinder 15 Jahre alt waren, bis dahin hab ich auf sie gesorgt.

War es nach dem Krieg schwer für die Deutschen in Bukarest?

Seit dem Kriegsende haben wir Deutsche gespürt, dass wir etwas ausgestoßen sind, das betraf die deutsche Gemeinschaft insgesamt: Es gab keine Nachbarschaften, keine Eintracht und keine Liedertafel mehr und man hat sich nicht mehr so getroffen. Nur noch in der Kirche, aber ich bin nicht regelmäßig gegangen, wegen meinen Zwillingen. Da mein Leben so schwer war, habe ich mich sehr mit der Familie beschäftigt und wir waren eine große Familie. Nach der Hochzeit bin ich mehr in das rumänische Umfeld gekommen und ich habe mich dort gut gefühlt. Die Anverwandten haben mich respektiert und mein Mann war ein sehr kluger, er hat mich immer verstanden und geschätzt. Seine Verwandten haben immer gesagt: Man erkennt, dass ich Deutsche bin.

Konfirmanden vor der evangelische Kirche Bukarest 1946

Wenn wir Deutsche uns irgendwo getroffen haben, haben wir uns begrüßt, aber besucht haben wir uns kaum. Nur mit einer Einzigen hatte ich hier und da Kontakt, sie war mit mir in der Schule, aber sie ist noch vor der Wende auch nach Deutschland. Es sind sehr viele weggereist. Ich habe gewusst, dass es noch Deutsche gibt, aber in der kommunistischen Zeit haben wir uns nicht groß gezeigt. Erst nach der Wende haben wir uns wieder getroffen. Doch ich habe mich immer als Deutsche gefühlt. Wenn ich deutsche Musik höre oder das deutsche Fernsehprogramm sehe – das ist alles für mich. Ich habe auch sehr viel in Deutsch gelesen.

Ihre Großeltern waren aus Siebenbürgen ...

Ich war als Kind oft in Siebenbürgen, das erste Mal im '38er in Michelsberg. Wir waren in den Ferien von der Schule geschickt. Ich kann mich erinnern, da war ein Tanzplatz und sonntags am Nachmittag ist die Blasmusik gekommen. Wir haben im Pfarrhaus gewohnt, über der Feuerwehr, und da sind wir hingelaufen und haben zugeschaut, wie die Jugend tanzt. Alle waren in Tracht. Im '39er war ich in Neppendorf und im '44er in Heltau. Da wurde man in den Geschäften auf Sächsisch angesprochen. Ich habe sie verstanden, aber ich musste ihnen Deutsch antworten. Die Sachsen hatten immer gepflegte Häuser. Sie lebten schön und man hat gemerkt, dass sie gut organisiert waren. Aber jetzt haben sich die Rumänen die Häuser genommen. Erst '76 bin ich wieder nach Siebenbürgen gereist. Mein Onkel, er war hier in der Bukarester Gemeinde Presbyter, lud uns ein, mit nach Michelsberg

Großelterliche Familie (unten Mitte Mutter von Katharina Pavel)

zu kommen. Da haben wir im kirchlichen Elimheim gewohnt. Ab dem '82er bin ich jedes Jahr mit meinem Mann und der Enkelin dorthin gefahren. Wir sind dort auch in die Kirche gegangen und immer haben sich die sächsischen Nachbarn bei meiner Stiefmutter getroffen und Karten gespielt. Wir waren auch bei einer Hochzeit, wo nur Sachsen waren, und sie haben uns oft gefragt: Was macht ihr in Bukarest, wie kommt ihr da aus? Alles war anders als in Bukarest, und in Michelsberg und Neppendorf hatten sie noch Arbeitstracht an und auf der Straße hörte ich Deutsch. Die Leute haben deutsche Musik gehört, das gefiel mir, und mein Sohn war in Deutschland und er hat mir deutsche Musik mitgebracht. Ich höre keine rumänische Musik mehr. Ich bin aber nur nach Siebenbürgen gekommen und hatte nie die Gelegenheit, noch andere Deutsche in Rumänien kennenzulernen. Bei mir war alles so kurz – die Kindheit, die Jugend.

Sind Sie Mitglied im Deutschen Forum?

Gleich nach der Wende bin ich dem Forum beigetreten. Man hatte im Fernsehen und Radio gehört, dass da etwas passiert. Eines Tages bringe ich meine Enkelin zur Religionsstunde und da treffe ich eine Frau. Sie sagt: Kommen Sie doch ins Forum. Das hat mich sehr gefreut. Dort haben wir diskutiert, man hat uns Filme gezeigt und wir haben gesungen. Es wird Weihnachten und Ostern gefeiert, und ich bin zur Ostervorbereitung gegangen und hab geholfen, die Eier zu färben. Die Kinder singen uns etwas vor und wir singen mit. Wir treffen uns dort im Schillerhaus, im Deutschen Kulturzentrum. Es ist immer schön, aber jetzt sind wir fast nur die Hälfte, und alles nur die Alten. Jeden 11. Januar wird der Tag der Deportation gefeiert. Da sollte ich auch mit hingehen, weil mein Vater dort gestorben ist. Sie kommen auch von der deutschen Botschaft. Ich bekomme vom Forum eine Unterstützung, 105 Lei im Jahr, weil ich so eine kleine Rente habe. Die Diakonie vergibt auch Lebensmittelpakete, aber die bekomme ich nicht, dafür bekomme ich die Medikamente.

In welche Kirche sind Sie gegangen?

Ich bin evangelisch-lutherisch. In den '60ern und '70ern bin ich vielleicht nur jeden zweiten Sonntag in die Kirche gegangen. Damals war die Kirche voll. Als man dann ausreisen durfte, wurden es immer weniger und jetzt ist die Kirche so leer und es sind nur noch Alte dort. Einmal habe ich im Forum eine Bekannte getroffen und sie hat mich gefragt: Warum kommst du nicht in die Bibelstunde? So bin ich in die Bibelstunde gekommen. Meine Enkelin ist konfirmiert und ich hab sie ein Jahr zum Religionsunterricht in die Kirche gebracht, bis sie offiziell in der Schule war. Sie war auch auf der deutschen Schule und mit ihr spreche ich nur Deutsch. Leider geht die Enkelin nicht mehr so oft in die Kirche und auch nicht ins Forum. Mein Sohn ist orthodox und man hat damals in der Kirche angesagt, dass man einen Friedhofsverwalter sucht. Da habe ich mit dem Pfarrer gesprochen und er ist angestellt worden. Jetzt sind alle glücklich und er fühlt sich gut.

Waren Sie in Deutschland?

Vor 15 Jahren war ich mit meinem Mann bei den Verwandten in Deutschland. Wir sind nach Göppingen und Hof an der Saale gefahren, wir waren auch am Bodensee. Es ist ein großer Unterschied und alles war tipptopp, nicht wie hier. Und einmal habe ich mich sehr gefreut. Als ich bei meinem Cousin war, habe ich einen Nachbarn im Lift getroffen. Er sagte: Ach, Sie sind die Dame aus Bukarest. Mein Cousin hatte ihm von uns erzählt – das war sehr freundlich, dass er mich begrüßte.

Wir waren so begeistert von Deutschland, da haben wir auch dran gedacht wegzugehen. Doch wir haben festgestellt, dass wir zum Auswandern zu alt waren.

Orte:
Heldsdorf – Hălchiu
Kronstadt – Brașov
Heltau – Cisnădie
Hermannstadt – Sibiu
Michelsberg – Cisnădioara

Die letzte Dobrudscha-Deutsche

Ottilia Tănase, geb. Drescher, 1939 geboren in Karamurat/Ferdinand, jetzt Mihail Kogălniceanu, verheiratet, drei Kinder, katholisch, Bäuerin, Rentnerin

Frau Tănase, wer waren Ihre Eltern?

Mein Vater hieß Hieronymus Drescher und meine Mutter Amalia, geborene Wüst. Schon die beiden Großeltern waren Deutsche, hier aus der Dobrudscha. Wir waren vier Geschwister, zwei Mädchen und zwei Buben. Das Dorf, wo ich geboren bin, heißt jetzt Kogălniceanu, früher bei den Türken hieß es Karamurat, und als die Deutschen kamen, nannten sie es Ferdinand. Das halbe Dorf war voll mit Deutschen, sonst gab es noch Rumänen und Tataren. Aber 1940 sind die Deutschen nach Deutschland umgesiedelt. Alle unsere Freunde und Anverwandten sind weg, nur drei deutsche Familien sind geblieben. Wir selbst kamen nach Zella-Mehlis in Thüringen. Dort haben wir sieben Jahre gelebt und 1947 sind wir wiedergekommen, da war ich acht Jahre alt.

Warum sind Sie 1947 wieder zurückgekommen?

Wir wurden in Deutschland von den Russen aufgegriffen. Sie haben gefragt: Von wo seid ihr? Wir: Von Rumänien. Sie: Dann wieder zurück! Aber wir wollten nicht wieder nach Rumänien. Ich glaube, es waren vierzig Familien, die so in die Dobrudscha zurückgekommen sind. Zu diesen Familien gehörten wir, ich mit der Mutter, die drei Geschwister und der Großvater. Wir sind direkt hierher nach Kogălniceanu gekommen und es waren nicht mehr viele Deutsche im Dorf, vielleicht fünf Familien. Die rumänischen Nachbarn wollten nichts mehr von uns wissen und wir hatten alles verloren: das Haus, den Garten, das Land. In unserem Haus haben andere gewohnt, Aromunen, die aus Bulgarien gekommen waren. Denen hatte man die Häuser von den Deutschen gegeben. So haben wir im Stall oder im Schuppen gewohnt und sind dann immer hin und her gezogen. Erst als ich erwachsen war, haben wir mit der Mutter ein eigenes Haus bauen können.

Wie viele Deutsche lebten hier bis 1990?

Um 1990 lebten hier vielleicht 16 Deutsche. Jetzt sind wir nur noch drei deutsche Familien, von zehntausend Einwohnern. Man kennt sich natürlich und ist befreundet. Im Nachbardorf lebten auch Deutsche, aber die konnten gar kein Deutsch.

Was passierte mit Ihrem Vater?

Als wir 1940 nach Deutschland kamen, haben sie ihn gleich in die Armee genommen. Für meine Mutter war es schwer, dass der Mann weg war, denn sie stand allein mit vier Kindern da. Dann wurde er von den Engländern gefangen genommen und kam nach England in ein Gefangenenlager. Dort hat ihn seine spätere zweite Frau, eine Engländerin, her-

ausgeholt. Sie haben in England gelebt und erst viel später ist er einmal eine Woche hergekommen, um seine Kinder zu sehen. Er war englischer Staatsbürger und in England ist er auch gestorben.

Was hat man in der Familie gearbeitet?

Bis zur Nationalisierung gab es hier Großgrundbesitzer, auf diesen Gütern haben die Leute geschafft, auch meine Eltern. Aber es gab auch einiges Handwerk im Dorf.

Sie sind verheiratet?

Ich bin verheiratet und mein Mann ist Rumäne. Wir haben drei Kinder, alle sind noch hier.

Haben Sie zu Hause Deutsch gesprochen?

Mit meiner Mutter habe ich zu Hause Deutsch gesprochen. Meine Kinder wollten aber mit mir nicht Deutsch sprechen, es gab hier kein deutsches Umfeld mehr und irgendwie wollten sie nicht. Wie meine Mutter noch gelebt hat, bis vor vier Jahren, hat sie mit meinen Kindern nur Deutsch gesprochen, nicht Rumänisch. So verstehen sie Deutsch, aber selber sprechen sie es nicht.

Welche deutschen Traditionen und Bräuche gab es hier?

Ein deutsches Gemeinschaftsleben hat es nicht gegeben, das war alles rumänisch, man hat sich angepasst. In der Dobrudscha gab es bei den Deutschen auch keine Tracht. Man lief so wie die Einheimischen mit Kopftüchern und schwarzen Hosen.

Einfügung von Erhard Fraymayer:

Erst '36, glaub ich, kam eine Tracht auf. Damals wurde wohl in Weidenbach neben Kronstadt beschlossen, für alle Rumäniendeutschen Volkstrachten einzuführen, so auch für die Dobrudschadeutschen. Die Frauen hatten einen blauen Kittel und eine weiße Bluse, einen Seitenschal und die Männer hatten schwarze Stiefel und Hosen, ein weißes Hemd und einen Hut. Aber vorher gab es nichts.

Wo sind Sie hier in die Schule gegangen?

Wir waren drei, vier deutsche Kinder und wir sind hier in die rumänische Schule gegangen. Es gab kein Deutsch in der Schule, sondern nur zu Hause. Heute gibt es auch keine deutsche Schule, es gibt ja keine Deutschen mehr. Meine Eltern sind noch in die deutsche Schule gegangen und die Rumänen in die rumänische Schule, das war alles separat. Die Schulen waren hier wie in Siebenbürgen konfessionell. Da gab es katholische wie evangelische Schulen. Dann wurde eine Zeit lang untersagt, Deutsch zu unterrichten. Sie mussten den rumänischen Stundenplan einhalten, da gab es Deutsch nur ein, zwei Mal pro Woche unter der Obhut des Pfarrers.

Gab es Unterschiede im Alltag zwischen Rumänen und Deutschen?

Die Deutschen hatten ihr Viertel und die Rumänen auch. Es gibt hier Ortschaften, da steht heute noch das Schild: Strada Nemțească – deutsche Straße. Bei den Deutschen gab es breite Straßen und dort waren Bäume gepflanzt. Die rumänischen Straßen waren nicht so in Ordnung und man hat auch gesehen, wie die Häuser und Höfe bewirtschaftet waren. Das Zusammenleben war aber ruhig, jeder hat sein eigenes gemacht. Es gab hier auch ein Wirtshaus, aber das war rumänisch, die Deutschen sind nicht ins Wirtshaus gegangen, man hat Zuhause gefeiert und man hat viel Wein getrunken. Alle. Jeder hat zu Hause Wein angepflanzt und selbst gemacht. Auch *Țuică*, den Schnaps, hat man gebrannt und alle haben gern getrunken. Und jeder hatte selbst Brot gebacken und das Vieh geschlachtet, man war Selbstversorger.

Sind Sie bewusst eine Dobrudschadeutsche gewesen?

Ja, wir waren Deutsche in der Dobrudscha, aber die Dörfer waren sehr isoliert, es gab keine Verbindung zu den Deutschen in anderen Dörfern. Wir Deutschen waren Vorbild. Schon die Vorfahren haben anders, besser gewirtschaftet als die Rumänen.

Sie sind katholisch ...

Die ganze Familie war katholisch. Es gab in jedem Dorf die katholische Kirche, da ist man hingegangen und hat sich getroffen, sonntags zum Gottesdienst. Bis die Deutschen weg sind, war in der Kirche alles deutsch: der Priester, die Predigt, der Gesang. Aber als ich meinen Religionsunterricht hatte in der katholischen Kirche, war das alles schon in Rumänisch. Jetzt ist auch der Gottesdienst auf Rumänisch, viele Rumänen hier sind katholisch, aber es kommen nicht mehr viele. Die Deutschen hatten ihre Kirche und die Rumänen auch. Die Deutschen hier haben damals die große Kirche gebaut. Vorher war dort eine Holzkirche, die wurde abgetragen und dann wurde die neue dahin gebaut. Diese wurde 1897 eingeweiht und man konnte an der Tür lange noch eine deutsche Inschrift sehen.

Katholische Kirche in Ferdinand

Was bedeutet Heimat für Sie?

Das Dorf es ist zwar nicht mehr so schön, wie es einmal war, aber ich finde, es ist immer noch schön.

Wollten Sie jemals ausreisen?

Von den Familien, die damals nach dem Krieg hergekommen sind, sind einige wieder nach Deutschland ausgereist. Zwei Familien wollten nicht fort und ich habe auch nicht daran gedacht. Ich habe mich hier gut gefühlt und meine Kinder wollten nicht gehen. Vor fünf Jahren ist der Bruder nach Deutschland, als er schon Rentner war. Er hatte noch die Einbürgerungsscheine von 1940, und da wurde er als deutscher Staatsbürger wieder anerkannt. Er ist auch das einzige Geschwister, was noch lebt, alle anderen sind gestorben, aber hier im Dorf.

Warum wollte Ihr Bruder hier weg?

Er wollte weg. Er hat auch zu mir gesagt: Komm mit nach Deutschland. Aber ich bin zu alt. Doch er ist noch älter, über '70 und jetzt wohnt er in Aachen. Er ist dort mit seiner ganzen Familie. Er hat hier im Dorf bis 2005 gelebt mit seinen

Deutscher Friedhof in Ferdinand

vier Kindern und die sind auch verheiratet und haben auch wieder Kinder. Alle sind sie gegangen. Und die Kinder von meinem Bruder sprachen kein Deutsch, sie haben es erst jetzt gelernt.

Sprach man allgemein kein Deutsch mehr zu Hause?

Wir Geschwister und mit der Mutter, ja. Mein Bruder sprach gut Deutsch, er hatte im Krieg in Deutschland auch die Schule gemacht. Aber mit den Kindern hatte er auch nicht Deutsch gesprochen, er hatte ja keine Zeit.

Sind Sie nach 1990 in Deutschland gewesen?

Nein, gar nicht. Ich hätte fahren können, aber ich bin zu alt.

Haben Sie Kontakt zum Deutschen Forum?

Mein Neffe war der Forumsvertreter aus Kogălniceanu, er wusste, wer Deutscher war, und hat sie alle zusammengesucht. Er kam zum Forum, weil eine Frau vorschlug, bei ihr Deutsch zu lernen, weil die jungen Leute hier kein Deutsch konnten. Da ging er hin und lernte, weil er auch vorhatte, nach Deutschland zu gehen. Er musste dann auf die deutsche Botschaft und eine Sprachprüfung ablegen. Über ihn bin ich Forumsmitglied geworden. Wir treffen uns beim Forum in Konstanza, doch nicht so oft, wegen der Entfernung. Aber zu Ostern und zu Weihnachten feiern wir.

Einfügung von Schwägerin Ilinca:

Ich war mit dem ältesten Bruder der Ottilia verheiratet, er hieß Johannes und ist 1991 verstorben. Und alles war an ihm deutsch, er hatte eine richtig deutsche Prägung. Er war fleißig wie ein Roboter, hat viel gearbeitet, hatte Ordnungsliebe und er war sehr familiär. Er hat ein schönes Haus gebaut, das sah ganz anders aus als die anderen. Als unsere zwei Söhne und die Tochter auswanderten, haben sie nachweisen müssen, dass sie Deutsche sind. Da sind sie extra nach Deutschland gefahren und haben dort die Papiere gesucht und gefunden. Der eine Sohn ist schon vor 14 Jahren und die anderen beiden Kinder vor sechs beziehungsweise vier Jahren ausgewandert. Jetzt wohnen sie alle in Nürnberg oder bei Regensburg.

Als der Vater weg war

Martin Gohn †,
geb. 1930, gestorben 2011, geboren und wohnhaft in Zeiden/Codlea, verheiratet und Kinder, Landwirt

Erzählen Sie bitte etwas über Ihre Familie?

Ich bin hier in Zeiden in eine siebenbürgisch-sächsische Familie hineingeboren. Meine Eltern waren Martin und Frieda Gohn und wir waren acht Geschwister. Die Eltern waren Bauern und Milchhändler und wir hatten nicht viel Grund, nur viereinhalb Hektar.

Wo sind Sie in die Schule gegangen?

Ich bin in Zeiden erst in die alte Schule gegangen. Von der vierten bis zur siebenten Klasse war ich in der Schule, die die Kirche jetzt zurückgekriegt hat. In den Klassen waren nur sächsische Kinder. Ich hatte auch keine rumänischen Spielfreunde gehabt, sondern nur Sachsen. Wie wir gespielt haben, haben wir Sächsisch gesprochen, aber in der Schule Hochdeutsch. Vor der Schule bin ich drei Jahre in den evangelischen Kindergarten gegangen. Der war in der Hintergasse und dort wurde auch nur Deutsch gesprochen. Aber mein Vater hatte Knechte, das waren meistens Rumäner, und die haben mir Rumänisch gelehrt.

Welche Bevölkerung gab es damals in Zeiden?

Zeiden war mehr sächsisch. Die Rumäner sind früher nicht ins Dorf oder auf den Marktplatz gekommen, sie hatten ihren Platz oben an der rumänischen

Kirche. Es hat Ungarn gegeben, aber nur wenige Familien. Zigeuner gab es auch, aber nicht so viele wie heut.

Sie sind in der Kriegszeit groß geworden. Welche Erinnerungen haben Sie?

Mein Vater musste nicht in den Krieg, weil er 1901 geboren ist. Aber mein Bruder, der wollte freiwillig zur SS, obwohl er noch nicht 17 Jahre war. Er sagte: Jetzt gehen wir in den Krieg und machen alles kaputt. Es war Sommer, ich glaub '43, da sind wir mit der Mutter und dem Bruder nach Kronstadt zum Bahnhof gefahren. In Weidenbach am Burzen-Fluss hat die Blaskapelle gespielt: *Siebenbürgen, Land des Segens*. Es waren viele Leute auf dem Bahnhof. Mein Bruder ist mit einem Koffer in den Zug eingestiegen und wir haben gewunken. Das war sehr traurig. Es waren viele junge Männer in den Krieg gegangen und der Herr Pfarrer Bell, der hat in fast jeder Predigt gesagt, dass es schade ist, dass diese jungen Menschen in den Krieg ausziehen, denn der Krieg bringt nichts Gutes und man weiß nicht, wie viele nach Hause kommen. Mein Bruder schrieb Briefe, demnach fühlte er sich nicht gut. Er machte eine Ausbildung und nach acht Monaten ist er in Russland gefallen, mit Kopfschuss. Wir kamen gerade vom Feld, als SS-Offiziere auf uns warteten und erzählten, wie es war und dass sie ihn begraben haben. Sie haben ein Geschenk gelassen. Weil die Mutter noch so jung war, hat sie, solange sie lebte, eine Rente aus Deutschland bekommen. Es waren 300 D-Mark und der rumänische Staat hat es umgetauscht. Ich glaub, sie hat 200 Lei gekriegt. Es war wenig, aber die Mutter war froh.

Was haben Sie vom Nationalsozialismus mitbekommen?

Ich war bei den Pimpfen und es gab die DJ, die Deutsche Jugend, das waren die Älteren. Bei den Pimpfen hatten wir eine Uniform mit schwarzen Riemen, weißen Schnallen, kurzen Hosen, dicken Strümpfen und braunen Halbschuhen. Aber wir haben das nur getragen, wenn wir Ausbildung machten oder marschiert sind, und wir haben dabei Hitlerlieder gesungen. Es waren auch einige, die nicht hingekommen sind. Sie sagten: Was soll ich dort machen, wenn ihr Kriegsspiele spielt? Im '42er oder '43er sind die Deutschen einmarschiert, bei uns zu Haus wohnten zwei von ihnen. Die Russen kamen '44 und wir hatten drei auf unserem Hof. Sie haben jeden Tag drei Liter Milch bekommen und Brot. Sie waren froh und geklaut haben sie uns nichts. Sie haben immer auf dem Hof geschlafen.

Martin Gohn vor seinem Haus

Was passierte nach dem Krieg?

Am 13. Januar 1945 sind rumänische Soldaten mit Russen gekommen und haben den Vater und die Geschwister meiner Mutter deportiert. Die Mutter selbst ist geblieben, denn der Bruder war nur sechs Monate. Ich weiß noch, wie die Mutter uns sagte: Der Papa geht nach Russland. Sie packte dem Vater Speck, Fleisch, Brot und Kekse ein. Der Vater sagte: Lass die Kekse den Kindern. Dann nahm er Hosen, Mantel und Pelzkappe mit – es war Winterzeit. Der Vater hat uns alle geküsst und den Kleinen hat er in den Arm genommen. Es war schwer, sehr schwer. Dann haben sie ihn abgeholt und sie wurden in die Züge hineingetan und nach Russland geschafft. Wir haben fünf Jahre nichts von ihm gehört. Nur ein Nachbar ist vorzeitig nach Hause gekommen und er meinte, man solle eine Fotografie vom Vater bringen, damit er ihn vielleicht erinnern kann. Aber mein Vater war in einem anderen Lager in Donbass, wo auch meine Frau war. Wir hatten einen Bauernhof mit Schweinestall und Scheune. Als die Enteignung 1946 kam, sind die Rumänen gekommen und haben uns alles weggenommen, auch den Speck, das Brot, das Mehl, alles. Wir bekamen einen neuen Einwohner und durften nicht mehr in unserem Haus wohnen, sondern im alten Stall. Die Sommerküche hatten wir als Schlafzimmer. Dort haben wir geschlafen und uns eingerichtet mit den Möbeln, die er uns gelassen hat. Wir durften nicht in den Garten gehen und uns Äpfel oder Birnen nehmen. Nur auf dem Hof durften wir uns ein Schwein halten.

Wann kam Ihr Vater zurück?

Es war Frühjahr 1950, als die Deportierten aus Zeiden, Marienburg, Kronstadt, Weidenbach, Neustadt und Rosenau geschlossen zurückkamen. Ein Nachbar kam auf den Hof und rief: Sie kommen alle mit dem Zug! Meine Brüder waren in der Schule und haben geschrien: Der Tatti kommt! Wir Kinder sind auf den Bahnhof gegangen und dort war ein Hallo: Die sächsische Blaskapelle hat gespielt und es waren viele Menschen aus der Umgebung hingekommen. Aber wir wussten nicht, ob der Vater noch am Leben war, denn viele, ich glaub, die Hälfte von den 800 Deportierten aus Zeiden waren in Russland gestorben. Jedenfalls war das Wiedersehen mit dem Vater schön. Er sah ganz schwach aus, hatte sich in Russland aber extra einen Anzug gekauft. Dann sind wir nach Hause gelaufen und der Vater hatte den Kleinen in den Arm genommen und wir sind mit dem Koffer auf dem Wagen an den vielen Leuten auf der Gasse vorbei nach Hause. Meine Mutter hatte eine Pfefferkrautsuppe gekocht. Da sagt der Vater: Ich esse nur einen Teller, das reicht. Der Vater erzählte, wie schwierig es war, dass er auf dem Bau gearbeitet und Steine geschleppt hat und dass es immer kalt war. Sie haben sehr viel gehungert und Rüben und Kartoffeln geklaut und roh gegessen. Mit dem neuen Einwohner hat sich der Vater nicht vertragen, es gab nur Zankereien und Streitereien. Eines Tages hat der neue Einwohner uns ein Loch in das Häuschen gemacht. Da sagte mein Vater: Fertig, das Zimmer ist mein. Da hat der Rumäne die Axt genommen und meinem Vater den Kopf gespalten. Er hat ihn umgebracht und hat keine Sekunde Gefängnis gemacht. Wir Sachsen hatten kein Recht damals in Rumänien. Der neue Einwohner war noch sieben Monate bei uns. Er hat sich noch etwas mitgenommen und ist weg und wir durften in unsere Zimmer hinein. Das war '53. Meine Mutter hat viel verloren, den Mann, den Sohn.

Was haben Sie und Ihre Mutter damals gearbeitet?

Meine Mutter ist aufs Feld gegangen, bei Nachbarn und auch den neuen Einwohnern. Ich hab mich drei Jahre angestellt als Müller-Lehrjunge bei dem Herrn König. Er war ein Sachse mit eigener Mühle, die hat er behalten bis '47 oder '48. Dort habe ich Müller gelernt, wie es im Buch steht. Wir mussten Tag und Nacht arbeiten. Der Herr König war ein guter Meister. Immer hat er geholfen, nie hat er Nein gesagt. Nach der Lehre musste ich zum Militär gehen, um zu arbeiten. Denn wer über fünf Hektar Grund hatte oder Verwandte in Deutschland, der durfte nicht schießen. Da war ich im Banat stationiert und man merkte, dass wir Sächsisch sprachen. Einer fragte: Wie sprecht ihr, ich versteh euch nicht? Sag ich, wir sind Sachsen. Was ist das, Sachsen? Irgendwann bekam ich Lungenentzündung und ich durfte nach Hause. Als ich wieder gesund war, habe ich drei Jahre im Steinbruch gearbeitet und danach in der Kollektivwirtschaft, 13 Jahre. Ich war Kutscher, hatte zwei Pferde und einen Wagen. Die hatte ich von einem Sachsen. Der wohnte in der Hintergasse und war der letzte Sachse mit Grund. Er sagte: Ich trete nur in die Kollektivwirtschaft ein, wenn der Martin die Pferde kriegt. Da war Zankerei, jeder wollte die Pferde haben, aber ich habe sie bekommen.

Wie waren die wirtschaftlichen Verhältnisse bei den Sachsen?

Es gab hier viele reiche Bauern mit viel Grund und Vieh. Das Vieh wurde verkauft, da hat man ordentlich Geld gemacht. Der Grund im Burzenland ist besser als beispielsweise bei Mediasch. Die reichsten Bauern waren die Petersberger und es gab in Zeiden bis zum Krieg fünf Landwirtschaftsvereine. Bei einem war der Vater als Traktorist angestellt und er hatte den größten Lanz-Bulldog aus Zeiden gefahren. Zwischen den Sachsen gab es auch Unterschiede. Die aus dem Oberdorf waren reich und sagten: Ich bin etwas Besseres als du aus der Hintergasse oder Neugasse. Die waren sehr stolz. Aber in die Kirche sind sie alle zusammen gegangen, da waren sie alle gleich. Nach dem Krieg hat man ihnen alles genommen und die neuen Eigentümer sagten: Auf dem Grund habt ihr nichts mehr zu suchen. Da mussten die Sachsen zu denen aufs Feld arbeiten gehen für etwas Essen und wenig Geld. Es ging ihnen sehr schlecht. Dann sind zur kommunistischen Zeit die Kollektive gegründet worden. Da haben die neuen Eigentümer den Grund hingegeben, weil sie den nicht bearbeiten konnten. Die waren froh, dass die Sachsen in das Kollektiv eintraten und zeigten, wie man auf dem Feld arbeitet, denn sie waren keine Bauern, sondern faule Leute.

Wie war das Gemeinschaftsleben unter den Sachsen?

Im Herbst zum Erntedankfest war die ganze Gemeinde in der Kirche und jeder brachte hin, was er hatte: Zwiebeln, Möhren, Rüben, Kartoffeln. Man legte es vor den Altar und dann ist das Volk drumherum gegangen und hat gesehen, was da war. Als wir Kinder waren, hatte der Pfarrer Kirchengrund und davon hat er Schweine gefüttert. Dann wurde das Schwein geschlachtet und Wurst gemacht: Bratwurst, Kochwurst, Schmierwurst, Blutwurst ... In Zeiden gab es sehr viele Nachbarschaften und auf der langen Hintergasse gab es drei. Im Februar haben sie Fasching gefeiert, im Wirtshaus. Da war ein großer Salon, 70 Leute gingen da hinein. Man hat sich eine Blaskapelle genommen, getanzt und gegessen. Es war schön. Bis zum Krieg wurde das gemacht. Dann sind die Kommunisten gekommen und man durfte eine Zeit nicht mehr feiern, erst später wieder. Aber die Nachbarschaften haben weiter existiert, nur hat man sich dann in der Kirche versammelt. In einer Nachbarschaft waren zirka 50 Nachbarn und der Nachbarvater hat alles organisiert. Er ist gegangen von Haus zu Haus und hat gefragt: Machst du mit bei dem Fasching? Dann musst du so und so viel zahlen. Ich selber war auch Nachbarvater, von der Hintergasse. Zum Beispiel, wenn ein Toter war, hat man mich verständigt und ich hab die Leute bestellt: Schau, der wird beerdigt, und du hilfst mit beim Tragen. Auch geputzt wurde die Gasse, der Bach, die Einfahrt und das Tor. Das Erste war, dass in der Nachbarschaft auf Ordnung geachtet wurde und gleich hat man geschaut, da ist ein Sachse, da ein Rumäne. Die meiste Arbeit war in der Kirche, da hat der Pfarrer eingeladen: Kommt morgen auf den Kirchhof arbeiten. Und dann haben wir uns auch einen guten Nachmittag gemacht mit einem Kännchen Wein von Zuhause.

Gibt es heute noch Nachbarschaften?

Es gibt keine Nachbarschaften mehr. Wenn etwas zu machen ist in der Kirche, machen es meistens die aus dem Presbyterium. Ich habe sehr viel gearbeitet in der Kirche, auch jetzt. Ich mach gerne mit, obwohl ich nicht mehr so jung bin. Ich muss sagen, wir haben einen sehr guten Pfarrer. Er nimmt die Jugend zusammen und macht auf dem Pfarrhof Ordnung. Er ist der Dirigent, wie man sagt.

Was hat sich geändert, nachdem die Sachsen ausgewandert sind?

Es kommen immer nur dieselben in die Kirche. Die meisten kommen nur Weihnachten, da ist die Kirche voll. Und es sind bei uns auch viele Rumäner, die ihre Kinder in den Kindergarten gehen lassen. Wenn sie konfirmiert sind, werden sie automatisch evangelisch. Dann gehören sie zu uns. Man kann nicht zu den Eltern sagen, du gehörst nicht zu uns. Jetzt wird auch Rumänisch in der Kirche gesprochen, weil viele kommen, die nicht Deutsch verstehen, und der Herr Pfarrer hat

Sächsische Gasse in Zeiden

das wirklich sehr schön gemacht. Das hat sich verändert.

Sehen Sie eine Chance, dass mehr Rumänen in die Kirche kommen?

Ja, das ist schöner. Wenn wir Sachsen vor 60 Jahren einem Rumäner gesagt hätten, deine Tochter oder dein Sohn wird deutsch, da hätten die gesagt: Ich bring dich um. Das Rad hat sich vorwärts gedreht und heute sind sie froh, wenn sie Deutsch lernen.

Was empfinden Sie, wenn Sie an die Ausgewanderten denken?

Das empfinde ich schlecht. Sehr schlecht. Diese Sachsen sind im '90er weg und haben gesagt, wir müssen nach Deutschland. Ich hab gesagt: Du musst nicht gehen, hier ist deine Heimat. Heimat ist, was die Eltern, die Großeltern und die Urgroßeltern für uns erarbeitet haben. Und jetzt sollen wir ihrer spotten? Die Ausgewanderten haben eine große Dummheit gemacht. Sie haben nichts für Deutschland getan und die Deutschen müssen diesen Sachsen, diesen Volksdeutschen, eine Rente geben. Das hätte ich nicht gemacht. Ich hatte Nachbarn, die haben ihren schönen Hof verkauft, und jetzt sind sie in Deutschland in einem Pflegeheim. Sie leiden jetzt sehr darunter. Die schönsten Erinnerungen sind, wie wir noch Kinder waren, als die Sachsen noch nicht ausgewandert sind. Wir hatten in Zeiden alles gehabt, was wir brauchten. Gut, es war Arbeit, und der Bauer musste immer früh aufstehen. Aber das war schön, man konnte schauen, was der andere für schöne Felder hatte, für schöne Kühe, für schöne Ochsen und für schöne Büffel ... Wenn die Sachsen nicht so ausgewandert wären, dann wären diese Rumäner nicht so groß, wie sie heute sind. Denn sie haben viel Grund von uns Sachsen.

Was ist typisch für die Siebenbürger Sachsen?

Sagte ein rumänischer Freund zu mir: Hast du den Hermannstädter Bürgermeister Klaus Johannis gesehen? Was macht er nicht alles ... Er hat für jede Nation was rausgeholt. Nicht nur für die Evangelischen – für alle. Er hat es geschafft. Aber hier – der rumänische Bürgermeister ist nur am Klauen. Für sich machen, nicht für die anderen – und das ist ein Unterschied.

Sind Sie im Deutschen Forum?

Wir waren im Kronstädter Forum und wir sind immer hin und wollten bezahlen. Da haben die gesagt: Kommen sie morgen oder übermorgen. Dann habe ich gesagt: Ich komme gar nicht mehr.

Waren Sie in Deutschland?

Ich war nur einmal, zehn Tage, bei meinem Bruder in Ibbenbüren an der holländischen Grenze. Da habe ich eine Familie kennengelernt, die war aus der Bukowina. Da hat mich der Herr angesprochen, ob ich nicht helfen will, Holz in den Schopfen bringen. Dann kam die Polizei und hat gesagt: Die Straße muss geputzt sein. Das haben wir gemacht und der Polizist hat gedankt. Das hatte ich noch nie erlebt. Und der Polizist fragte mich, woher ich bin und warum ich so gut Deutsch spreche. Ich habe ihm erklärt, dass ich im Kindergarten und in der Schule Deutsch gelernt habe. Und in der Kirche sprechen und singen wir Deutsch. Ich habe aber nicht gesagt, dass ich Siebenbürger Sachse bin, das hätte er nicht verstanden. Und die waren mit einer Frau, die hat gelacht und war im Auto am Steuer. Die war auch Polizist. Und dann ist die Tochter von den Leuten mit dem Holz gekommen und hat gesagt, ich soll auch ihr helfen. Ich habe, aber ihr Mann hat sich nicht einmal bedankt. Sagt die Tochter: Martin, so ist mein Mann. Ich bin anders, meine Mutter, mein Bruder sind anders. Es war gut, denn sie haben mir 250 Mark gegeben für zwei Tage und einen halben Liter Wein hingestellt. So habe ich in Deutschland gearbeitet.

Orte:
Zeiden – Codlea
Marienburg – Feldioara
Kronstadt – Brașov
Weidenbach – Ghimbav
Neustadt – Cristian
Rosenau – Râșnov

So bin ich großgewachsen, und so geh ich verloren

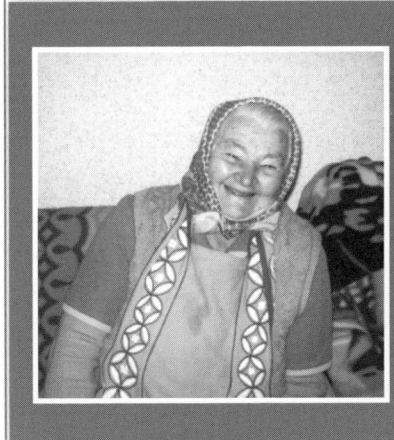

Eva Toth,
geb. Gätz, Jahrgang 1928,
geboren und wohnhaft in
Semlak/Semlac, verwitwet,
evangelisch, Rentnerin

Frau Toth, waren Ihre Eltern gebürtige Semlaker?

Meine Eltern sind hier geboren und die Großeltern auch. Die von der Mutter habe ich noch gekannt, wir haben nebeneinander gewohnt und waren Tag und Nacht beieinander. Mein Vater ist 1893 geboren und im '45er gestorben und meine Mutter lebte von 1901 bis 1991. Ich hatte noch zwei Schwestern, Elisabeth und Katharina, und ich war die Kleinste. Die Katharina ist als Dienstmädel nach Perjamosch ausgewandert. Und wie der Krieg kam, ist sie mit den Leuten geflüchtet. Das waren Banater Schwaben und sie gingen gemeinsam nach Österreich, dort hat meine Schwester geheiratet, aber '75 hatte sie einen tödlichen Autounfall. Die Elisabeth war behindert und ich habe sie versorgt, bis sie vor drei Jahren verstorben ist.

Sind Sie in Semlak in die Schule gegangen?

Bis zur vierten Klasse habe ich die Schule gleich hier in der Nähe besucht und bis zur siebten Klasse bin ich in die Schule neben der Kirche gegangen, bis 1942. Die Kinder und die Lehrer waren alle deutsch und die Schule war gut besucht. Aber wir haben auch Rumänisch gelernt. Es war vormittags und nachmittags Schule, das war früher der Gebrauch. Weil wir von der Schule weit weg ge-

Eva als Baby mit der Familie, 1929

wohnt haben, haben wir uns im Winter für Mittag das Essen mitgenommen. Wir konnten zwischendurch nicht nach Hause, weil wir keine Schuhe hatten.

Was haben Ihre Eltern gearbeitet?

Sie waren beim Bauern arbeiten. Meine Eltern hatten kein Land, nur der Großvater hatte zwei Hektar, wo er Weizen und Mais pflanzte. Dieses Land habe ich jetzt. Meine Eltern hatten ein wenig Vieh: Hühner, Schweine und eine Kuh, Pferde nie. Wir gehörten zu den kleinen und armen Bauern. Aber die Eltern konnten ein Haus kaufen, dafür hat das Geld gelangt. Doch was anderes gab es nicht, es waren schlechte Zeiten. Es gab auch reiche Bauern, die viele Kühe und Pferde hatten und Land mit zehn, manche auch mit 15 Hektar. Arme und reiche Bauern gab es bei den Rumänen, den Deutschen und auch bei den Ungarn. Nur viele Deutsche waren Handwerker: Schuster, Tischler, Wagner, Maler oder Schmied. Die haben für das Dorf gearbeitet.

Wie groß war Ihre Familie?

Meine Mutter hatte vier Geschwister gehabt. Die eine ist nach Amerika und die andere nach Deutschland. Der Bruder ist in Russland gestorben, nur meine Mutter war in Rumänien geblieben. Bis in die '90er habe ich noch Verwandte gehabt, aber jetzt habe ich niemanden mehr.

Sie sprechen ein sehr feines Deutsch. Ist es Ihre Muttersprache?

Nein, mit meiner Mutter habe ich einen Dialekt gesprochen, der hatte österreichische Einflüsse.

Welche ethnischen Gruppen haben in Semlak gewohnt?

Ich glaub, früher waren wir Banater Schwaben die Mehrheit. Aber meine Eltern haben mir nicht erzählt, wie die hergekommen sind. Die Deutschen haben unter sich gewohnt, beispielsweise hier die ganze Gasse, und in der anderen Gasse waren nur Rumänen. Es gab noch die Ungarn, aber nicht so viele, und die hatten keine Gasse, sie waren verteilt. Dann waren noch ein paar wenige Slowaken und die Zigeuner, die waren viele.

Welche Traditionen und Bräuche haben die Schwaben gepflegt?

Man hat den Kathreinen- und Elisabeth-Ball gehabt und Fasching. Man hat viel gefeiert, Tanz nachmittags und abends Ball. Wir Deutschen hatten unseren eigenen Saal neben dem Pfarrerhaus. Das ist jetzt ein kaputtes Haus mit gebrochenen Fenstern. Dort wurden die Hochzeiten gefeiert und es war Brauch bei den Schwaben, dass man mit dem Besen den Weg des Brautpaares von der Kirche in den Hochzeitssaal geputzt hat. Die Rumänen hatten auch ihren Saal.

Welche Trachten hatten die Schwaben?

Ganz verschiedene. Zum Tanz gingen die Deutschen mit ihren breiten weißen Röcken. Wenn wir in die Kirche gegangen sind, hatten wir dunklere Kleider. Die Frauen hatten Tücher auf dem Kopf und die Herren einen Hut. Jeder hatte seine Tracht, auch die Rumänen. Bei der Arbeit war ich immer in der bäuerlichen Tracht, die hatte ich auch in Russland. Als ich zurückgekommen bin, habe ich sie weggelegt. Aber wenn Trachtenfest ist, in Temeswar oder in Arad, dann zieh ich die Tracht an, die uralte von meiner Großmutter.

Eva mit Mutter und Schwester, um 1950

Wie war das Zusammenleben zwischen den Nationalitäten?

Es waren früher ein deutsches und hier unten ein rumänisches Gasthaus, dort haben sich Deutsche und Rumänen getroffen, und wenn die Burschen betrunken waren, haben sie ein wenig gezankt. Aber eigentlich war es sehr friedlich in Semlak, da gab es kein Problem. Allgemein war es üblich, dass man getrennt gewohnt und getrennt gefeiert hat, die Rumänen sind nicht zu uns gekommen und wir nicht zu ihnen. Die Rumänen haben auch Zigeuner geheiratet, aber die Deutschen haben natürlich nur Deutsche geheiratet. Reformierte haben Evangelische geheiratet, aber Evangelische und Katholische, das war nicht. Nur ich war die Bedepperte, die einen Katholischen geheiratet hat. Man

Deutsche Schulklasse in Semlak, 1933 (Schwester 2. Reihe von unten, rechts außen)

muss ja Dummheiten machen. Diese zwei Gassen hier hinauf waren evangelisch. Am Eck ist die reformierte Kirche, darüber hinaus haben die reformierten Buben nicht heiraten dürfen. Aber als wir aus Russland zurückgekommen sind, hatte sich alles geändert. Die Reformierten haben wir *Gubase* gespottet, das ist Ungarisch und heißt Schafspelz.

Welche Erinnerungen haben Sie noch aus Ihrer Kindheit an Semlak?

Ich kann mich nicht mehr so erinnern. Auf alle Fälle haben wir nicht hungern müssen. Als ich aus der Schule bin, bin ich als Dienstmädel nach Perjamosch gegangen und danach nach Warjasch. Dann sind deutsche Soldaten in das Banat gekommen. Im Sommer '44 ist auch ungarisches Militär gekommen, bis zur Marosch, dort haben sie die Brücken zerstört. Ich war in Warjasch und wollte über den Fluss, da stand ich drüben und mein Vater wollte mich holen, der stand hüben. Da hab ich dort geweint und mein Vater hat hier geweint, das war im Oktober '44. Ich war bei meinen Eltern bis Januar '45 und dann hat man mich nach Russland geschleppt.

Was passierte bei der Deportation?

Ich hätte nicht gemusst, denn ich war noch nicht einmal 17, ab 18 hätte man eigentlich erst müssen. In der Früh sind sie gekommen und holten uns aus dem Bett. Meine Eltern waren zu alt, aber mich haben sie geholt und uns ins Rathaus gebracht. Am Abend haben sie uns in die Reihe gestellt und in die Höhe geschossen. Die

Glocken haben angefangen zu läuten. Als wir losgelaufen sind, bin ich geflüchtet. Das zweite Haus nach dem Rathaus, da bin ich hinein und über die Wände geklettert. 14 Tage bin ich geflüchtet. Doch es waren Leute, die haben verraten: Dort ist noch einer, und dort. Deutsche hier in der Gasse. Damit sie zu Hause bleiben konnten. So mussten wir mit dem letzten der drei Transporte noch gehen, achtzig Personen, und ich war die Jüngste. Los ging es vom Bahnhof in Semlak. Wir sind am 29. Januar einwaggoniert worden, rein und zugemacht die Türen. Wir haben ein Loch gemacht für unsere Notdurft und dort drinnen irgendwie geschlafen. Auf der Fahrt habe ich keine Bäume gesehen und es gab kein Obst, keine Bonbons, gar nichts. Ich hatte so ein dickes Tuch und so ein Polster bei mir. Am 7. März haben sie uns aus dem Zug herausgeholt und ich war im Ural, neben Sibirien. Sie haben uns die Kleider genommen. Stattdessen bekamen wir eine Wattejacke, die *Fufaika*, und eine Hose. Wir wurden in Baracken untergebracht, dort mussten wir auf Heu schlafen, und wenn es heruntergeregnet, war alles nass. Ich habe im Sommer auf der Kolchose gearbeitet. Einmal waren wir auf einem Melonenfeld, und weil wir Hunger hatten, haben wir die gegessen. Dann haben sie uns nicht mehr an die Melonen gelassen. Im Winter mussten wir Kohlen ausladen und die Schuhe waren gefroren. Wenn man die Füße herausgezogen hat, waren die Strümpfe in den Schuhen angefroren und in der Früh sind wir wieder hinein in die gefrorenen Schuhe.

Was hat man zu essen bekommen?

Sauerkraut- und Rübensuppe. Wenn wir Kartoffelschalen gefunden haben, haben wir sie gewaschen, auf ein Blech gelegt, geröstet und gegessen vor Hunger. Fleisch gab es nie und Brot haben wir am Abend bekommen für den anderen Tag. Aber wir haben es gleich gegessen, wir waren hungrig. Das ging jeden Tag so. Es gab nie etwas mehr, selbst am Sonntag nicht. Man hat gar nicht gewusst, ob es Sonntag ist, da mussten wir auch arbeiten.

Wie war der Zusammenhalt unter den Gefangenen?

Man hat sich vertragen, da hat man sich nicht streiten können.

Und wie war das Wachpersonal?

Wir sind auf der Arbeit bewacht worden, auf dem Weg dahin und im Lager. Da war an allen vier Ecken ein Wachturm, aber mit denen haben wir nichts zu tun gehabt. Wir sind abends in unsere Baracke gegangen, ich habe mich aufs Gesicht gelegt und geweint und bin vor Hunger eingeschlafen. So hat das jeder gemacht, dreieinhalb Jahre.

Was hat man gemacht, wenn man nicht arbeiten musste?

Soll ich es Ihnen sagen? Eine hat der anderen die Läuse vom Kopf gefangen. Manchmal haben wir gesungen, Kirchenlieder aus dem Kopf, denn Gesangbücher hatten wir keine. Sonst war nichts. Und Gottesdienste gab es auch keine.

Waren Frauen und Männer getrennt?

Bei uns im hinteren Lager war es sehr schlimm. Da waren Ehepaare, die haben sich nur draußen getroffen, aber geschlafen haben sie getrennt. Die im vorderen Teil des Lagers waren beieinander.

Wie war die Umgebung?

Die Russen sagten, nebenan ist Sibirien. Wir hatten nichts gesehen, kein Haus, keine Menschen, nichts. Es waren keine Bäume, nur flaches Feld mit Kraut, Gurken, Melonen und Kartoffeln, das war die Landwirtschaft. Es gab auch einen kleinen Fluss, keine Fabriken, keine Bergwerke, auch keinen Bahnhof, nur das Gleis, das in die Kohlengrube führte. Dort haben wir die Züge mit Kohlen beladen. Und es waren richtige Stürme: Wenn man in die Arbeit ging, haben wir zu acht uns die Hände gegriffen und der Wind hat uns getrieben.

Wie kam das Ende?

Ich war auf dem Kartoffelfeld und es sind Russen gekommen und haben gerufen: *Wosjemletnich*, Achtzehnjährige! Zusammenpacken, wir gehen nach Hause. Ich bin auf das Auto gestiegen und sie haben uns ins Lager gebracht. Dort haben wir uns gewaschen und am anderen Tag sind wir gefahren. Ich konnte es nicht glauben, bis ich nicht im Waggon saß. Weil ich krank war, haben sie mich und andere zurückgeschickt. Ich bin einmal auf dem Feld zusammengebrochen, weil ich Malaria hatte. Da haben sie mich ins Spital geführt und behandelt. Die Malaria ist weggegangen, aber ich bin bis heute krank geblieben, ohne Tabletten kann ich nichts mehr. Aber Gott sei Dank, ich habe meine Arbeit gemacht.

An was haben Sie in der Deportation am meisten denken müssen?

Ich habe immer gedacht, dass ich nie mehr nach Hause komme. Man hat immer an den Tod gedacht und jeden Tag Heimweh gehabt, jeden Tag. Briefe haben wir keine bekommen und wir konnten auch nicht schreiben. Da habe ich dreieinhalb Jahre nichts von Zuhause gewusst.

Wie war die Heimreise?

Es war ein Zug nur mit Deportierten. Doch es war ein guter Waggon mit Fenstern und

Liegen und wir haben geschlafen und hinausgesehen. Drei Wochen haben wir gebraucht, doch man hatte uns Brot und Pferdefleisch eingepackt. Der Zug ist durchgefahren, wir hatten die Papiere schon gehabt. In Arad sind wir ausgestiegen. Und dort wartete ein evangelischer Pfarrer aus Neu-Arad. Der hat uns zu sich nach Hause genommen, uns eine warme Suppe gegeben und uns am anderen Tag an den Bahnhof geführt. Dann sind wir, ungefähr 20 Leute, bis in das Banat. Als wir an die Marosch kamen, haben wir die Glocken läuten hören, da haben wir alle angefangen zu weinen. Die Mutter war an der Marosch und hat gewartet. Sie hat gewusst, es kommen welche, aber sie hat nicht gewusst, wer. Wir sind über die Marosch mit dem Ruderboot gekommen, und als wir auf der Flussmitte waren, hat sie mich erkannt. Das Wiedersehen war so schwer.

Als Sie nach Hause kamen, was haben Sie da erlebt?

Es gab Mittag und es war das beste Essen: Hühnchensuppe, und ich musste aufpassen, dass ich nicht zu viel aß. Wir hatten unser Haus noch gehabt, doch die Mutter war krank, der Vater inzwischen gestorben und die Schwester war behindert. Da habe ich gleich anfangen müssen zu arbeiten, doch am Nachmittag sind schon die Burschen aus der Nachbarschaft gekommen.

Haben Sie von der Deportation erzählen müssen?

Ja, aber ich wollte nicht. Wenn man fragt, fang ich gleich an zu weinen. Weil es so schwer war und ich zu jung, da wollte ich davon nichts mehr wissen.

Wie ging Ihr Leben weiter?

Ich habe mich wieder eingelebt und sieben Jahre als Gleisarbeiterin gearbeitet. Als ich geheiratet habe, hat mich mein Mann nicht mehr gelassen. Es war eine schwere Arbeit. Danach war ich in der Landwirtschaft und habe auf dem Feld gearbeitet. Und im Kollektiv waren viele Deutsche und man hat deutsch geredet und es ist gesungen und gelacht worden. Ich habe 1959 geheiratet. Mein Mann war ein Ungar, aber er ist in die deutsche Schule gegangen und hat mehr Deutsch gekonnt als Ungarisch. So habe ich mit ihm nur Deutsch gesprochen, aber ich kann auch ein wenig Ungarisch. Meine Mutter wollte nicht, dass ich ihn heirate, obwohl er nur bei den Deutschen gewesen ist. Da bin ich von Zuhause weggelaufen. Als wir verheiratet waren, sind wir in das Haus hier eingezogen, das gehörte meiner Tante, die 1928 nach Amerika ging. Doch mein Mann hat immer getrunken. Es war schwer, die letzte Zeit, und der Herr Pfarrer ist gekommen,

Evangelische Kirche im Semlak ...

aber er hat auch nichts machen können. Dann ist er operiert worden. 2000 ist er gestorben. Da wir keine Kinder hatten, bin ich nun allein. Nicht einmal mehr Verwandte hab ich, alle sind weg nach Deutschland. Ich habe sehr viel mitgemacht.

Was hat sich im Dorf im Gegensatz zu früher verändert?

Es hat sich viel verändert. Es waren nur Deutsche hier auf der Gasse und die Häuser waren sauberer, weiß gewalzt und grün die Tore. Aber jetzt sind sie alle weg und die Häuser sind alle blau und grün. Und jetzt rede ich nur noch Rumänisch, denn ich hab keine Nachbarn mehr, die Deutsch reden. Da muss man schon durchs ganze Dorf gehen, ehe man einen Deutschen findet. Und nebenan wohnen Zigeuner, da lerne ich jetzt noch Zigeunerisch.

Wann begann die Ausreise der Deutschen aus Semlak?

Ich glaube, in den siebziger Jahren. Meine Tante ist '73 weg zu ihrem Mann, der war in Deutschland noch wegen dem Krieg. Damals ging es noch um Familienzusammenführung. Dann wurden es immer mehr. Als meine Nachbarn weg sind, haben sie bei mir Abschied gefeiert. Sie haben geweint, weil sie ihre Häuser dagelassen haben. Sie wollten es so, doch es tat weh. Aber manche waren froh, dass sie rauskamen, sie wollten ein besseres Leben haben. Manchmal kommen mich Ausgereiste besuchen. Ihnen geht es gut in Deutschland und sie sind glücklich. Aber es gibt auch einige, denen gefällt es nicht so gut. Die Einsamkeit gefällt ihnen dort nicht. Ich glaub, manche möchten wieder zurückkommen.

Haben Sie darüber nachgedacht auszureisen?

Meine Mutter war krank und meine Schwester behindert. Ich habe meine Schwiegermutter erhalten müssen und dann meinen Mann. Ich hatte nicht die Gelegenheit dazu gehabt.

Hätte es Sie gereizt?

Als die Tante jedes Jahr kam, hatte ich oft gedacht, dass ich hätte gehen sollen, aber früher.

... und die Eingangstüre

Waren Sie einmal in Deutschland?

Voriges Jahr war ich, aber es war das erste und das letzte Mal. Ich bin 83 Jahre. Ich war bei den Kindern der Tante in Ingolstadt, in Schwabach und Gummersbach. Ein paar Tage dort und ein paar da, immer mit dem Rucksack auf dem Rücken, wie der Rumäne sagt. Aber ich habe nicht viel gesehen. Die Verwandten sind aus der Arbeit gekommen, haben erzählt, haben mich auf den Friedhof geführt oder zu einem Kind von ihnen, so dass ich gar nichts erzählen kann von Deutschland. Wir sind nicht spazieren gegangen, wir sind nur Auto gefahren. Und in ein paar Geschäften war ich. Als ich in Gummersbach war, war nebenan ein Haus, da habe ich acht Tage niemanden gesehen. So war ich froh, als ich wieder zurückgekommen bin. Ich habe hier meine Hühner und einen großen Garten. Zuhause ist es am schönsten, auch wenn es nur hinterm Ofen ist. Als ich zurück mit dem Bus gefahren bin, hab ich viel gesehen: die Häuser, die Ebene, einen schönen Wald. Das hat mir alles gefallen. Wenn man so fahren und schauen kann und wenn man zu essen und zu trinken hat, dann ist alles gut.

Was bedeutet für Sie Heimat?

Man kann sich denken, Heimat ist, wo man geboren ist, dort will man auch verloren werden. Das sage ich immer so. Ich bin hier geboren, das kann ich nie vergessen.

Was verbindet Sie besonders mit Semlak?

Der Friedhof und die Kirche und die Menschen von früher, aber die sind alle weg. Und das schöne Schweineschlachten, was das für eine Freude war. Das Schlachten haben alle gemacht. Die Schweine hat man in der Früh gestochen, in eine große Wanne getan, heißes Wasser drauf, gedreht, die Haare heruntergeputzt und schön rasiert. Dann ist es aufgeschnitten worden und aus dem Fleisch hat man Bratwurst und Salami gemacht. Den Speck hat man einige Wochen im Salz gelassen und dann geräuchert. Den hat man zum Brot gegessen, ich hab es gerne gehabt.

Deutsche Hochzeit in Semlak, 1970er Jahre

Am Schlachttag hat man mittags Krautgulasch gekocht und Bratfleisch und am Abend ist die Brust gebraten worden. Die Deutschen haben immer eine Henne geschlachtet, die hat man vorher gemacht. Das gabs dann als Suppe, zusammen mit der Bratwurst. Die Rumänen haben das Schwein mit Stroh gebrannt. Da war alles so schwarz, aber der Speck war besser. Doch im heißen Wasser gebrüht war es sauberer – wie der Deutsche so ist: rein.

Hat man nach dem Krieg die Deutschen in Semlak enteignet oder unterdrückt?

Eigentlich nicht, nur wenn sie ausgereist sind, haben sie jemand anderes hineingetan. Aber rausgeschmissen aus den Häusern haben sie niemanden. Aber man hatte das Gefühl, dass wir nicht so behandelt wurden wie die anderen. Da hat man so einen Trotz auf die Rumänen gehabt, das war aber nicht gut.

Welche Kirchen gibt es in Semlak?

Hier im Ort gibt es fünf Kirchen: eine reformierte, eine evangelische, zwei rumänisch-orthodoxe und eine katholische. Die Baptisten haben auch zwei, aber das sind keine Kirchen, sondern Bethäuser, die sind neu. Es gab hier auch eine Synagoge, aber ich weiß nicht, ob es sie überhaupt noch gibt, aber der jüdische Friedhof ist noch.

Gab es in Semlak Juden?

Früher schon, doch jetzt ist nicht einer mehr hier. Viele waren es nicht, vielleicht 20 Familien. Sie hatten Rumänisch, Deutsch und viel Ungarisch gesprochen. Wir haben uns gut verstanden mit ihnen. In den Vierzigern sind die Juden weg: Man hat sie weggeholt, aber manche sind auch allein fort.

Wo haben die Juden gewohnt und was haben sie gearbeitet?

Sie haben verteilt gewohnt, aber die meisten waren in der Hauptgasse, wo sie ihre Geschäfte hatten. Einige hatten auch Feld, da haben sie als Bauern gearbeitet. Sie waren ganz normal. Sie waren immer so gute Leute. Wenn ich hingegangen bin, um etwas zu holen, haben sie mir immer etwas zusätzlich mitgegeben. Wenn meine Mutter einkaufen gegangen ist, hat die jüdische Verkäuferin gesagt: Kathi, schau mal, ich habe schönes Material für die Kleider deiner Kinder. Sagte die Mutter: Emma, ich habe kein Geld. Ach, sagte sie, nimmt mit, du wirst es mir schon geben. Und sie hat der Mutter immer Bonbons für uns Kinder mitgeschickt.

Was wissen Sie noch über die Deutschen in Rumänien?

Es gibt sie noch im Banat, in Lugosch, auch in Bukarest und an der Küste, aber nur noch wenig. Und die Siebenbürger Sachsen, aber über sie weiß ich nicht viel. Ich war nur einmal in Siebenbürgen, das war vielleicht 1991. Ich habe auch mit ihnen gesprochen, aber nur Hochdeutsch. Mir gefallen sie, weil sie sich so schön unterhalten. Wenn man im Fernsehen schaut, da sieht man, wie sie tanzen, und man sieht ihre Kleidung. Bei uns hier in Semlak gibt es das nicht mehr, nur noch in Arad beim Trachtenfest.

Treffen sich die wenigen Deutsche noch in Semlak?

Wir treffen uns nicht mehr, nur in der Kirche oder auf dem Markt. Bis vor sechs Jahren sind wir am Sonntag nachmittags zusammengekommen. Jetzt sind wir alle alt und ich freue mich, wenn ich zu Fuß noch in die Kirche gehen kann. Manchmal bleiben wir nach dem Gottesdienst beim Pfarrer Sinn. Gott sei Dank gibt es noch den Herrn Pfarrer. Er schleppt mich überall mit hin und ich bin froh, wenn ich sein Auto höre. Manchmal fahren wir zum Forum nach Arad und dann singen, essen und trinken wir. Dort in Arad trifft man auch noch einige Deutsche, aber in Temeswar sind mehr. Und es sind nur noch Alte, junge Madel oder Burschen gibt es nicht mehr. Eine deutsche Schule gibt es auch nicht mehr, die wurde vor drei oder vier Jahren geschlossen. Da sind nur noch Rumänen hingegangen, aber jetzt gehen keine mehr. *Asta este viață* – so ist das Leben. Ich habe viel erlebt, und habe viele begraben: die Schwiegermutter, die Mutter, meinen Mann und die Schwester. Wann ich begraben werde, das weiß nur der liebe Gott.

Orte und Worte:
Perjamosch – Periam
Warjasch – Variaș

Gubas (ung.) – Hirten-Schafspelz, gesprochen Gubasch. In Semlak hatten die Reformierten ihre Kirche auf eine ehemalige Schafweide gebaut, also dort, wo der Hirte seinen Pelz ablegte.

Jetzt braucht man keine Hilfe mehr

Juta Adams,
geb. 1930, geboren und wohnhaft in Zeiden/Codlea, ledig, evangelisch, pensionierte medizintechnische Assistentin

Juta(!) Adams wünschte nicht, fotografiert zu werden.

Frau Adams, wann und wo sind Sie geboren?

Meine Eltern haben sich für mich ein Krankenhaus geleistet, so bin ich 1930 in Kronstadt auf die Welt gekommen, aber meine Eltern waren Zeidner. Ich bin die Letzte geblieben und ich habe die Eltern und die Großmutter gepflegt, so dass ich alleinstehend geblieben bin.

Das heißt, Adams ist Ihr Mädchenname?

Ja. Adams, Juta. Zufällig hat der Vater meinen Namen mit einem T angegeben und ich bin in meinen Akten Juta mit einem T geblieben.

Was waren Ihre Kindheitserinnerungen?

Die Mutter war Hausfrau und mein Vater arbeitete als Beamter im Zeidner Pfarramt. Vorher war er Kaufmann. Ich selbst habe hier in Zeiden vom vierten Lebensjahr an den Kindergarten besucht und nachher die Volksschule, bis '42. Dann bin ich aufs Gymnasium nach Hermannstadt auf eine katholische Klosterschule.

Die Siebenbürger Sachsen waren Lutheraner und ...

Streng!

Sie sind auf eine katholische Schule gegangen?

Ja, auf die Höhere Töchterschule im Ursulinenkloster, dort, wo später das Pädagogische Lyzeum war. Da war alles unter einem Dach: Unterricht und Internat, das war ein Vorteil. In Kronstadt wäre auch ein deutsches Lyzeum gewesen, aber da musste man privat wohnen. Außerdem war ich vom Dorf und die Kronstädter waren immer eine Treppe höher. Die vom Dorf waren nicht vollwertig, kann man sagen, und die Kronstädter haben auch nicht gerne Sächsisch gesprochen. Die Klosterschule habe ich fünf Jahre besucht. Konfessions- und Nationsunterschiede gab es nicht, und so waren da auch viele Rumänen, die die deutsche Sprache erlernten, denn der Unterricht war alles deutsch. Und im Internat durften wir auch nicht Rumänisch sprechen. Die Nonnen hatten ein besonderes Lernsystem: Die Themen wurden auf die Tafel geschrieben und die Kolleginnen mussten laut vorlesen, so hat man das Gehör und Lesen gleichzeitig geschult. Die Methode der Damen war erfolgreich, denn die rumänischen Kolleginnen, die im September kamen, konnten sich im Dezember schon gut in deutscher Sprache unterhalten. Wir hatten auch eine Uniform, vormittags den schwarzen Kittel mit weißem Kragen und nachmittags trugen wir das Pepita. Sonntags und feiertags gingen wir in einer Art Matrosenkleidung, dunkelblauer Faltenrock und weiße Bluse und auf dem Kopf eine schwarze Kappe. Zum Schulanfang bekam man dazu einen Brief zugeschickt, was an Kleidung vorhanden sein musste, von der Wäsche angefangen bis zur Kopfbedeckung. Das war alles gut organisiert und jede Elevin hatte eine Nummer, ich hatte die 17. Die hochwürdige Mater war die Direktorin und einen Grad niedriger, das waren die Matern Lehrerinnen. Und der Gruß untereinander war nicht *Guten Tag*, sondern *Gelobt sei Jesus Christus*. Die Antwort war: In Ewigkeit. Amen. Wir wurden überhaupt zu keiner katholischen Aktion gezwungen, auch nicht zum katholischen Religionsunterricht. Für die Protestanten kam einmal die Woche der Pfarrer Schullerus und hat uns evangelischen Religionsunterricht erteilt. Selbstverständlich haben wir am Kirchgang teilgenommen. Ein bisschen beten und singen hat nicht geschadet.

Wie war der Tagesablauf?

Am Morgen sechs Uhr wurde geklingelt. Der Schulunterricht war vormittags und dann gab es Mittagessen. Nachmittags wurde gelernt oder wir hatten Musikunterricht, Klavier und Akkordeon, allerdings gegen separate Bezahlung. Zwischendurch wurde ein Spaziergang im Klostergarten gemacht. Die Hausaufgaben wurden überwacht, abgefragt und vorgetragen. War es richtig, war man frei, ansonsten musste man nachsitzen. Und nach dem Abendessen, um sieben Uhr, hat man weitergelernt. Nach acht Uhr wurde sich gewaschen und dann ging es ins Bett. Geschlafen haben wir bis zu acht Mädchen in einem Zimmer. Es war eine strenge Anstalt, aber man lernte dabei. Später wurde die Schule teilweise Lazarett, da war die Hälfte vom Gebäude mit Verwundeten belegt. Die Betten wurden teilweise in den großen Klassenzimmern untergebracht oder sogar im Festsaal, wo wir um die vierzig Kinder waren. Um Mitternacht ging eine Nonne durch den Saal, aber meistens waren wir brav.

Was haben Sie von Hermannstadt in Erinnerung?

Wir hatten keinen freien Ausgang, nur gemeinsame Spaziergänge: Sonntag nach dem Mittagessen, schön angekleidet, gruppenweise und zu zweit im Gänsemarsch, sind wir spazieren geführt worden durch die Stadt. Vorne und hinten eine Klosterdame und selbstverständlich haben wir uns anständig benommen. Ungefähr zwei Stunden war dieser Spaziergang und wir haben nur den Park und die Geschäfte gesehen. Aber nur von außen. Man hat uns überhaupt nichts erklärt, das war eigentlich ein Fehler. Eine Zeit gab es über Wochen keine Spaziergänge, verboten, nach 1944 durch das russische Militär. Dann '48 wurde die Schule aufgelöst. Die Maters kamen nach Salzburg, da wurden sie untergebracht, ohne Einkommen. Eventuell haben sie privaten Unterricht gegeben oder sie lebten von Handarbeiten. Die Nonnen, die noch ein Zuhause hatten, die durften dann nach Hause gehen.

Was haben Sie nach dem Schulabschluss gemacht?

Im '45er hatten wir die Agrarreform, da waren wir arm über Nacht! Mein Vater sagte: Du musst einen Beruf lernen. Da bin ich nach Kronstadt auf die Sanitätsschule, direkt ins zweite Jahr hinein, weil ich schon älter war als meine Kolleginnen. Aber ich beherrschte Rumänisch nicht fließend, denn im Gymnasium lernten wir nur Geografie, Geschichte und rumänische Sprache in Rumänisch. Da war mein Sprachschatz sehr mager und so habe ich kein Wort verstanden. Ich wollte nach Hause, doch mein Vater erklärte: Wenn du sitzen bleibst, wiederholst du ein Jahr. Dann kam der erste Schulaufsatz und die Direktorin sagte: Ich soll schreiben, wie ich kann – deutsch und rumänisch. Als wir die Arbeit zurückbekommen haben, hatte ich: *foarte bine* – sehr gut. Aber die Lehrerin meinte: Lern Rumänisch. Das hat mir Mut gegeben. Ich wurde medizintechnische Assistentin und hab meinen Dienst geleistet. 35 Jahre habe ich in der Süßwarenfabrik in

Kronstadt gearbeitet und bin von Zeiden gependelt. Mit unseren Sachsen hatte ich eigentlich nichts mehr zu tun, denn die Kollegen waren gemischte Population: Ungarn, Rumänen und ganz wenige Sachsen.

Sie hatten gar keinen Kontakt mehr zu den Siebenbürger Sachsen?

In meiner Art bin ich ein Sonderling. Ich hab diesen Separatismus nie so empfunden wie andere. Schon in Hermannstadt war die Erziehung nicht nur auf das Deutsche bestimmt. Da waren Mitschülerinnen aus guten Häusern, wo man Wert drauf gelegt hat, dass die Kinder eine gute Erziehung haben und eine Fremdsprache erlernen, nichts weiter.

Was meinen Sie mit Separatismus?

Die Sachsen sind alles, die anderen sind minderwertig. Das habe ich nicht so gesehen und meine Eltern auch nicht. In meinem Beruf hatte ich hauptsächlich mit Rumänen zu tun und ich habe mich wohl gefühlt. Bei den Sachsen war ich meist isoliert, aber ich wurde nicht abgeschoben.

Waren sie in Deutschland?

Öfter, aber das erste Mal '78, weil mein Bruder in Deutschland gestorben war. Er hatte ein trauriges Schicksal: Im Krieg in Bukarest angestellt, musste er zur deutschen Armee und wurde verletzt, Bein amputiert, englische Gefangenschaft. Er kam nicht mehr zurück. Als mein Bruder starb, hatte er neben Celle in Wietze gewohnt. Er hatte keine Familie und ich musste die Wirtschaft auflösen. Ich bekam die Bewilligung auszureisen mit der Bedingung, dass ich zurückkomme. Das war selbstverständlich, denn die Mutter war damals noch hier. Den Bruder habe ich als Urne selbst heimgebracht, aber inoffiziell. Sie war vom Zollamt in Celle versiegelt und damals hatte ich gefühlt, dass es einen Gott gab. Ich hatte drei Koffer und der rumänische Zöllner an der Grenze hat gesagt: Den ersten Koffer und den letzten Koffer öffnen, im mittleren war die Urne.

Haben Sie sich in Deutschland als Siebenbürger Sächsin erklären können?

Man hat mich sehr gut empfangen und ich hab mich zurechtgefunden, als wäre ich immer dort gewesen. Natürlich war das Erste: Wieso sprechen Sie so gut Deutsch? Sag ich, das ist meine Muttersprache. Na, wie? Das konnte man sich nicht so richtig vorstellen. Aber es war ein Trauerfall. Sie wussten, warum ich dort war, und da wurde nicht über dieses und jenes gesprochen.

Wie würden Sie die Eigenart der Siebenbürger Sachsen beschreiben?

Es ist ein ganz anderer Schlag, die Siebenbürger Sachsen. Aber sie sind keine Einheit, wir haben unsere Dialekte und die Unterschiede sind von Dorf zu Dorf.

Aber von den anderen werden sie als Einheit wahrgenommen?

Ja. Das ist die große Überschrift, der Titel, dann kommt die Gliederung. Alle zusammen bilden eine Einheit, aber trotzdem existieren sie einzeln.

Sehen das die Siebenbürger Sachsen auch so?

Ja, die letzten 40 Jahre.

Was war vorher anders?

Sie waren unzufrieden und dann kam dieses Heim-ins-Reich oder die Jugendlichen mussten als sogenannte Freiwillige zur Wehrmacht und dann war die Russlanddeportation, wo die jungen, fähigen Kräfte aus den Familien gerissen wurden. Es war Armut, was hat die Leute noch hier gehalten? Aber sind sie jetzt in Deutschland zufrieden? Der Drang, das Vermögen zusammenzuhalten, war groß. Als die Agrarreform '45 kam, war die Einheit von Bauern und Boden zerbrochen. Der Boden hat uns gebunden, er hat dir das Morgen garantiert und man hat alles weggenommen. Teilweise musste man für die eigenen Häuser Miete bezahlen und es kamen diese neuen Besitzer, die man reinlassen musste, da gab es Reibereien.

Wenn Sie zurückblicken, als die Sachsen noch gut organisiert waren ...

Diese Nachbarschaften waren gut organisiert. Der Nachbarvater, der wurde gewählt und sorgte für Ordnung, und wenn ein Todesfall in der Nachbarschaft war, dann wurde von Haus zu Haus verständigt: Um die Zeit ist das Begräbnis. Es war die Pflicht, bei den Begräbnissen teilzunehmen, wenn nicht, wurde ein Strafgeld einkassiert und von dem wurde am Ende des Jahres ein Festessen organisiert. Das blieb also in der Gemeinschaft.

Konnten Sie mit der straffen Organisation umgehen?

Für mich war es kein Zwang, außerdem bin ich in Hermannstadt in ein anderes System hineingewachsen. Und diese jugendlichen Unterhaltungen und Tänze hab ich überhaupt nicht vermisst.

Wie würden Sie die Burzenländer charakterisieren?

Die Burzenländer sind ein bisschen hochnäsig, vielleicht weil das Burzenland eine reiche Gegend war, nicht zu verglei-

Burzenländer Konfirmanden, 1957

chen mit dem Altland zwischen Hermannstadt und Schäßburg. Die haben einen armen Boden und sie sind daher leichter ausgewandert. Und im Altland ist ein gemütlicher Schlag, vielleicht hat der Wein dort auch eine Rolle gespielt. Wir waren hier vielleicht etwas schwerfälliger und gleichgültiger.

Welche Rolle spielte die Kirche bei den Siebenbürger Sachsen?

Die Sachsen brauchen eine führende, eine leitende Hand. Sie brauchten keine Polizei, aber die Kirche. Dann hat ihr Einfluss nachgelassen, nach den '20er Jahren. Sie hatte einen großen Besitz gehabt, und wie wir zu Rumänien gekommen sind, im 1918er, war die große Enteignung. Da ist die Kirche um vieles ärmer geworden, und darum konnten unsere evangelischen Schulen nicht mehr finanziert werden. Aber es musste schon immer bezahlt werden, nur die Andersgläubigen mussten eine höhere Taxe bezahlen.

Gab es in der NS-Zeit aus der Kirche heraus kritische Stimmen?

Ja, aber die Kirche stand abseits. Sie hat sich in Politik nicht eingemischt, jedenfalls hat sie es versucht. Kirche war Kirche, Politik war Politik. Als Kind hat man zugehört und in der Familie wurde kein Zwang auferlegt. Man musste teilnehmen, sonst stand man abseits.

Haben Sie am Kirchenleben teilgenommen?

Nein.

Also es gab auch Sachsen, die standen den eigenen Leuten reserviert gegenüber?

Wissen Sie etwas von der nationalsozialistischen Zeit unter den Sachsen? Das war das deutsche System, das von Deutschland herübergekommen ist und hier einen fruchtbaren Boden gefunden hat, mit dem Andreas Schmidt. Das war ein heikler Punkt bei den Sachsen, aber das hat nicht zur Auflösung geführt. Viel bedeutender war wahrscheinlich, dass die Bauern dieses Kindersystem hatten.

War dieses Kindersystem ein Dogma?

Ich kann mich nicht äußern, nur wenn viele Kinder waren, musste alles aufgeteilt werden. Ich nenne ein Beispiel. Da war ein junges Mädchen und sie bekam Geschwister und da sagte meine Mutter: Jetzt kannst du dich freuen, du hast ein Geschwisterchen. Sagt sie: Jetzt ist das Stückchen Erbteil noch kleiner geworden. Schon als Vierzehnjähriger hat man daran gedacht.

Warum sind Sie nicht ausgereist?

Es war das Pflichtgefühl und das innere Gefühl der Mutter und der Großmutter gegenüber. Von vier Kindern ist die Mutter nur mit mir geblieben. Der Vater ist mit 56 Jahren verstorben, aber die Mutter und die Großmutter haben das hohe Alter von fast 100 Jahren erreicht. Außerdem hat mich Deutschland nicht angelockt. Ich hatte einen guten Posten, habe gut verdient.

Spielte auch das Heimatgefühl eine Rolle?

Wenn man hier alt geworden ist, kennt man nichts anderes. Und so habe ich mir diese Frage nie gestellt. Damals wurde ein Herdentrieb ausgelöst, weil die Sachsen abgekauft worden sind, sogar vom deutschen Staat. Warum hat man für sie gezahlt? Sie hatten ja hier ihr Auskommen. Und wer wurde hier freigekauft? Die Lehrer und Pfarrer, die, die einen guten Posten hatten. Für die hat der deutsche Staat Geld ausgelegt. Und für die, die hiergeblieben sind, die heute hier die Brücke spielen sollen?

Würden Sie dem deutschen Staat eine Mitschuld geben am Schicksal der Sachsen?

Ja. Wie hat er gesagt, der Außenminister Genscher bei seinem netten Auftritt: Die Tür bleibt offen. Dann haben die Leute gedacht: Vielleicht kann sie zugehen, also nichts wie weg und diesmal ohne Schmiergeld zu zahlen. Du wachst in der Früh auf und hast auf der linken

Seite und auf der rechten Seite keine Nachbarn mehr, da war man plötzlich allein. Von '89 bis '92 sind aus dem kleinen Zeiden knapp 1600 Leute ausgewandert. Familienzusammenführung, wenn ich dieses Wort höre! Da gibt es welche, die sehen sich jahrelang nicht. Sie sind in Deutschland und die Anverwandten wurden hier vergessen. Es war oft eine Familientrennung. Wenn man noch Menschenverstand hat, ist das alles nicht zu verstehen. Wir haben unsere Alten und Behinderten zu Hause gepflegt, so war es üblich. Jetzt in Deutschland gibt man sie in Pflegeheime. Die lieben Kinder wollen nichts mehr von ihren Eltern wissen: Wir haben keinen Platz, wir brauchen vier Zimmer. Aber das Land der Vorfahren haben sie vom rumänischen Staat zurückgefordert und vielmals auch erhalten. Aber heute sollen wir Hiergebliebenen eine Brücke darstellen und sie glauben, dass wir achtgeben, dass die nicht zusammenbricht. Aber hilft man uns dazu? Schauen Sie dieses Konfirmationsbild, das war Zukunft. Und jetzt ist kein Nachwuchs. Es gibt keine Kinder. Selbst wenn nun die Andersnationalen evangelisch werden, das ist etwas ganz anderes, denn es fehlt der Hintergrund.

Wie sollte denn geholfen werden?

Jetzt braucht man keine Hilfe mehr in Zeiden.

Orte:
Kronstadt – Brașov
Salzburg – Ocna Sibiului
Zeiden – Codlea

Mir gefällt das Wort Heimat

Inge Jekeli,
Jahrgang 1930, geboren und wohnhaft in Mediasch/ Mediaș, evangelisch, ledig, passionierte und pensionierte Lehrerin

Frau Jekeli, wenn Sie an Siebenbürgen denken, was fällt Ihnen da ein?

Siebenbürgen ist meine Heimat und mir gefällt das Wort Heimat. Ich bin sehr froh, dass dieser Begriff im Südwestfunk 2 diskutiert wurde. Es wäre wohl an der Zeit, dass man das Wort wieder salonfähig macht. Eine Freundin sagte einmal so schön: Ich liebe mein Haus, ich liebe meinen Garten, meine Gasse und meine Stadt. Und derweil schimpft sie, wie wir alle, über die nicht zu übersehenden Missstände. Ich verstand sehr gut, was sie meinte, denn mir ergeht es ebenso: Es ist ein Gefühl des hier und nur hier Verwurzeltseins. Dazu gehört auch das Bunte der gemischten Bevölkerung. Hier bin ich einfach zu Hause. Das nehmen offensichtlich auch andere an mir wahr. So schrieb mir einmal Dirk von Haeften, der Sohn des Namensgebers der Evangelischen Akademie Siebenbürgens in Hermannstadt: Wie gut, dass sie geblieben sind, denn Sie passen nach Siebenbürgen hinein.

Was geht Ihnen durch den Kopf, wenn Sie durch Ihre Geburtsstadt Mediasch gehen?

Ich werde gegrüßt und ich grüße in allen drei landesüblichen Sprachen: Rumänisch, Ungarisch, Deutsch. Deutsch grüßen vor allem meine ehemaligen Schüler der deutschen Klassen, denn sächsische Freunde und Bekannte gibt es nur noch sehr wenige. Doch gerade mit diesen benutze ich häufig die alten Namen der Gassen und Läden: das Buresch-Eck, die Oberth-Apotheke. Aber es sind nur die Namen, damit man schneller den Standort bestimmen kann. Ich erfreue mich an der Schönheit vieler Bürgerhäuser mit ihren großen Toren, an den alten Straßenlaternen, und ich freue mich insbesondere über die Bemühungen der Stadtverwaltung, das mittelalterliche Gepräge von Mediasch zu erhalten. Bloß die Bewohner der Stadt sind heute ganz andere als in meiner Kindheit und Jugend. Doch wenn diese Stadt nicht auch einem Wandel unterworfen wäre, so wäre sie nicht lebendig, das begreift man erst richtig im Alter. Auf meinen Fahrten ins Umland muss ich allerdings mit Trauer feststellen, dass die schönen geschlossenen Häuserzeilen in den ehemals sächsischen Dörfern von Gebäuden unterbrochen werden, die dort fehl am Platz sind. Sie haben andere Gesichter mit Balkons und Plastikrollläden statt der alten hölzernen Jalousien. Oder Holztore wurden durch Metallzäune ersetzt. Solche Veränderungen lösen einen Schmerz bei mir aus. Ich bin der Überzeugung, dass das architektonische Erbe der ehemaligen sächsischen Dörfer und Städte bewahrt werden soll. An dem Punkt möchte ich auch ein bisschen Museum behalten, da bin ich ein Mensch voller Widersprüche.

In was für einem Umfeld sind Sie aufgewachsen?

Ich stamme aus einer sächsischen Familie und bin mit meinen fünf Geschwistern in diesem Haus in der Steingasse aufgewachsen. Unsere Verwandten, Bekannten, Freunde und Nachbarn waren alles Sachsen. Wir haben hier auf der Gasse gespielt und unser Garten war in der Kindheit der Treffpunkt für uns und unsere sächsischen Freundinnen und Freunde. Ja, dieses war in der Kindheit und Jugend mein Umfeld – ein fast rein sächsisches. Die erwähnte rumänische Freundin und ihre Familie wohnten als einzige Nicht-Sachsen in einer ansonsten nur von Sachsen bewohnten Straße, so dass auch sie hier in Mediasch in einem sächsischen Umfeld aufgewachsen ist und mit sächsischen Kindern gespielt hat. Natürlich gab es bei den Sachsen auch die Sorge um die Bewahrung ihrer Traditionen und der nationalen Identität. In den Angehörigen der anderen Ethnien sah man eine potentielle Gefahr für alles Sächsische schlechthin. Aber das alltägliche Zusammenleben zwischen den Nationalitäten in

Siebenbürgen war ein gewachsenes, indem das sprichwörtliche friedliche Nebeneinander und ein respektvoller Umgang zum Tagesgeschehen gehörten. Dieses Nebeneinander zu erhalten war ein Anliegen aller: der Sachsen, der Rumänen, der Ungarn, der Juden.

Wo waren Ihre Berührungspunkte mit den Rumänen?

Mein Vater war Arzt und er hatte hier eine Praxis. Da kamen Kranke aller Nationen und so hatten wir Kinder schon früh Kontakt mit den anderen. Meine Großeltern mütterlicherseits besaßen ein großes Gut in Langenthal. Dort hat meine Mutter als Jugendliche viel mit Rumänen gearbeitet und lernte die unnachahmliche Schlagfertigkeit und den Witz der Rumänen kennen, eine Erfahrung, die sie später in humorvollen Geschichten an uns weitergab. Das gehörte auch mit zu unserer Kindheit. Ich selber erinnere mich an ein Schlüsselerlebnis zu Beginn meiner Studienzeit in Klausenburg. Während des ersten Semesters wurde mir das Stipendium gestrichen, so dass mir nichts anderes übrig blieb, als nach Hause zurückzukehren. Überraschenderweise bot mir ein rumänisches Professorenpaar an, finanziell für mich zu sorgen. Das hat mich richtig überwältigt, auch wenn ich dieses hochwertige Angebot abgelehnt habe.

Haben Sie als Angehörige der deutschen Minderheit auch Nachteile hinnehmen müssen?

Von der großen Verunsicherung der Sachsen nach dem Ende des Zweiten Weltkrieges waren wir alle betroffen. Die Aberkennung der bürgerlichen Rechte bis 1949 erklärte uns sozusagen zu vogelfreien Menschen – eine Situation, mit der wir auch gedemütigt wurden. In den Dörfern besetzten viele sogenannte Neusiedler einen Großteil der Häuser der Sachsen, und diese wurden in die Sommerküche oder in den Schopfen verwiesen. Durch die spätere Agrarreform wurde den sächsischen Bauern ihre Lebensgrundlage genommen. Wohlhabende Stadtbewohner wurden aufs Land evakuiert, so kamen zum Beispiel viele Kronstädter nach Elisabethstadt – zumindest vorübergehend. Den tiefsten Einschnitt im Leben der Siebenbürger Sachsen bedeutete die Deportation der arbeitsfähigen sächsischen Bevölkerung im Januar '45 in die Sowjetunion. Unsere engste Familie ist allerdings davor bewahrt geblieben, da die Eltern zu alt und wir Kinder noch zu jung waren. Kindern aus Familien, die entweder reich gewesen waren oder sich dem Nationalsozialismus verschrieben hatten, wurde der Besuch der Lyzeen verwehrt – trotz simulierter Aufnahmeprüfung! Auch bei der Aufnahmeprüfung

Das Kastell, die Mediascher Kirchenburg

auf die Hochschulen galten meist andere Kriterien als Begabung oder Wissen. Viele unserer Verwandten und Freunde mussten es erleben, dass sie bereits als Studenten bei nachherigen »Reinigungswellen« exmatrikuliert wurden. Nur mit großer Mühe und Ausdauer gelang ihnen später ein Studienabschluss. Solche und andere traumatischen Erlebnisse aus der kommunistischen Ära veranlassten viele Siebenbürger Sachsen, Rumänien für immer den Rücken zu kehren.

Gab es auch Vorteile, Siebenbürger Sachse zu sein?

Sachse zu sein bedeutete natürlich einen Vorteil gegenüber der rumänischen Bevölkerung, weil wir mit dem mitteleuropäischen Kulturkreis in enger Verbindung gestanden haben und auch weiterhin stehen konnten, durch Büchersendungen, durch gegenseitige Besuche. Vor allem mit in der DDR lebenden Freunden war für uns ein bereichernder Austausch möglich, für den ich bis heute sehr dankbar bin.

Wie kamen Sie zum Lehrerberuf?

Bei Kriegsende, im '45er, war nur ein einziges deutsches Lyzeum in Hermannstadt. Meine Eltern hatten, wie alle, kein Geld, mich dorthin zu lassen, und ich sollte Schneiderin lernen, aber ich wollte das nicht. Da schickten sie mich nach Schäßburg auf das Pädagogische Lyzeum, dort war es billiger. Nur wollte ich überhaupt nicht Lehrer werden. Dann hatte ich als Beste absolviert und wurde nach Mediasch zugeteilt, während die anderen aufs

Stefan-Ludwig-Roth-Gymnasium in Mediasch

Dorf kamen. Da war ich Lehrerin für die Grundstufe und es hat mir Spaß gemacht mit den Kindern. Doch ich wollte noch studieren. Allerdings galt in sächsischen Häusern, dass zuerst die Jungen studieren müssen. So musste ich warten, bis mein jüngerer Bruder mit seinem Medizinstudium angefangen hatte, ehe ich selber ab '52 Chemie und Biologie in Klausenburg studieren konnte. An meiner Mediascher Schule musste ich allerdings noch einen erbitterten Kampf mit dem Direktor Kloos führen, der mich nicht weggehen lassen wollte. Er war der Meinung, dass ich nach beendetem Studium in Malmkrog, einem weit im siebenbürgischen Urwald gelegenen Dorf, landen würde. Zum Ende des Studiums, '56, stand bei der Stellenzuweisung tatsächlich Malmkrog als einzige Schule mit deutscher Unterrichtssprache in unserem Kreis auf der Liste – so wie Direktor Kloos es prophezeit hatte. Da er aber unbedingt an seiner Schule eine Chemielehrerin brauchte, arrangierte er es, dass ich doch noch nach Mediasch kam. Als ich anfing, übernahm ich eine rumänische Spezialklasse, und mir fiel auf, dass in der Stunde die rumänischen Schüler viel schneller kapierten als die sächsischen. Doch nach drei Monaten waren es wiederum die Sachsen, die sich den Stoff besser gemerkt hatten.

War es für Sie ein Unterschied, ob Sie in einer deutschen oder in einer rumänischen Klasse lehrten?

Nein, die Schülerinnen und Schüler waren für mich alle gleich. Mich hat einfach der

Unterschied bewegt, wie die rumänischen Kinder den Stoff viel schneller begriffen und die sächsischen ihn viel gründlicher behielten. Ich habe viel außerschulische Tätigkeit angeboten, wie es in den sächsischen Schulen seit Ewigkeiten Usus war: Theater, Wandern, Turnwettbewerbe, also Dinge von praktischem Nutzen. Die Schulerfahrung der Sachsen war aus historischen Gründen eine viel ältere und reichere als die der Rumänen. In den deutschen Klassen, die immer auch von einer Handvoll rumänischer Schüler besucht wurden, gehörten regelmäßig zwei, drei davon zu den ganz ausgezeichneten. Auf der Uni, wo wir unter vielen Rumänen nur wenige Sachsen waren, gehörten wir Deutschen auch immer zu den Prämianten. Es scheint als etwas Charakteristisches, dass man sich als Minderheit behaupten musste.

Warum wurde es erlaubt, Schulen mit deutscher Unterrichtssprache weiterzuführen?

Das Schulsystem der Sachsen wurde von den anderen Ethnien sehr geschätzt. Viele Rumänen waren bestrebt, ihren Kindern eine Ausbildung an einer sächsischen Schule zu ermöglichen – bis auf den heutigen Tag. Andererseits sind die Sachsen den anderen Ethnien gegenüber immer offen gewesen und haben sie an ihre Schulen gelassen. Aus den Statistiken weiß man, dass bereits im 19. Jahrhundert ein relativ hoher Prozentsatz von Rumänen, Ungarn und Juden in die Schulen der Sachsen aufgenommen wurde. Damals waren es kirchliche Schulen, weswegen alle Schüler ungeachtet ihrer Herkunft Schulgeld bezahlen mussten, doch die Ausbildung war solide und bot auch die besseren Berufschancen. Als die sächsischen Schulen 1948 dem rumänischen Staat unterstellt wurden, verhandelte der damalige Bischof Müller mit den amtlichen Stellen über den Erhalt der deutschen Schulen. Die guten Erfahrungen der Rumänen mit den sächsischen Schulen haben dabei gewiss eine ausschlaggebende Rolle gespielt, dass diese auch im Kommunismus und bis heute fortgeführt werden konnten.

Wann begann sich für Sie diese geschlossene siebenbürgisch-sächsische Welt zu ändern?

Ich weiß nicht, was der auslösende Faktor war. Ich habe kürzlich einige dieser Romane sächsischer Schriftsteller, die ich schon als Kind gelesen hatte, hervorgenommen und mit großem Interesse noch einmal gelesen. Ich meine damit Erwin Wittstock, Adolf Meschendörfer, Tusnelda Henning oder Heinrich Zillich. Es ist mir aufgefallen, was für eine Endstimmung schon zu Beginn des 20. Jahrhunderts unter den gebildeten Sachsen herrschte. Wittstock schildert zum Beispiel in seinem Roman »Bruder, nimm die Brüder mit«, wie den Sachsen durch die Agrarreform nach dem Ersten Weltkrieg diese großen Siebenrichterwälder enteignet wurden. Die waren die Grundlage, um die evangelischen Schulen finanziell zu erhalten. Solche und ähnliche Ereignisse markierten den Zerfall der geschlossenen siebenbürgisch-sächsischen Welt sehr deutlich.

Was war das Szenario dieser Apokalypse?

Als ich neulich die Reden anlässlich der Übergabe der evangelischen Schulen an die nationalsozialistische »Deutsche Volksgruppe in Rumänien« 1943 hier in Mediasch las, erschütterte mich die fanatische »braune« Einstellung der Redner. Vielleicht war dieser Fanatismus in dieser Stadt besonders ausgeprägt, weil es von den Mediaschern heißt, sie seien als Weinländer leichtlebiger und Neuem gegenüber weitaus aufgeschlossener als zum Beispiel die Schäßburger. Andererseits litt meine Mutter unter der Enge des kleinbürgerlichen Milieus mit seiner Bigotterie, mit der großen Diskrepanz zwischen wahrem Sein und aufrechterhaltenem Schein. Man ging wohl mit sich selbst nicht ehrlich um.

Welche Rolle spielte der Nationalsozialismus bei den Siebenbürger Sachsen?

Seit einigen Jahren wird versucht, in dieses dunkle Kapitel der sächsischen Geschichte Licht hineinzubringen. Gewiss waren Teile der sächsischen Gesellschaft von dem »braunen« Virus angesteckt. Ebenso gab es auch den anderen Teil unseres Volkes, der mitgelaufen ist, wie das andernorts auch der Fall war. Meine Eltern haben sich nie zum Nationalsozialismus bekannt. Anders als die Mutter einer Kindheitsfreundin hat meine Mutter keine schwarze Uniform getragen, die sie als stramme Parteifrau ausgewiesen hätte. Dass der »braune« Virus noch mindestens 30 Jahre nach Kriegsende sein Unwesen in den Köpfen meiner Landsleute trieb, habe ich mehr als einmal auf dem Mediascher Bahnhof mit Schaudern erlebt: Vor 1989 wurde bei der Verabschiedung von in den Westen ausreisenden Sachsen immer wieder das berühmt-berüchtigte Soldatenlied aus der Nazizeit »Panzer du alleine « angestimmt. Das hat mich wirklich immer erschüttert.

Gibt es einen Unterschied zwischen Siebenbürgisch-Sächsisch und Deutsch?

Zu dieser Frage fällt mir spontan eine gereimte Antwort aus Kinkels »Charakterkunde« ein:

*Der Mensch ist zwar ein Massenartikel,
doch jeder wieder ein Sonderkarnickel.*

Wenn sich ein Unterschied in der Mentalität feststellen ließe, dann wäre es eine Folge des jahrhundertelangen Zusammenlebens der Siebenbürger Sachsen mit den Rumänen, Ungarn, Roma und Juden.

Wann sind Sie das erste Mal nach Deutschland gereist?

Das erste Mal im '88er. Ich habe es jahrelang versucht, nach Westdeutschland zu kommen, und habe 14 Absagen bekommen. Bei einer Audienz beim Chef vom Passamt in Hermannstadt wurde mir erklärt, was der Grund für die Absagen gewesen war: Mein Bruder ist im '69er in Deutschland geblieben. Wenigstens nach dieser Audienz erhielt ich dann das Visum. Aber in der DDR war ich oft. Ich habe sie wirklich durchkämmt und dadurch beschränkte sich für mich Deutschland eigentlich auf die DDR. Ich war in Weimar, in Naumburg, in Dresden gewesen und ich hatte dort sehr gute Freunde gehabt: Orgelbauer, Schriftsteller, Theaterleute, Musikkritiker ... Mein erstes Schlüsselerlebnis in der DDR war, dass die Arbeiter, die am Zug die Räder beklopft haben, plötzlich Deutsch sprachen. Ach, sag ich, sogar die reden Deutsch. Der nächste Schock war im Eisenacher Bachmuseum die Handschrift der H-Moll-Messe. Und als ich plötzlich im Naumburger Dom drinstand ..., das kannte ich ja alles aus den Kunstbüchern. Das war überirdisch. Ein negatives Erlebnis während meiner Teilnahme an einer Bibelwoche für Akademiker in Berlin war die Aussage einer jungen Ärztin: Wissen Sie, ich schäme mich, eine Deutsche zu sein. Ich hab mich mein Leben lang meines Deutschtums in Rumänien nicht zu schämen brauchen. Das war übertrieben und Übertreibungen sind nie gut.

Konnten die Leute dort etwas mit den Siebenbürger Sachsen anfangen?

Insgesamt konnten sie nicht viel damit anfangen. Wir haben immer gesagt, dass wir aus Siebenbürgen kommen – und sie verstanden Siebengebirge.

Gab es einen Unterschied für Sie zwischen der DDR und Westdeutschland?

Für mich war beides Deutschland. Dass es zwei unterschiedliche Staaten mit entgegengesetzten Gesellschaftsordnungen waren, hat eigentlich keine Rolle gespielt. Für uns bedeutete schon eine Buchhandlung in der DDR so etwas unvorstellbar Gutes und Schönes. Das kann man nicht beschreiben. Die

Überheblichkeit, mit der die Westdeutschen von der »Zone« sprachen, hat mich allerdings negativ berührt. Derweil liegt Kulturdeutschland mehr auf der östlichen Seite, mit diesen Kulturstätten Naumburg, Weimar, Eisenach, Dresden, Leipzig ...

Hat Sie die Ausreise der Siebenbürger Sachsen berührt?

Mit den Landsleuten hatte ich es schwer. Das Argument der meisten »Ausgerissenen« war: »*As Kejnd selln Detsche blewe* – unsere Kinder sollen Deutsche bleiben.« Ich hab mir diese Ausreisefrage nie gestellt. Ich bin hier zu Haus. Hinzu kam, dass wir nach der Wende unter einem chronischen Lehrermangel litten. Da musste ich die Schule übernehmen und es war gar keine Zeit für Ausreisepläne. Glücklicherweise sind auch einige Freunde in Rumänien geblieben.

Das Argument der Freiheit und des Wohlstands hat Sie nie gereizt?

Das Leben in Deutschland ist kein Zuckerschlecken, das habe ich schon bei meinem ersten Besuch 1988 beobachten können. Gewundert hat mich nur, dass keiner der Ausgewanderten bei Besuchen in der Heimat jemals von der sehr harten deutschen Wirklichkeit gesprochen hat, die mit einem sehr süßen Zuckerguss überzogen ist ...

Das war das Argument, hier zu bleiben?

Ich brauchte für meine Entscheidung keine Argumente. Vor der harten deutschen Wirklichkeit hatte ich keinesfalls Angst. Vielleicht wäre es ratsam, auch einmal die Ausgewanderten nach ihren Gründen zu befragen ...

Konnten Sie für die Ausgewanderten Verständnis aufbringen?

Ich bin jetzt nicht mehr so radikal wie früher, mit dem Alter wird man sanfter. Ich schau auch, wie schwer es meine Landsleute in Deutschland haben. Letztendlich bin ich froh, dass sich im Laufe der Jahre alle durch die Auswanderung hervorgerufenen zwischenmenschlichen Dissonanzen beruhigt haben.

Orte:
Klausenburg – Cluj-Napoca
Langenthal – Valea Lungă
Malmkrog – Mălâncrav
Schäßburg – Sighișoara

Der Kurator

Reinhard Beer, Jahrgang 1936, wohnt in Wolkendorf/Vulcan, verheiratet, eine Tochter, pensionierter Lehrmeister und Kurator

Präludium: Liebesunglück

Wolkendorfer-Dresdner Episode von Pfarrer Uwe Seidner: Sie kommen aus Dresden? Der Wolkendorfer Emil Kasper hat in Dresden Architektur studiert. Dort hat er sich wegen einer Frau duelliert und ist dabei umgekommen. Man hat ihn eingeäschert und die Urne von Dresden nach Wolkendorf gebracht. Das war 1920 etwas ganz Neues mit der Urnenüberführung. Auf unserem Friedhof bekam er sogar ein Denkmal mit einer trauernden Frau, die eben eine Urne in der Hand hält.
Reinhardt Beer: Die Mutter von dem Verstorbenen war auch eine Beer, eine Verwandte von uns. Und das Denkmal mit der trauernden Mutter hat mein Onkel gemacht, der war Bildhauer und hat in München studiert.

Ehrendienst

Ich bin seit 1994 Gemeindekurator von Wolkendorf, im fünften Mandat. Es ist ein Ehrendienst, der nicht bezahlt wird. Bis 2013 bin ich gewählt und sie haben festgestellt, dass ich würdig bin. Denn eigentlich wollte ich nicht mehr, weil ich 75 Jahre alt bin. Es sind noch andere, junge Leute, aber sie laufen weg. Was mich bewegt hat, so lange das Amt zu führen, ist, dass ich beiseiteschieben will, was ich erlebt hab mit den Edelsachsen. Aber jetzt sind wir alle gleich und einig

Grabstein von Emil Kasper auf dem Friedhof Wolkendorf

vor Gott dem Vater. Bevor der alte Pfarrer weg ist, hat er gesagt: Machen Sie es noch einmal! Und der jetzige Pfarrer war auch begeistert und dann haben wir die Wahl schnell gemacht. Nachher hab ich dem Pfarrer gesagt: Wenn Sie einen Kurator zur Beerdigung brauchen, ich stehe zur Verfügung. Als Kurator wird man, wie der Gemeindevorstand, das Presbyterium, von der Gemeindevertretung gewählt, die wiederum wird von der Gemeinde gewählt. Wahlrecht haben alle Glieder über 14 Jahre, und schön wäre, wenn alle bei der Wahl wären, aber das kann man nicht erreichen. Zu meiner Wahl waren 34 Leute, also ungefähr 30 Prozent. Der Kurator hat wie der Pfarrer seine Vorschriften und man muss die Arbeit aus Liebe machen. Man begleitet den Pfarrer in die Kirche oder zum Begräbnis und er hat Sorge zu tragen für viele Probleme: vom kleinsten Kind bis zum ältesten Mann. Wir hatten zum Beispiel den Fall gehabt, dass wir einen verlassenen Mann in ein Altersheim bringen wollten. Das sind soziale Aufgaben für den Kurator.

Nachbarschaften

Wir haben in Wolkendorf noch zwei Nachbarschaften, die alle Nachbarn vereinigen. Das ist noch von den Vorfahren und das geht auch weiter. Der Nachbarvater ist das Haupt der Nachbarschaft. Wenn Arbeiten, Feiern oder Beerdigungen anstehen, geht man zum Herrn Pfarrer und zum Kurator und diese wenden sich an den Nachbarvater, er organisiert dann das Notwendige. Der Nachbarvater hält in den Arbeitsheften alles fest: Zum Beispiel die Stunden des freiwilligen Arbeitsdienstes. Zu Beginn jeden Jahres findet die Männerkirche statt, dort lesen die Nachbarschaftsväter den Jahresbericht vor: Wie viele Mitglieder es noch gibt, wie es um die Finanzen steht und so weiter. Der Kurator und der Pfarrer verfolgen das, und wenn alle Nachbarväter den Bericht abgelegt haben, kommt es zum Gespräch über das letzte Jahr und was für Probleme man im nächsten Jahr hat: den Friedhof reparieren, die Bäume beschneiden, das Dach reparieren in der Burg. Alles geht mit Regeln: Da steht beispielsweise im Statut, dass nur die spitzen Ziegel benutzt werden dürfen an der Kirchenburg. Früher wurde auch besprochen, wer gefehlt hat im Gottesdienst und wer nicht zum freiwilligen Arbeitsdienst kam. Da gab es Strafzettel, wo man verpflichtet wurde, Stunden abzulegen, und der Nachbarvater sagte, wo es was zu tun hat. Aufgenommen wurde man in die Nachbarschaft, wenn man sich verheiratet hatte. Der neue Nachbar wird vom Nachbarvater vorgeschlagen und er bittet die Kirchengemeinde, diesen jungen Mann aufzunehmen. Wenn ein Mann über 26 Jahre ist, wird er automatisch aufgenommen, ob verheiratet oder nicht. Die Aufnahme fand in der Männerkirche statt.

Männerkirche

Männerkirche war gewöhnlich im Februar, zum Sonntag Estomihi, und alle Männer waren in der Tracht. Erst war Gottesdienst und danach war die Männerkirche, ohne Frauen. Es mussten sämtliche Männer anwesend sein, denn wenn ein Beschluss gefasst wurde, sollten sie es alle wissen. Alle Männer hatten das Recht, in der Männerkirche zu reden und vorzuschlagen, es war die einzige Gelegenheit, wo jeder sich ausdrücken konnte. Vor der Wende wurde die Männerkirche in der Kirche gehalten, weil so viele waren. Da sind alle der Nachbarschaft nach gesessen: Hauptgasse, Hintergasse, Mühlgasse und Obergasse. Jetzt machen wir es im Konfirmandenzimmer.

Bruder- und Schwesterschaften

Zu der Zeit der vielen Sachsen gab es in jeder Nachbarschaft eine Bruderschaft und Schwesterschaft. Dazu der Altknecht und die Altmagd und sie organisierten die verschiedenen Arbeiten. Ein Beispiel: Zu Pfingsten wurden die Burg und das Pfarrhaus ausschließlich von der Jugend geschmückt. Aus der Hintergasse, von wo ich gekommen bin, waren wenigstens 60 Jugendliche, das war eine Kraft. Jetzt haben wir keine Jugend mehr und die Arbeit wird von den zwei, drei alten Presbytern gemacht, aber die können auch nicht mehr alles leisten.

Kirchentracht

Früher sind die gewählten Presbyter und Kirchenväter in der Kirchentracht in die Kirche gezogen. Das war Brauch bis zwei Jahre nach der Wende '89, dann konnten wir die Tracht nicht mehr halten, denn sie war mit Lederstiefeln, schwarzen Hosen, das Hemd und der Kirchenrock. Wir konnten die Lederstiefel nicht mehr anschaffen und so sind viele nur noch mit dem Kirchenrock gegangen. Das ging bis vor drei

Konfirmation im Burzenland im Jahr 2004

oder vier Jahren noch, aber dann wollte man nicht mehr. Sie sagten, es ist aus der Mode.

Osterspritzen

Am Ostermontag war es Brauch, spritzen zu gehen. Früh am Morgen sind die Jugendlichen in ihrer Nachbarschaft herumgegangen und haben die Mädchen und Frauen mit Parfüm bespritzt. Dafür bekamen sie Eier, die mit Zwiebel gefärbt wurden. Als die Glocken halb zehn geläutet haben, gingen alle in die Kirche und danach nach Hause. Am Nachmittag, zwei Uhr, haben sich die Mädchen und die Jungen wieder getroffen. Die gesammelten Eier wurden in einen Korb gelegt, dazu Likör und Wein und in letzter Zeit auch noch Hausbrot. Zwei Jungen nahmen den Korb, gingen voran, die Musik mit Akkordeons und Harmonikas hinterher, und jedes Jahr reihum wurde zu einer anderen Nachbarschaftsfamilie gegangen und gefeiert. Natürlich kam der Altvater herein und hat *Frohe Ostern* gewünscht. Er fragte: Ist es erlaubt zu bespritzen? Die Mädchen sagten: Bitte! Und der Altvater bespritzte sie. Aus den Eiern wurde mit roten Zwiebeln und Speiseöl Eier-*Tocane* gemacht, das war gewöhnlich Arbeit für die Mädchen. Getrunken hat man Likör, Schnaps und Wein. Das ging nicht immer gut aus. Aber hinausgeschmissen wurde keiner. Nach der Wende ist das Osterspritzen ausgeblieben, weil wir so wenige sind. So werden die Parfümfläschchen zum Gottesdienst mitgebracht und danach spritzen wir.

Kommunismus

Als die Kommunisten an die Regierung gekommen sind, mussten wir den Zweiten Osterfeiertag in die Arbeit gehen. Da hatten wir keine Zeit zum Spritzen. Da sagte der Pfarrer: Kommt alle Ostersonntag zum Gottesdienst und am Nachmittag geht ihr spritzen, da haben sich auch andere Gemeinden angepasst. Ich bin sehr froh gewesen, wenn ich am Heiligen Abend frei hatte und in die Kirche gehen konnte, denn am ersten und zweiten Weihnachtsfeiertag wurde durchgearbeitet. Es ist nicht leicht gewesen, im Kommunismus. Aber wir Sachsen waren an schwierige Situationen gewöhnt.

Edelsachsen

Es gab bei uns viele reiche Sachsen, die Edelsachsen. Sie besaßen über 30 Hektar und hatten vielleicht acht Melkkühe, Ochsen, Pferde und über 20 Schweine. Ein Edelsachse durfte nie ein armes Mädchen zur Frau zu nehmen. Als ich in die Schule ging, waren viele Kinder von den großen Grundbesitzern, den stinkreichen, den vornehmen, sie sind durch die Klassen gezogen wie die Ente durchs Wasser. Sie haben alles leichter schaffen können, das war in der deutschen Schule, nicht anderswo. Aber durch die Enteignung sind wir alle gleich geworden.

Ungarische Mutter

Mein Vater konnte an den Wohlstand seiner Eltern nicht ranreichen, weil meine Großeltern auf Scheidung gegangen sind, auch wegen dem Reichtum. Dann hat mein Großvater seine zwei Söhne genommen und ist nach Großpold bei Hermannstadt gegangen. Mein Vater war dort als Schlosserlehrling angestellt; und als er den Gesellenbrief bekam, hatte er eine Anstellung bei der Werkzeugfabrik Wenzel in Zeiden. Weil er aber nur Schlosser war, haben die Edelsachsen ihn nicht gelassen, dass er sich eine reichere Sächsin zur Frau nimmt. So lernte er bei der Firma meine Mutter kennen, eine Ungarin. Sie war tüchtig, deshalb ist sie von den Sachsen gut aufgenommen worden und hat von uns Kindern Sächsisch gelernt. Ich sprach auch Ungarisch mit ihr, Rumänisch aber nie.

Krieg

Es kam die Kriegszeit; und alle, die fähig waren, mussten freiwillig zur deutschen Armee; um das Dritte Reich zu unterstützen. Es sind auch einige, die beim rumänischen Militär waren, zu den Deutschen übergetreten. Einige haben sich versteckt und wollten bei den Rumänen die Militärzeit machen. Die hatten ein wenig Kopf und sich Rechenschaft gegeben: Wie sollen drei Länder, die Achse Berlin-Rom-Tokio, die ganze Welt bekämpfen. Mein Onkel war bei der deutschen Armee und ist verwundet worden und man hat ihn auf Erholung geschickt. Er kam nach Wolkendorf und hat uns gesagt: Herr behüte uns, dass die Russen auf die Straßen von Europa kommen. Die hält kein Teufel auf bis nach Berlin. Auch ich war stolz auf die deutsche Armee, mit acht Jahren. Aber dann hat mich die Treue verlassen, weil ich meinen Vater verloren habe. Er war bei der rumänischen Armee und hat sich bei der Wehrmacht gemeldet. Dort ist er verschwunden und zu den Amerikanern und erst in den 50er Jahren in München aufgetaucht. Er kam nicht mehr zurück, weil er dachte, sie würden ihn hier verhaften. Er hatte keine Arbeit mehr und ist in den 80er Jahren in einem Altersheim langsam gestorben.

Kriegsfolge

Als der Krieg verloren gegangen ist, kamen schwere Zeiten. Die Rumänen haben uns enteignet, das passierte alles in 24 Stunden. In unsere großen möblierten Zimmer kamen neue Herren und wir wohnten irgendwo in einem Stall oder wo noch Zimmer war. Später sind wir in die Hintergasse gegangen zu meiner Großmutter. Dort bin ich großgewachsen. Im '56er kam ein Gesetz heraus, dass die Rumänen unsere Häuser in 48 Stunden verlassen mussten. Die Regierung hatte Druck von außen bekommen. So haben wir das Haus zurückbekommen, aber der Grund war an die Kollektivwirtschaft gefallen.

Sachsenfreund

Mit 17 Jahren ging ich als unqualifizierter Arbeiter in die Munitionsfabrik arbeiten. Dort lernte ich einen Rumänen kennen, der war ein guter Sachsenfreund, und der sagte mir, dass ich mich in die Schule einschreiben soll. Das habe ich gemacht, und als ich abgeschlossen hatte, kam wieder der Sachsenfreund und meinte, dass ich noch weiter qualifizieren soll. Ich wollte die Meisterschule machen, doch mir wurde das versagt, weil ich einen deutschen Namen hatte. Die Kommunisten haben uns Sachsen als Spione behandelt und wir waren unterdrückt. Doch das Schicksal hat ergeben, dass der Sachsenfreund – er hatte eine Neustädterin geheiratet und die Sachsen lieb – mir alles frei machte. So wurde ich Instrukteur in der Meisterschule und hatte in Geheimnisse Einblick. Weil wir aber Luftwaffen produzierten, wurde mir untersagt, einen sozialistischen Staat zu besuchen, auch Deutschland nicht. Ich hab in der Zeit so gut gearbeitet, dass ich mir ein Haus kaufen konnte. Da bin ich stolz, denn ich bin auch von den armen Sachsen gewesen. In meinem Haus wohnt jetzt die Tochter mit zwei Mädchen und dem Schwiegersohn.

Sprachen

Die Tochter ist in Wolkendorf in die deutsche Schule gegangen und die älteste Enkeltochter in die Honterus-Schule in Kronstadt. Meine Tochter spricht in der Familie mit der Enkeltochter nicht Deutsch, weil der Vater ein Rumäner ist. Sie sagen, wenn sie Deutsch reden, versteht er nicht. Ich habe ihr gesagt: Kultur und Bildung ist die Zukunft. Die Jüngste ist fünf Jahre, sie geht in den deutschen Kindergarten und will Deutsch lernen. So spreche ich zu Hause viele Sprachen: mit der Enkelin Sächsisch, mit dem Schwiegersohn Rumänisch und mit meiner Frau Ungarisch.

Ausreise

Früher waren die Sachsen die Mehrheit in Wolkendorf. Wenn man durch die Gassen ging, fand man selten ein Haus, wo Rumäner sind gewesen. Nach dem Krieg sind wir auf die Hälfte geschrumpft und nach der Wende sind wir nicht mal mehr ein Drittel geblieben. Wollte man vor der Revolution nach Deutschland ausreisen, mussten zuerst die Angehörigen, die in Deutschland waren, 11 000 Mark bezahlen, pro Person. Dann hat man eine Bewilligung bekommen und bei der *Securitate* musste man unterschreiben, dass man auf Hof, Grund und alles verzichtet. Damit hatte der Mensch alles verloren. Es sind einige gewesen, die konnten das Haus verkaufen. Da war eine Gesellschaft, die haben Haus, Stall und Garten geschätzt, und dann wurde ein Spottpreis gezahlt. Nach der Wende sind viele gekommen und haben gesagt: Ihr habt mir damals den Spottpreis gegeben, jetzt will ich den richtigen. Da haben einige noch etwas bekommen, wenn es möglich war.

Deutschland

Als ich mit 50 Jahren in Rente getreten bin, hat mein Bruder gesagt, ich soll nach Deutschland kommen. Doch dort hätte ich wieder zur Arbeit gehen müssen. Ich sagte meinem Bruder: Jetzt soll ich alles wegschmeißen? Noch einmal anfangen in einem fremden Land? Nein. So bin ich hier geblieben. Ich bin in Deutschland gewesen, bei meinem Bruder und bei meinen zwei Schwestern. Ich hab vieles da gesehen und es hat mir auch gefallen. Hamburg, im '71er, die wunderschöne Stadt, die eigentlich ein Staat ist. Die Tunnel, die Brücken und das Parlament haben wir besucht und den Hafen am Fluss. Ich hab mich nur gewundert, wer das alles so gemacht hat. Da war ein großes Denkmal von Bismarck und ich dachte, was sucht Bismarck hier? Ich war auch in

Friedhof Wolkendorf mit Kirchturm

Tuttlingen, beim Wolkendorfer Treffen, und hab die Donauquelle gesehen. Deutschland hat nicht mehr viel zu machen, das Gröbste ist getan und schön ist es gemacht. Aber es ist nicht die Harmonie wie hier in Siebenbürgen. Treffen sich dort zwei Nachbarn, reden sie nicht miteinander. Wie kann man so sein? Wenn ich hier im Dorf laufe und der Pfarrer steht da, dann ruft und winkt man. Dort fehlt etwas, die Verbundenheit. Und auf den Gemeinden und in den kleinen Orten, da habe ich nicht gehört, dass eine Nachbarschaft existiert oder sich ein Nachbarvater kümmert. Gut, sie haben die verschiedenen Ämter, aber das einer von der Nachbarschaft kommt und schaut ... Hast du etwas schlecht gemacht, wird das Telefon gehoben: Hallo, Polizei, komm! Ein Freund von mir hatte gegrillt auf seinem großen Hof und die Nachbarn haben gesagt, er dürfe nicht. Ich hätte zum Nachbarn gesagt: Hast du Verlangen nach einem Stück Fleisch, dann komm! Einmal war ich bei meinem Schwager. Da kam im Fernsehen schöne Musik vom Bodensee. Das hat mich sehr beeindruckt. Darauf kam ein Wettbewerb für Kinder, da wurden Fragen gestellt. Da wusste ein Kind von zehn Jahren nicht, dass eine Kuh vier Zitzen hat. Bei uns weiß das jedes kleine Kind.

Siebenbürgen ...

... ist meine Heimat und sie bleibt es. Es muss auch jemand hier bleiben. Das Allergrößte und Schwerste ist, wie viel unsere Urgroßväter gelitten und geschuftet haben, solche schönen Burgen und Städte zu bauen, in 800 Jahren. Ich war vor Kurzem bei einer unseren ältesten evangelischen Kirchenburgen von Siebenbürgen. Sie ist 1240 gebaut und noch gut und schön. So beeindruckend. Das Burzenland ist auch schön. Es ist umringt vom Butschetsch-Gebirge, vom Königstein, der Schulerau mit der schlafenden Jungfrau, die heut noch wacht. Herr Pfarrer hat uns auch durch das Repser Ländchen geführt, es hat mich so tief beeindruckt, aber jetzt komme ich auf den Gedanken, warum sie dort alle ausgewandert sind: Die hatten kein Burzenland.

Es gab die Nachbarschaften und noch keinen Televisor

Magdalena Vasile,
geb. Ludwig, 1922 in Hatzfeld/
Jimbolia geboren, verwitwet,
eine Tochter, katholisch,
Bäuerin in Rente

Frau Vasile, was für ein schönes Haus! Können Sie etwas zu seiner Geschichte erzählen?

Das Haus wurde 1910 vom Großvater gebaut. Hier habe ich meine Kindheit verbracht. Wir wohnten hier auf der Lothringer Gasse, denn die Angesiedelten sind damals aus Lothringen, dem Elsass und aus dem Sauerland gekommen, vor 160 Jahren.

Wer war Ihre Familie?

Mein Vater war der Ludwig, Peter, geboren 1891. Er ist schon 1939 gestorben. Die Mutter war eine geborene Theisen, Jahrgang 1891, sie ist 1990 gestorben. Mein Bruder war zwei Jahre älter als ich. Er ist 1990 nach Deutschland, wo er vor acht Jahren gestorben ist.

Wo sind Sie zur Schule gegangen?

Hier in Hatzfeld zu den Nonnen in eine katholische Klosterschule mit Kindergarten und Elementarschule. Alles war in deutscher Sprache und es waren viele Schüler. Die Nonnen haben uns Mathematik, Lesen und Schreiben gelehrt. Und von Temeswar sind zwei Lehrerinnen gekommen, die uns Französisch, Rumänisch und Lateinisch beigebracht haben. Heute gibt es hier noch eine deutsche Schule mit vier Klassen.

Was haben Ihre Eltern gearbeitet?

Wir arbeiteten auf dem Feld und in der Hauswirtschaft. Die Eltern hatten 50 Hektar, auf alle Fälle viel Arbeit. Deshalb sagte mein Vater zu mir: Du musst nichts lernen, wir haben genug

Feld. Mein Vater hatte ungarische Knechte. Diese Ungarn kamen aus Sathmar und jedes Frühjahr hat man Bezahlung bis Weihnachten ausgemacht. Sie haben im Stall geschlafen, wo die Pferde und Kühe waren, die machten es warm. Gegessen wurde mit den Knechten an einem Tisch und jeden Tag musste für sieben Personen gekocht werden. Zur Maisernte sind die Zigeuner gekommen und haben ihn geschält. Wir hatten in der Kriegszeit auch Hilfsarbeiter, gefangene Russen. Es war viel Arbeit, aber uns ging es damals gut, denn der Boden war einträglich und es war viel Sonne. Und auf den Feldern wuchs Mais, Weizen, Gerste und Hafer.

Welche Erinnerungen aus Ihrer Kindheit haben Sie noch an Hatzfeld?

Früher gab es Landstreu und Hatzfeld, bis die Orte vereinigt wurden. Hatzfeld hatte 7000 Einwohner. Und der Bürgermeister war ein Deutscher, denn die Mehrheit waren die Schwaben. Später in der Zwischenkriegszeit sind wegen der Ziegelfabrik Ungarn zugezogen. Sie lebten an der Bahnlinie, in Futok. Da waren die Gassen enger und die Parzellen und Häuser nicht so groß. Die Ungarn waren wie eifersüchtig, dass es uns Schwaben besser ging als ihnen. Die Ziegelfabrik wurde 1860 von einem aus Deutschland gegründet. Sie hatte 3000 Arbeiter. 1990 wurde sie geschlossen, wie auch die Hut- und Knopffabrik und die Hanffabrik. Ab 1930 kamen nach Hatzfeld viele Rumänen, als Beamte bei der Eisenbahn oder in der Gemeinde. Nach dem letzten Krieg sind viele als Kolonisten gekommen und haben von uns alles geholt. Es wohnten in Hatzfeld auch Juden, vielleicht 80, sie haben Deutsch gesprochen. Man hat sich gekannt und wir hatten ganz gewöhnlich Umgang mit ihnen. Sie hatten Geschäfte für Lebensmittel und Kleider, es gab auch einen jüdischen Fotografen und einen Maishändler. Die Juden hatten ihre Feste und ein Gebetshaus, aber das gibt es nicht mehr. Doch im Krieg sind die Juden von den Rumänen nach Temeswar gebracht worden. Danach habe ich sie nie mehr gesehen, denn ich war ja zehn Jahre weg, in Russland und im Bărăgan. In diesen Jahren sind so viele weggegangen und andere hergekommen, dann waren die Nachbarn weg. Heute kennt man keinen mehr. Hatzfeld war früher gepflegter und die Häuser sind mehr instandgehalten worden. Im Oktober zur Kirchweih, da haben die Schwaben ihre Häuser geweißt oder gelb gemacht, jedes Jahr. Samstags hat man die Gasse gekehrt, damit es schön ist. Es gab die Nachbarschaften und noch keinen *Televisor*, man hat auf der Gasse gesessen, überhaupt die alten Leute. Aber heute ist die Gasse leer. In meiner Kindheit waren wir auf der Gasse 20 Kinder und haben jeden Abend gespielt. Das Spiel hieß *Wo ist die Scher?*

Was war typisch schwäbisch in Hatzfeld?

Wir Schwaben hatten unsere Feste: Jedes Jahr am 28. Oktober war die Kirchweih, wir haben drei Tage gefeiert und getanzt bis in den Morgen, eine schöne Unterhaltung. Es wurde die Tracht getragen und vor dem Gemeindehaus ein großer Blumenstrauß aufgestellt, wo die Buben Blumen versteigert haben. Von diesem Geld wurden die Musiker bezahlt. Und Fasching haben wir gefeiert, aber das ist alles nicht mehr. Man hat überall Schwäbisch gesprochen und die Häuser hier auf der Gasse waren alle deutsch. Man ging sich besuchen, aber in den '90ern sind alle fort und jetzt sind wir noch 80 Deutsche und die Älteren sterben. Alles ist fremd geworden.

Welche Sprache haben Sie zu Hause gesprochen?

Zuhause wurde immer Deutsch gesprochen. Die Ungarn hier konnten etwas Deutsch und ich habe auch Ungarisch gelernt. Meine Mutter konnte noch aus der Schule Ungarisch, als hier Ungarn war.

Katholische Kirche in Hatzfeld

Sie sind katholisch?

Ich bin römisch-katholisch. Die Kirche ist im Ortszentrum, wo die große Kreuzung ist. Bis letztes Jahr bin ich jeden Sonntag zur Messe gegangen. Aber jetzt ist ein anderer Pfarrer, der kann nicht mehr gut Deutsch. Da geh ich nicht mehr so regelmäßig, weil die Messen in Rumänisch, Ungarisch und Deutsch sind. Das dauert immer so lange, da fängt man an, ein wenig einzuschlafen. Als ich noch in die Schule gegangen bin, sind zweimal die Woche der alte Pfarrer oder die Kaplane in die Schule gekommen und haben uns Religionsstunde gegeben. Als die kommunistische Zeit war, wurde Religion im Gemeindehaus gegeben, bis heute noch. Die Leute sind trotz der Kommunisten in die Kirche gegangen, da war der Gottesdienst auch noch auf Deutsch.

Wie haben Sie den Krieg erlebt?

Der Vater war schon tot, doch er war im Ersten Weltkrieg noch bei der ungarischen Armee. Aber mein Bruder musste in den Krieg, zur rumänischen Armee. Zum Ende des Krieges sind die Russen gekommen. Wir hatten das Tor abgesperrt, doch sie sind auch so auf den Hof – ein Offizier mit acht Soldaten. Sie blieben vielleicht 14 Tage, doch der Offizier war sehr anständig und konnte ein wenig Deutsch.

Gab es in Hatzfeld unter den Schwaben eine besondere Euphorie für die Nazis?

Nein, da kann ich mich nicht mehr erinnern.

Und dann kam für Sie die Deportation ...?

Am 14. Januar '45 kamen Soldaten mit Listen von Haus zu Haus und ich hatte nicht einmal Zeit, etwas zu packen. Wir wurden acht Tage im Kulturhaus eingesperrt, mussten auf Stroh schlafen und die Mutter hat mir Essen gebracht. Wir waren wohl 700 Deutsche und irgendwann haben sie uns in Viehwaggons geladen. Wir standen noch zwei Tage auf dem Bahnhof und dann ging es bis nach Iași. Dort mussten wir in andere Waggons umsteigen und so ging es nach Russland. In Dnipropetrowsk sind wir ausgestiegen und wurden ins Lager gebracht. Wir waren über 4000 Menschen im Lager und geschlafen wurde in Baracken. Wir blieben unseren Herkunftsorten nach zusammen, die Hatzfelder, die Grabatzer. Es waren auch Siebenbürger Sachsen von Heltau und anderen Dörfern dort. Wir Banater haben sie nicht verstanden, weil sie immer ihr Siebenbürger Sächsisch gesprochen haben: Beispielsweise haben sie *Melch* zur Milch gesagt. In unserem Lager war auch ein deutsches Kriegsgefangenenlager, doch wir haben keinen Kontakt zu ihnen haben dürfen, da haben Posten gestanden wie an der Grenze. Am ersten September wurden die Kranken nach Hause oder nach Deutschland geschickt, aber ich musste bleiben. Drei Kilometer mussten wir zur Arbeit laufen, zu viert in der Reihe und von Soldaten bewacht. Wir haben am Dnepr Sand und Steine herangeschafft und viele mussten in einer Grube arbeiten und die ist einmal zusammengefallen. Jede Woche war Appell, wo man uns gezählt hat. Es war dort am Dnepr im Winter sehr kalt gewesen und ich habe sehr viel geweint. Als Kleidung hatten wir die Pufolka-Wattejacke und Hosen. Nur sonntags sind wir nicht auf die Arbeit gegangen, da haben wir gewaschen und die Kleidung ausgebessert. Gottesdienst durften wir nicht feiern und auch Weihnachten nicht.

Jeder Tag war irgendwie gleich. Das Essen war arm, jeden Tag Krautsuppe oder Weizenbrei. Das wurde uns in einem Topf gegeben für zehn Personen. Dann gab es schwarzes Brot: für die, die gearbeitet haben, täglich 600, für die Kranken 300 Gramm. Wir hatten zu wenig zu Essen gehabt, und viele sind sehr krank geworden oder an Schwäche gestorben. Ich hatte Glück, denn ich durfte drei Jahre in der Küche arbeiten. Von abends sechs bis morgens um sechs war Schicht und ich hab die Kessel gewaschen, das Kraut gekocht und das Essen ausgegeben. Nur wenn ich sah, dass die Hatzfelder kommen, hab ich ein anderes Mädel zur Ausgabe gerufen, damit nicht gesagt wird, ich würde die Hatzfelder bevorzugen.

Wie sind Sie vom Wachpersonal behandelt worden?

Wir haben für die Wachen kochen müssen, Extra-Essen, für 20 Offiziere und die Wachfrauen. Aber ich kann nichts Schlechtes sagen. Sie haben außerhalb des Lagers gewohnt und es war ein russischer Offizier, der mochte das Lied »Lili Marleen«. Das wollte er immer von uns hören und dafür haben wir ihn dann *Lili Marleen* getauft.

Hatten Sie Ausgang gehabt?

Im letzten Jahr sind wir von Dnipropetrowsk hinauf nach Enakievo verlegt worden, da haben wir Geld bekommen, damit konnten wir etwas zu Essen kaufen und selber kochen. Die Einheimischen standen am Zaun und haben uns Sonnenblumenkerne und Eier verkauft oder wir haben das gegen Taschentücher eingetauscht. Wenn wir in den Kartoffeln waren, haben wir die Ärmel zugebunden und zwei Kilo Kartoffeln hineingestopft. Auch das haben wir mit den Russen getauscht. Fleisch und Wurst hatten sie aber nicht, die Russen waren noch ärmer als wir.

Wussten Sie, warum Sie dort waren?

Wir wussten, wir sind dort, weil wir Deutsche sind. Die Bevölkerung hat uns gehasst und zu uns immer *Hitleristen* gesagt. Es war Verbitterung, aber Gewalt hat es keine gegen uns gegeben. Zum Schluss haben sie gesehen, dass wir nicht so sind, da waren sie wieder gut mit uns.

Wie war die Rückkehr?

Ein Zug hat uns über die Tschechoslowakei bis Satu Mare gebracht. Dort waren wir zwei Tage in einem Lager, haben Sachen bekommen und das *Bilet* für den Zug. Wir waren 20 Leute aus Hatzfeld, Grabatz, Lenauheim. Unsere Namen wurden von einer Liste aufgerufen und dann konnten wir heim. Als ich am 30. November '49 abends ankam, war meine Mutter am Bahnhof und wir haben uns umarmt und geweint. Ich war fast fünf Jahre in Russland und nichts war mehr, wie es war: Die Mutter allein, der Bruder in Gefangenschaft und die Großmutter ein halbes Jahr tot. Die Nachbarn waren weg, nur ein Jude aus der Nachbarschaft war noch da. In unseren Haus waren Moldovener und ein Bessaraber einquartiert und man hatte uns alles weggenommen: die Arbeitsgeräte, die Felder, das Vieh. Meiner Mutter ist nur noch der Garten und eine Kuh geblieben. Ich bin in die Knopf- und Hutfabrik gegangen und habe dort eineinhalb Jahre gearbeitet, dann sind meine Mutter, der Bruder und ich in den Bărăgan gekommen.

Was ist passiert?

Das war am 15. Juni 1951. In der Früh kam ein Offizier mit vier Soldaten und erklärte uns, dass wir umgesiedelt werden und das Gepäck fertig machen sollen.

Wer musste in den Bărăgan gehen?

Fast alle. Wir wurden verbannt, weil wir Feld hatten, aber es hatte auch Rumänen betroffen. Wir sind über Bukarest bis in den Bărăgan gefahren worden und bei Dâlga wurden wir auf das Feld geführt. Da saßen wir auf unseren Säcken und Kisten und es hat geregnet und geblitzt. Uns wurde gesagt, dass wir ein Haus bauen sollen und wenn wir fertig sind, können wir heim. Wir fingen an, aus Lehmerde und Wasser Ziegel zu machen. Oder sie haben uns Bretter gegeben für Schalungen. So haben wir die Häuser gebaut und sie brachten noch Fenster und Türen, so dass ich mit der Mutter und meinem Bruder noch im kalten und verregneten November eingezogen bin. Dann haben wir uns von unseren Sachen aus dem Eisenbahnwaggons zwei Betten geholt, einen Ottomanen, einen Schrank, Matratzen, Tisch und vier Stühle. Aber wir hatten kein Wasser. Dafür mussten wir zwei Kilometer nach Călărași gehen. Später haben wir mit dem Nachbarn einen fünf Meter tiefen Brunnen gemacht. Wir mussten aufs Feld arbeiten gehen, in den Weizen und in den Mais und mein Bruder hat an der Donau Rohr geschnitten, für das Dachdecken. Wir haben auch ein Gemeindehaus und eine Schule gebaut. Da musste man mitmachen, damit wir Marken fürs Brot bekamen. Eines Tages kamen Leute und gaben uns unsere Ausweise zurück. So sind wir im September '55 nach vier Jahren und sieben Monaten zurückgekommen. Aber unser Haus war besetzt. Uns wurde im gegenüberliegenden Haus eine Wohnung zugewiesen. Nach elf Monaten haben wir unser Haus zurückbekommen, doch die Besetzer wollten nicht raus. Irgendwann sind sie raus, es war schwer. Im Bărăgan habe ich meinen späteren Mann kennengelernt, einen Rumänen. Er war von Großsanktnikolaus, zwei Jahre älter als ich, und wir haben uns in Hatzfeld trauen lassen.

War es für Ihre Familie ein Problem, dass Sie einen Rumänen geheiratet haben?

Nein. Meine Mutter hat zwar anfangs etwas gesagt, dass er Rumäne war und wir Deutsche, aber sie hat sich dann dreingegeben. Mein Mann hatte einen Posten in einem Laden. Da hat er bei dem Chef Deutsch gelernt. So haben wir zu Hause Rumänisch und Deutsch gesprochen, wie es gekommen ist. Mit meinem Mann habe ich eine Tochter, und zu ihr habe ich immer Deutsch gesprochen, sie ist in Hatzfeld auf die deutsche Schule gegangen, bis sie nach Temeswar auf die höhere Schule kam. Sie ist jetzt Agroingenieurin und ihr Mann Arzt. Sie wohnen bei Craiova, die Enkelkinder wollen aber lieber in der Nähe von Temeswar bleiben, das ist schöner hier. Als mein Mann gestorben war, hab ich gesagt: Wenn niemand hier bleibt, gehe ich nach Temeswar in das Guttenbrunn-Altenheim. Da ist der Bub hergekommen und so wohne ich hier mit meinen Enkeln.

Sie sprechen mit Ihren Enkeln Deutsch?

Ich habe bewusst Deutsch mit ihnen gesprochen und so haben die Enkel es gelernt. Sie sind in den deutschen Kindergarten gegangen und der Urenkel sagt schon »Gute Nacht, Omi« auf Deutsch. Ich will ihr Deutsch lehren, denn es ist besser, wenn man mehrere Sprachen kann.

Klosterschule in Hatzfeld

Wenn man nur eine Sprache spricht, ist es wie der Hund, der nur Wauwau kann. Wir sprechen hier neben Deutsch alle noch andere Sprachen: Ungarisch, Rumänisch, Serbisch.

Wo haben Sie Rumänisch gelernt?

Da das Umfeld deutsch war, habe ich anfänglich nicht richtig Rumänisch gesprochen. Im Gymnasium habe ich es zusammen mit Französisch erlernt. Auch als ich damals in der Knopffabrik angestellt war, haben wir nicht viel Rumänisch gesprochen, denn es waren da viele Deutsche und Ungarn. Aber jetzt wird in Hatzfeld fast nur noch Rumänisch gesprochen.

Wie war das Leben als Deutsche während der kommunistischen Zeit?

Seit dem Krieg war man unterdrückt, schon weil man Deutsche war und weil wir Feld hatten. Diese Unterdrückung gab es in der 80ern nicht mehr so stark, aber man hat es noch gemerkt. Man wurde wie weggeschoben. Doch auf der Straße und in den Geschäften wurde noch viel Deutsch gesprochen, auch in den 70er und 80er Jahren. Vor dem Umsturz '90 sind schon einige Deutsche ausgereist, die meisten aber danach. Auch ich habe mit meinem Mann 1988 den Antrag gestellt und die Erlaubnis bekommen nach Deutschland zu gehen, denn ich wollte hier nicht ohne die schwäbischen Nachbarn alleine sein. Doch mein Schwiegersohn war Rumäne und hat die Genehmigung nicht bekommen, obwohl er Doktor war. Da sind wir geblieben und der Familie meiner Tochter geht es gut hier.

Kommen noch ehemalige Hatzfelder her?

Einige haben Heimweh und einige sind zurückgekommen. Eine Familie hat sogar in Lenauheim ein Haus gekauft. Viele sagen, in Deutschland seien sie die Ausländer, die Rumäner. Da kommen sie zurück: Daheim ist daheim. Aber es sind eher die Älteren. Mein Bruder, er lebte in Karlsruhe, kam einmal her und sagte: Na, ihr habt wenigstens noch was. Er lebte dort zur Miete und hatte nichts mehr gehabt.

Sind Sie in Deutschland gewesen?

Ich war zwei Mal in Deutschland. Das erste Mal war noch vor dem '90er, da war ich bei meiner Cousine in Baden-Baden. Die Stadt hat mir gefallen. Das letzte Mal ist acht Jahre her, dass ich dort war und jetzt bin ich zu alt. Für die Menschen in Deutschland war ich wie eine Auswärtige und einige konnten gar nicht verstehen, dass ich Deutsch spreche. Die dachten ich bin eine Rumänin, die nur Deutsch kann. Du weißt, du bist ein Deutscher, und dann wirst du so zurückgeschoben. Es ist nicht nett.

Wir sind Deutsche und unsere Urahnen sind von Deutschland hergekommen. Ich habe ihnen gesagt, dass wir eine deutsche Schule hatten und in der Gemeinde ... das Zentrum, alles war deutsch gewesen.

Wie wird es mit der deutschen Kultur im Banat weitergehen?

Das hat keine Zukunft mehr hier. Im Radio habe ich gehört, dass sie in der Schule wieder die

Bahnhof in Hatzfeld (von hier gingen die Transporte ab)

deutsche Sprache einführen wollen, aber nur als Fremdsprache.

Hatten Sie Kontakt zu den Siebenbürger Sachsen gehabt?

Nur in Russland, da waren viele, sonst nicht. Nach Hermannstadt bin ich nie gekommen, man ist eben nicht so verreist. Doch die Siebenbürger Sachsen haben mehr zusammengehalten als wir.

Hatzfeld ist direkt an der Grenze nach Serbien. Waren Sie einmal dort?

Es waren dort bis zum Krieg auch deutsche Dörfer, so wie Hatzfeld und Grabatz. Dann kamen die Serben, und viele Deutsche sind zu uns gekommen oder drüben getötet worden. Zur kommunistischen Zeit durften wir Einwohner aus dem grenznahen Bereich zwei Mal im Monat rüber fahren. Wir haben bei den Serben Brot und Zucker gekauft, weil wir alles auf Ration hatten. Die Serben kamen auch zu uns und ich habe Serben dort kennengelernt. So besuche ich meine serbischen Freunde, Deutsche gibt es ja dort nicht mehr.

Orte:
Grabatz – Grabaț
Hatzfeld – Jimbolia
Klari – serb. Srpska Klarija
Sathmar – Satu Mare

Ich habe mein ganzes Leben der deutschen Sprache und Kultur gewidmet

Peter Kottler †, geboren 1939 in Fibisch/Fibiș, lebte 1953 bis 2013 in Temeswar, verheiratet, drei Kinder, Germanist

Herr Kottler, wann und wo sind Sie geboren?

Ich bin im Kriegsjahr 1939 geboren, in einem Dorf, das ungefähr 30 Kilometer von Temeswar entfernt ist und Fibisch heißt. Es war ein überwiegend rumänisches Dorf, die Deutschen und Ungarn zusammen bildeten etwa ein Drittel der damals rund 2000 Einwohner. Die Deutschen wohnten am Dorfende, das heißt, sie waren zumeist aus Nachbargemeinden zugezogen und haben quasi einen Teil angebaut. Dort bin ich aufgewachsen, also vor allem unter Deutschen. Unsere ungarischen Nachbarn hatten vormals auf Gütern ungarischer Adliger gearbeitet, die nach dem Ersten Weltkrieg aufgeteilt wurden. Daher sind sie in deutsch besiedelte Dörfer gekommen und sie gingen mit uns in die gleiche katholische Kirche und jeder Pfarrer konnte Deutsch und Ungarisch. Die alten Deutschen konnten auch noch Ungarisch aus der Schule. Wir haben uns alle gut verstanden.

Wo sind Sie zur Schule gegangen?

Ich habe nur deutsche Schulen besucht. Doch zunächst hatte man nach dem Krieg '44 die deutschen Schulen geschlossen. Aber ab '46 gab es wieder die Möglichkeit für deutsche Schulen, wenn die Dorf- oder Kirchengemeinde selbst einen Lehrer finden konnte. Als ich in die erste Klasse kam, hatte man einen gefunden. Die Kirchgemeinde hat den Lehrer bezahlt und jeden Tag hat eine Familie ihn beköstigt. Fibisch hatte eine große rumänische Schule und eine kleinere für Deutsche und Ungarn. Damals waren noch alle Schüler von der ersten bis zur siebenten in einer Klasse und wurden von einem Lehrer unterrichtet, so dass bei uns 32 Kinder in einem Raum saßen. Dann kam die Schulreform '48, wo ab der fünften Klasse Fachlehrer eingesetzt wurden, und ich ging nach Blumenthal in die Schule, eine Nachbargemeinde, drei Kilometer entfernt. Da waren wir deutsche Kinder aus Blumenthal, Fibisch und Königshof. Man hatte im Schülerwohnheim gewohnt.

Was hat Ihre Familie gearbeitet?

Der Großvater war Schuhmacher, so dass er kaum Boden hatte. Er hatte sechs Kinder, davon sind vier nach Amerika ausgewandert, weil es kein Land zum Aufteilen gab. Das gab es damals oft: Einige sind nach Amerika und dort geblieben, andere, um Geld zu verdienen und um hier Land zu kaufen. Mein Vater, Jahrgang 1906, blieb bei seinem Vater. Er bemühte sich, noch Feld zu kaufen. Aber dann ist seine erste Frau krank geworden und alles Geld ist für das Krankenhaus draufgegangen. So ist er im Dorf geblieben und hat auf seinem Feld gearbeitet. Dann hat er das zweite Mal geheiratet, meine Mutter. Also, meine Eltern waren zunächst einfache Bauern.

Können Sie die Geschichte des Banats ein wenig erläutern?

Das Banat kam im 11. Jahrhundert unter ungarische Verwaltung und 1552 ist es für 164 Jahre unter die Türkenherrschaft gefallen. Die Türken haben nicht viel gemacht, ihnen war es wichtig, dass Abgaben bezahlt wurden und dafür haben sie die Leute bei ihrem Glauben belassen. Als die Türken 1683 bis Wien gekommen sind, begann die Gegenoffensive der Österreicher, die schließlich durch Prinz Eugen von Savoyen das Banat eroberten. Der Prinz hat dem Kaiser geraten, das Banat nicht an Ungarn anzuschließen, sondern direkt Wien zu unterstellen, weil sich die Ungarn gegen die Österreicher erhoben hatten. Daher konnte der Kaiser bestimmen, was mit dem Land geschah,

Großeltern mit Enkeltochter

und er siedelte zu den einheimischen rumänischen und serbischen Bauern Deutsche an. So entstanden viele deutsche Dörfer. Oft hat man die vorhandenen Namen übernommen, aber es gab auch viele aufgelassene Ortschaften, wo nichts mehr war und Dörfer neu gegründet wurden. Bei denen war vorgeschrieben, wie breit die Straßen und wie groß der Abstand von einem Haus zum anderen sein musste, wegen der Brandgefahr. Die Besiedlung wurde durch die Habsburger in drei Etappen vorgenommen. Das begann mit Karl VI., dem Vater von Maria Theresia, ab 1722. Da haben sie Leute in vorhandene Ortschaften gebracht, zum Beispiel ins Banater Bergland, weil man an Kupfer und sonstigem Bergbau interessiert war. In der zweiten Ansiedlungsperiode, unter Maria Theresia, nach dem Siebenjährigen Krieg, hat man vor allem Ödland besiedelt. Im Westen des Banats gab es ein versumpftes Gebiet und in Wien hat man auf Entwässerung und Besiedlung gesetzt. Das Land hat sich als bester Ackerboden erwiesen. Dieses Flachland heißt Banater Heide, und das wurde größtenteils von Deutschen besiedelt. Fibisch fällt aber in die sogenannte Banater Hecke, da mussten die Felder erst gerodet werden.

Wie viele Deutsche gab es im Banat?

Vor dem Krieg gab es fast 300 000 Deutsche und danach vielleicht noch 180 000. Also etwas mehr als in Siebenbürgen. Nach älteren Statistiken von vor 1918, als das Banat noch ungeteilt war, sagte man, dass jeder Dritte ein Rumäne, jeder Vierte ein Deutscher, jeder Fünfte Serbe und jeder Sechste Ungar war. Vor der Wende waren es noch 100 000 Deutsche, 2002 noch 25 000, mit abnehmender Tendenz.

Woher kam die Bezeichnung »schwäbisch« für alles Deutsche im Banat?

Vor der Ansiedlung fehlten Bauern, und da hatte ein Adliger namens Károlyi bei der ungarischen Regierung, die in Pressburg saß, angefragt, ob man sich aus Oberschwaben fleißige Leute holen könne. Man wusste, dort gab es viele Menschen, aber das Land war knapp. Das waren wirklich Schwaben, und so haben die Ungarn später alle, die Deutsch gesprochen haben, egal, woher sie kamen, Schwaben genannt. Allmählich nahmen auch die Deutschen untereinander diese Bezeichnung an, obwohl die meisten unserer Vorfahren keine Schwaben waren, sondern aus den linksrheinischen Territorien, zum Beispiel der Pfalz, aus dem Trierer Gebiet, aus Luxemburg, Baden, Schweiz, Elsaß, aber auch aus Bayern und Franken gekommen sind. Auch aus Österreich kamen Einwanderer, das waren die Handwerker, die man für die Industrie im Banater Bergland brauchte. Diese Bergland-Deutschen haben sich nie Schwaben genannt, die nennen sich Steirer oder Deutsch-Böhmen. Nur die Verwaltung hat sie Schwaben genannt, weil sie den Unterschied nicht kannte. Es wäre auch schwierig gewesen, jeden Einzelnen nach seiner Herkunft zu fragen und zu benennen. So hat sich der Name Schwaben eben im Banat durchgesetzt.

Und Ihre Familie?

Wir sind ebenfalls keine richtigen Schwaben. Wir sprechen wie der größte Teil der deutschen Dorfbewohner der Banater Heide und Hecke Pfälzisch, und das ist auch mein Dialekt.

Was ist Ihnen noch aus der Nachkriegszeit in Erinnerung?

Die Deportation nach Russland, wo die Deutschen Zwangsarbeit leisten mussten. Es waren diese Altersgrenzen: Männer zwischen 17 und 45, die Frauen zwischen 18 und 30 Jahren. Meine Mutter war über 30 und musste nicht, doch mein Vater musste für fünf Jahre in die Deportation. Die Hiergebliebenen wurden enteignet: alle Großgrundbesitzer und ferner die, die als Kollaborateure angesehen wurden, dazu zählten wir Deutsche. Unsere Felder im Dorf bekamen vor allem Ungarn, denn die wurden bei der Agrarreform nach dem Ersten Weltkrieg benachteiligt. So haben meine Mutter und meine Schwester wie andere Deutsche als Tagelöhner bei rumänischen Bauern gearbeitet. Doch die haben sie genauso gut behandelt, als ob sie beim deutschen Bauern gearbeitet hätten. Den Deutschen wurden auch die Häuser enteignet, aber wir konnten in unserem wohnen bleiben. In viele andere Häuser der Deportierten hat man aber Siedler aus der Moldau und anderen Landesteilen gebracht. Nach diesen Einschnitten folgte die Deportation in den Bărăgan 1951. Es gab damals im jungen kommunistischen Lager viele Aktionen, die von Moskau bestimmt wurden: Verstaatlichungen, Schul- und Agrarreformen und so weiter. Jugoslawien hatte da nicht mitgemacht und da hat man die Leute, die weniger als 25 Kilometer von der serbischen Grenze entfernt lebten, in die Bărăgan-Steppe deportiert. Das war fruchtbares Land, welches aber schwach besiedelt und extremer Trockenheit ausgesetzt war. Unter den Deportierten waren neben vielen Serben ungefähr 10 000 Deutsche. Uns hatte es aber nicht betroffen. Dann hat es 1956 den 20. Parteitag der KPdSU gegeben, wo Chruschtschow die Missgriffe Stalins bloßgestellt hatte. Da hatte man zum ersten Mal Fehler zugegeben. Und das galt auch für die Bruderländer. In diesem Rahmen wurde gesehen, dass man den Deutschen Unrecht getan hatte, und man beschloss, ihnen ihre Häuser zurückzugeben. Die einquartierten Kolonisten sind teilweise weggezogen. Als mein Vater aus der Deportation zurückkam, sind die Kollektivwirtschaften gegründet worden. Am Anfang hat man keine Deutschen aufgenommen, weil die kein Feld einbringen konnten. Erst später, als eine Landflucht begann, hat man auch die Deutschen aufgenommen und meine Eltern sind '52 in die LPG eingetreten.

Welche Art von Traditionspflege gab es bei den Deutschen im Banat?

Das war von Ort zu Ort verschieden. Bei uns in Fibisch gab es das Kulturhaus, da war einen Sonntag Musik für die Rumänen und einen für die Deutschen und Ungarn. Fasching ist gefeiert worden und Kirchweihe war ein wichtiges Fest. Da ging man sonntags erst in die Kirche und anschließend in Tracht zu Tanz und Unterhaltung. Aber in unserer kleinen deutschen Gemeinde sind nicht so viele Feste gefeiert worden wie in den Gemeinden, wo die Deutschen die Mehrheit darstellten. In den gemischten Gemeinden hat man durchaus mit den anderen Volksgruppen Dinge zusammen unternommen; Schule, Kirche und Brauchtum waren allerdings separat. Es hatte jeder seine eigene Gemeinschaft. Natürlich hatte jede Ortschaft ihre typische Tracht, aber die Unterschiede waren nicht so groß. Es gab auch eine Alltagskleidung, die einer Tracht entsprach, und die Alten sind lange dabei geblieben. Meine Mutter hat immer die Tracht getragen, nur meine Schwester nicht mehr. Die jüngeren Leute haben die Tracht nur noch zu den Festlichkeiten angelegt, ansonsten sind sie zur städtischen Kleidung übergegangen. Das hatte mit der Landflucht zu tun, die durch die Enteignung und die Industrialisierung kam, außerdem schickte man die Kinder in die Stadt aufs Lyzeum oder auf die Hochschule. Ich habe zu Hause auch noch eine Tracht, und ich dachte, dass meine Kinder sie vielleicht für die Enkel haben wollen. Aber sie wollen die nicht, obwohl es in Deutschland unter den Banater Schwaben noch Veranstaltungen gibt. So werde ich sie wohl dem Guttenbrunn-Haus schenken.

Katholische Kirche in Fibisch

Ist das Deutschtum bewusst in den Familien gepflegt worden?

Beispielsweise hatte mein Vater, weil er so viel durchmachte, es mit der Instandhaltung des Hauses nicht immer so genau genommen. Da hat meine Mutter manchmal gesagt: Das wäre eine »Schand für deutsche Leut«. Also man hatte das Bewusstsein, dass die Deutschen ihre Sachen gern in Ordnung halten. Und man verkehrte vor allem nur unter Deutschen. Deshalb hat man auch nicht so gut Rumänisch gesprochen. Da hat man sich schon abgegrenzt. Ich selber habe Rumänisch erst in der Schule gelernt, denn zu Hause haben wir nur Deutsch gesprochen, auch die ungarischen Nachbarn konnten Deutsch.

Hat der Nationalsozialismus bei den Deutschen im Banat seinen Niederschlag gefunden?

Auch hier haben die Sachen gewirkt. Ich habe es selber nicht mehr so erlebt, doch ich weiß, es gab deutschsprachige Zeitungen, die antisemitische Propaganda gemacht haben. Andersherum wurde die älteste Tageszeitung des Banats, *die Temeswarer Zeitung*, 1940 eingestellt, nur weil der Eigentümer Jude war. Sie durfte nach dem Krieg wieder erscheinen, als es kaum noch deutsche Zeitungen gab. Aber hier war keine solche Judenverfolgung wie in der Moldau oder im Osten des Landes. Die Leute haben sich auch mit den Juden gut verstanden. In Arad gab es beispielsweise einen reichen Juden, Franz von

Neumann, der hatte viele Juden freigekauft, wodurch sie nicht deportiert wurden. Ebenso kam es vor, dass Juden ihre Geschäfte Deutschen überschrieben haben, um nicht enteignet zu werden. Eine Studie belegt, dass die Juden aus dem Banat sich nicht so verfolgt fühlten haben. Allerdings haben die, die woanders herkamen, grausame Geschichten erzählt.

Wann sind Sie nach Temeswar gekommen?

Nach Temeswar bin ich 1953 gekommen, um das deutsche Lyzeum für drei Jahre zu besuchen. Danach habe ich die Aufnahmeprüfung an der Philologischen Fakultät gemacht, um Deutsch und Englisch zu studieren. Englisch wurde aber abgeschafft, weswegen ich '57 mit Deutsch-Rumänisch weitergemacht habe. Als Student habe ich erst richtig die Rumänen kennengelernt. Und es war nie ein Problem, ob man Rumäne oder Deutscher war. Man hat sich wohl gefühlt und deshalb kamen auch Studenten aus anderen Gegenden nach Temeswar. Dieses gute Klima zwischen den Kulturen war etwas ganz Spezielles. Es war Toleranz da, weil so viele lange nebeneinander lebten und verschiedene Sprachen benutzten. Im Unterschied zu Siebenbürgen war ein Banater Rumäne immer bereit, auch Ungarisch oder Deutsch zu sprechen. Ich habe einen Nachbarn, der hatte einen rumänischen Vater und eine serbische Mutter, er hat Rumänisch und Serbisch gesprochen und ist in einem deutschen Dorf aufgewachsen. So sprach er auch den schwäbischen Dialekt. Und in Temeswar hat er bei einem deutschen Meister Hochdeutsch gelernt und spricht bis heute mit den Deutschen Deutsch und mit den Ungarn Ungarisch. Viele Rumänen sind bereit, die Sprache der anderen zu sprechen. Das war für die ältere Generation gültig, aber die jüngere spricht nicht mehr alle Sprachen. Das liegt an der Zuwanderung: Man sagt, dass nach dem Krieg Temeswar durch die Oltener eine rumänische Stadt geworden ist. Jetzt sind die Rumänen 80 Prozent, da müssen sie nicht mehr unbedingt die Sprache der Minderheit kennen.

Wie haben Sie die deutsche Gemeinschaft in Temeswar wahrgenommen?

In Temeswar war bis 1930 der deutsche Anteil der größte – etwas mehr als 30 Prozent. Vor dem Krieg gab es knapp 30 000 Deutsche, '77 waren noch 26 000, und 2002, bei der letzten Volkszählung, noch 7000. Temeswar war also die Stadt Rumäniens mit den meisten Deutschen. In Hermannstadt waren sie aber verhältnismäßig mehr, weil die Stadt kleiner war. Jetzt gibt es dort aber nur noch 2600 Deutsche. Ab 1940 stellten die Rumänen den größten Teil, denn das Banat war Einwanderungsgebiet seit vielen Jahrzehnten. Doch die Rumänen empfinden die Abnahme der deutschen Bevölkerung als Verlust, denn sie war tüchtig und geschäftig, und manches ist jetzt sichtbar, was vorher besser funktionierte. Die Rumänen geben gerne zu, dass sie von den Deutschen Allerlei gelernt haben. In diesem Sinne hat es einen Austausch gegeben, beispielsweise sind die Häuser vieler Rumänen von deutschen Handwerkern aus Blumenau gebaut worden. Handwerker hatten die Deutschen mehr als die Rumänen. Und die deutsche Gemeinschaft empfindet es auch als Verlust: Es gab in Temeswar für die Deutschen eine Vielzahl von Veranstaltungen wie Laienspielgruppen oder Tanzveranstaltungen oder das Theater. Es gab Zeiten, da hatten die Vorstellungen wenigstens 200 Zuschauer, das ist jetzt weniger. Die deutschen Zeitungen hatten Auflagen mit bis zu 72 000 Exemplaren und jetzt vielleicht nur noch 5000. So kann man heute vieles nicht mehr machen, was früher möglich war. Im Schulwesen hat sich zum Glück ergeben, dass es im Banat genug Rumänen oder Ungarn und andere gibt, die die deutschen Schulen noch besuchen wollen. Aber das ist

Beim Jubiläum im November 1991

nicht mehr dasselbe, als wenn das Kind von klein auf die deutsche Sprache lernt. Das war vor der Wende noch der Fall, als die Deutschen an den deutschen Schulen die Mehrheit waren. Heute sind es vielleicht noch zehn Prozent, wenn überhaupt. Aber dies trifft nur noch auf die Städte zu, auf den Dörfern sind die deutschen Schulen fast ganz eingegangen.

Gibt es unter den Banater Schwaben noch eine junge Generation?

Nur in geringem Maße, viel zahlreicher sind die gemischten Ehen. Als ich Student war, habe ich mich auch in eine Rumänin verliebt, was meine Eltern gar nicht haben wollten. Doch ich hatte Geduld und wir haben mit Zustimmung meiner Eltern geheiratet. Sie waren sogar bereit, das Haus auf dem Dorf zu verkaufen, damit wir

Die Familie Kottler, Mitte der 80er Jahre

in Temeswar eines kaufen können. Ich war dann Assistent an der Fakultät, wir haben drei Kinder gehabt und meine Eltern haben die Kinder besorgt. Doch sie sind in den rumänischen Kindergarten gegangen, weil es in unserer Nähe keinen deutschen gab. Aber von der ersten bis zur zwölften Klasse sind sie in die deutsche Lenau-Schule gegangen. In Temeswar war es früher häufiger, dass Deutsche Ungarn geheiratet haben, weil man in die gleiche katholische Kirche ging. Von den Rumänen war man durch die orthodoxe Kirche getrennt. Nach dem Krieg hat das nicht mehr so eine Rolle gespielt und immer mehr Deutsche haben Rumänen geheiratet. Und wer das von den deutschen Frauen schon im Krieg gemacht hatte, die konnten sogar der Deportation entkommen. Aber das war damals die Ausnahme, heute ist es gang und gäbe.

Was ist die Hauptsprache bei Ihnen zu Hause?

Meine Mutter konnte kein Rumänisch, so hat meine Frau Schwäbisch gelernt. Ich habe natürlich mit meinen Eltern und den Kindern Deutsch gesprochen und auch Dialekt. Mit der Frau habe ich Rumänisch gesprochen und sie mit den Kindern auch, und mit der Mutter in Schwäbisch und mit meinem Vater wie es sich ergab. Dass meine Frau Schwäbisch gesprochen hat, hat sie bei den Verwandten sympathisch gemacht. So haben sie es uns nicht spüren lassen, dass wir eine Rumänin in der Familie hatten. Für Rumänen war es leichter, einen Deutschen zu akzeptieren als andersrum.

Empfanden Sie als Deutscher Vor- oder Nachteile in diesem Land?

Nein. Ich war als Deutscher der Vorsitzende des Studentenverbandes der Philologischen Fakultät. Erst zu Zeiten Ceaușescus hat man darauf bestanden, dass das ein Rumäne sein musste. Sicher, es gab Dogmatisches und Stures, es gab Kaderabteilungen, wo jeder Student schreiben musste, was die Eltern für ein Vermögen vor und nach '44 hatten, welcher Partei sie angehörten, ob man Verwandte oder sonstige Beziehungen im Ausland hatte. Aber ich galt als einer mit einer gesunden sozialen Herkunft. Nur weil wir Verwandte in Amerika hatten, war es ein Problem, ins Ausland zu dürfen. Als Dozent hatte ich keine Einschränkungen, den Studenten die Besonderheiten der deutschen Sprache in Rumänien darzulegen. Ich habe die Abweichungen vom Standarddeutsch erklärt oder die Dialekte der Siebenbürger Sachsen und der Banater Schwaben verglichen. Und ich habe dies immer mit der Geschichte in Verbindung gebracht, beispielsweise die Beziehung der Siebenbürger Sachsen mit Luxemburg, die Beziehung der Banater Schwaben zu Österreich. Da hatte ich vollste Freiheit. Wir Deutschen in Rumänien spürten dann auch gewisse Verbesserungen: Im Jahr '56 ist in Hermannstadt die Forschungsstelle der Akademie für Sozial- und Geisteswissenschaften eröffnet worden, wo das Siebenbürgisch-Sächsische Wörterbuch seinen institutionellen Ort gefunden hat. Auch sind nach '64 viele politische Häftlinge, wie die Schriftsteller, frei gelassen worden. Und es wurde sogar ein früherer politischer Häftling zum Leiter des Germanistik-Lehrstuhls in Hermannstadt ernannt. Um 1969/70 sind die deutschen Lyzeen wieder als eigenständige Schulen gegründet worden. In den Anfangsjahren Ceaușescus hatte man versucht, Allerlei wieder gutzumachen, was sich später aber wieder im negativen Sinne änderte. Ebenso wurden Räte der Werktätigen der »mitwohnenden« Nationalitäten, auch der Deutschen, gegründet. Es waren Organisationen, die kontrolliert und nicht gewählt wurden, aber es gab sie und sie konnten sich für gewisse Belange der deutschen Minderheit einsetzen. Dazu gehörten auch die regionalen Zeitungen: in Temeswar die *Neue Banater Zeitung,* in Kronstadt die *Karpatenrundschau,* die *Hermannstädter Zeitung* und in Temeswar wurde sogar ein Lenau-Museum eingerichtet. Aufgrund dieser Öffnungen war die Bundesrepublik bereit, Beziehungen zu einem Staat aufzunehmen, der diplomatische Beziehungen zur

Peter Kottlers Kinder in Tracht

Warum haben die Rumänen die deutsche Sprache gefördert?

Gleich nach dem Krieg hatte es schon bestimmte Übergriffe gegeben. Beispielsweise wollten die rumänischen Schüler, die aus der Moldau kamen, uns verprügeln. Aber diese Stimmung gegen die Deutschen hat nicht lange gedauert. Außerdem waren die Rumänen und Deutschen keine Feinde während des Krieges, im Unterschied zu den Ländern, die besetzt waren und in denen die Leute unter den Deutschen leiden mussten, wie in Polen, Jugoslawien und Tschechien. Spätestens mit dem Wandel durch Chruschtschow wollte der Staat gegenüber den Deutschen wieder einiges gutmachen und hat ihnen Rechte eingeräumt. Es sollte keine nationalen Gegensätze geben. Die sind erst wieder in den 1970ern von Ceaușescu eingeführt worden. Im Jahr 1957 wurde sogar für Rumänisch-Studierende Deutsch als Nebenfach eingeführt. Der Gedanke dahinter war, dass man in dieser deutschsprachigen Region Leute ausbilden wollte, die diese Sprache verstehen und als Lehrer eingesetzt werden können. Da gab es auch ein deutsches Radioprogramm. Sowieso waren die Leute in Temeswar

DDR unterhielt. Da hatte Westdeutschland 1967 erstmals auf den Alleinvertretungsanspruch verzichtet. Die anderen sozialistischen Staaten haben das Rumänien übel genommen, dass es mit der »revanchistischen« Bundesrepublik Beziehungen aufnahm. Aber es war ein erster Schritt, denn als Willy Brandt Bundeskanzler war, führte dies zu einer Verbesserung der Beziehungen auch zu den anderen Ostblockstaaten. Diese Verbesserungen hatten auch auf den Universitätsbetrieb Auswirkungen. Da wurden Lektoren für Französisch und Englisch aus den jeweiligen Ländern eingeladen – und für Deutsch nicht nur aus der DDR, sondern auch aus der Bundesrepublik.

gewöhnt, dass es mehrere Nationalitäten gibt. Und wo es mehrere gibt, verstehen sich die Leute besser untereinander. Dort, wo nur zwei miteinander rivalisieren, wie in manchen siebenbürgischen Gebieten die Rumänen und Ungarn, dort kann es Gegensätze geben.

Wie würden Sie einem Ausländer Temeswar erklären?

Selbst unser Bürgermeister betont, dass Temeswar eine multikulturelle Stadt ist, in der es drei Theater mit unterschiedlichen Sprachen gibt und vieles an der historischen Architektur an das Zusammenleben der Volksgruppen erinnert. In den letzten Jahren des Kommunismus, als so vieles in Rumänien verboten war, gab es noch Kontakte zur DDR-Germanistik. Da wurde ich oft beauftragt, die DDR-Gäste durch die Stadt zu führen. Ich hab ihnen vor allem die Innenstadt gezeigt. Und da stammt das meiste aus der Habsburger und ungarischen Zeit. Heute ist Temeswar die Stadt mit den meisten historischen Gebäuden in Rumänien. Die deutsche GTZ, die hat zuerst die Hermannstädter beraten und danach wurde sie von Temeswar eingeladen. Die haben hier alles inventarisiert und Beratungen vorgenommen. Problematisch ist, dass durch die Privatisierungen viele Wohnungen verkauft wurden, und die Leute haben kein Geld und der Staat ist nicht zuständig. Da gab es ein günstiges finanzielles Anleiheangebot, vermittelt von der GTZ. Doch das wurde von Bukarest erst nach sechs Jahren genehmigt, da war die GTZ schon wieder abgezogen.

Wie erlebten Sie den Umsturz in Temeswar?

Die Revolution nahm ihren Anfang in Temeswar auf dem Marienplatz. Dort ist eine reformierte Kirche, zu der hauptsächlich Ungarn gehören. Die *Securitate* hatte vor, den Pfarrer der Reformierten, Tökés Laszlo, in ein Dorf zu versetzen. Seine Gläubigen wollten das nicht zulassen und haben den Zugang vorm Haus belagert. Dann sind immer mehr Leute dazugekommen, auch Rumänen und Deutsche, und wollten mithelfen. Auch eine Straßenbahn wurde blockiert, und dort war auch eine Buchhandlung, wo die Werke Ceaușescus ausgestellt waren. Man hat die Scheiben eingeschlagen und die Bücher herausgeworfen und die Polizei versuchte, die Leute auseinanderzutreiben, was nicht ging. Ab dem 16. Dezember hat das Ausmaß zugenommen. Abends war ich mit meiner Frau im Theater und es gab ein sehr kritisches Stück über einen Henker, der Leute, die ihm nicht passten, aus dem Weg schaffte. Am nächsten Tag, wir wollten zu einem Geburtstag, kamen wir bis zum Opernplatz, und dort ging nichts mehr. Taxis fuhren keine, die hatten den Auftrag, hinter den Demonstranten herzufahren und zu berichten, was geschah, und in der Luft kreisten schon Hubschrauber. Auf dem Rückweg sahen wir, dass Geschäfte verwüstet waren. Man begann auf Leute zu schießen und sie sind auseinandergelaufen und es hieß, einige wollten sich in die Kathedrale retten, aber die Tore waren verschlossen. Da wurden auf der Treppe einfach Leute erschossen, insgesamt waren es in diesen Tagen über 100. Auch haben die Leute in den Fabriken begonnen zu streiken und es wurde mit dem Parteisekretär verhandelt, dass sie das Recht zu demonstrieren hätten. Die Leute zogen zum Kreisparteikomitee, um zu fordern, dass Ceaușescu zurücktritt, aber der reiste in den Iran. Dann wurde Militär geschickt und es kamen Beauftragte aus Bukarest, die das Ganze beobachteten und das Kommando übernahmen. Die Mehrheit an dem Aufstand waren natürlich die Rumänen, aber auch Deutsche haben teilgenommen und in ihrem Sinne Initiative ergriffen. Nach der Wende wurde relativ schnell eine Organisation, das Demokratische Forum der Deutschen in Rumänien, das DFDR, gegründet. Ich glaube, in Hermannstadt war der erste Ansatz dafür, dann folgten Klausenburg und Temeswar.

Jeder wollte etwas tun und man unternahm auch Versuche, die Menschen zu überzeugen, dass es besser wäre zu bleiben, denn jetzt können wir mehr für uns Deutsche hier tun als vorher. Aber viele Leute hatten schon vorher einen Antrag zur Ausreise gestellt und sehr lange gewartet. Als die Grenzen geöffnet wurden, haben viele gesagt: Jetzt ist die Gelegenheit!

War die Ausreise für Sie ein Thema?

Ich hatte nie vor auszuwandern, aber meine Frau hätte '90 gerne den Kindern nachziehen wollen. Ich musste sie lange überzeugen, zu bleiben. Meine Kinder sind Hals über Kopf los, denn sie meinten, dass bald die Einwanderungsgesetze in Deutschland geändert werden. So ging diese Massenauswanderung los und wir Eltern mussten einsehen, dass wir das nicht für die Kinder entscheiden konnten. Wenn ich vor dem Umsturz einen Antrag gestellt hätte, hätte ich meine Stelle verloren. Ich hatte drei Kinder, meine Mutter hatte keine Rente. Ich war auch schon 50 Jahre und mir war bewusst, dass man in Deutschland genug Germanisten hatte. Hier brauchte man sie, denn die Germanistik war abgebaut worden und wir wollten sie wieder aufbauen. Außerdem war ich durch meine Beschäftigung mit den Mundarten sehr mit dem

Banat verbunden. Die wollten wir, ähnlich wie in Hermannstadt, auch hier erforschen. Außerdem bin ich 1990 zum Leiter des Lehrstuhls gewählt worden. Das alles wollte ich nicht stehen lassen. Es ist etwas anderes, wenn man als junger Mensch neu beginnt, denn auch bei meinen Kindern hat es eine Weile gedauert, bis sie eine Stelle bekamen. Und meine Frau hätte dort keine Rente bekommen. Da hätten wir auch nicht mehr Geld gehabt als hier, und ich hab gesagt, wenn wir mit unseren Einkommen drei Kinder haben studieren lassen, da kommen wir auch zu zweit damit aus. Das Haus ist abbezahlt, ich habe eine große Bibliothek, das alles hätte ich in Deutschland nicht. Die Reisefreiheit hatte ich auch hier, denn ich wurde als Germanist oft eingeladen und wir haben mit einem Lehrstuhl in München eine Partnerschaft aufgebaut. Dadurch habe ich von Deutschland und Österreich allerhand gesehen.

Konnten Sie diejenigen verstehen, die ausgewandert sind?

Es hatte natürlich jeder seine Gründe auszureisen, man hat das nicht aus Übermut getan. Aber wir Hiergebliebenen haben als deutsche Minderheit insgesamt verloren. Es könnte noch ein deutschsprachiges Leben in dieser Stadt bestehen, wenn nicht so viele ausgewandert wären. Zum Glück haben wir einen Bürgermeister, der die Lenau-Schule besucht hat, gut Deutsch spricht und die Probleme der Deutschen kennt. Er hat mit Minderheiten keine Probleme, das kommt alles der Stadt zugute.

Welchen Bezug haben Ihre Kinder noch zur Heimat?

Sie vergessen nicht, dass sie von hier stammen. Meine jüngste Tochter pflegt die Erinnerung an das Banat und man redet oft davon in der Familie. Aber den Dialekt sprechen sie nicht mehr, da wird Hochdeutsch gesprochen. Der Dialekt geht auch hier verloren, nur mit meiner Schwester spreche ich noch Dialekt.

Sind sie Mitglied im Deutschen Forum?

Ich war eine Zeit lang stellvertretender Vorsitzender und bin oft nach Hermannstadt zu Versammlungen mitgefahren. Aber ich habe mich wegen meiner Arbeit an der Uni etwas zurückgezogen.

Wo liegt der Schwerpunkt der Forumsarbeit in Temeswar?

Die Gemeinschaft irgendwie zusammenzuhalten. Wenn es das Guttenbrunn-Haus nicht gäbe, hätten die Leute nicht, wo sich zu treffen. Aber so kann man zusammenkommen und es gibt die Volkshochschule und Vorträge über die verschiedensten Themen, in deutscher Sprache und in rumänischer. Die Themen sind sehr verschieden: Da wird viel über Musik gesprochen. Oder ich habe zum Beispiel etwas über Banater Ortsnamen vorgetragen oder die Stellung des Deutschen innerhalb der Sprachen der Welt oder über Schiller, Heine, Brecht und Luther. Vor der Wende sind so viele Leute gekommen, dass man die Vorträge zwei bis drei Mal halten musste. Aber die Besucherzahlen nehmen ab und das Interesse wird irgendwann ganz einschlafen. Die jüngeren Leute kommen nur noch selten. Für sie gibt es auch das Jugendforum. Wie stark das ist, kann ich nicht sagen. Aber da gibt es noch eine Jugend-Tanzgruppe mit Tanzaufführungen in Trachten, da gibt es die Deutschen Kulturtage des Temeswarer Forums und des Banater Forums, da kommen viele aus verschiedenen Teilen des Banats und auch da wird ein Trachtenumzug auf dem Domplatz veranstaltet.

Wie haben sich die Banater Schwaben ihr Zentrum, das Guttenbrunn-Haus, geschaffen?

Es gibt in Deutschland die Landsmannschaft der Banater Schwaben. Die gründeten das Hilfswerk. Auf Initiative des Direktors der Lenau-Schule Erich Pfaff hat dieses Hilfswerk um eine finanzielle Hilfe seitens der Bundesregierung angesucht. Man war interessiert, dass nicht alle auswandern, und wollte etwas tun. Mit diesen Geldern ist das Haus errichtet und 1994 eingeweiht worden. Ein Teil des Guttenbrunn-Hauses ist das Altenheim, da können die Senioren unterkommen, und es war eine gute Idee, in das Haus auch einen Veranstaltungssaal einzubauen. Bis dahin hat vieles in der Lenau-Schule stattgefunden, aber der Saal war zu klein. Wenn wir den neuen Saal nicht hätten, wäre es schwer, denn es gibt noch des Öfteren ein Zusammenkommen. Und es ist gut, dass so viele Nicht-Deutsche die Lenau-Schule besuchen. Die ist zurzeit die größte deutsche Schule in Rumänien, und die Schüler bekommen doch etwas vom Guttenbrunn-Haus mit, weil sie noch deutsche Freunde haben. Da machen rumänische Schüler auch mit und legen die deutsche Tracht an, wenn eine Feier ist.

Welches Verhältnis haben die Banater Schwaben zu den Siebenbürger Sachsen?

Man hat im Einvernehmen akzeptiert, dass Hermannstadt der Sitz des Forumszentrums ist, denn die Stadt ist leichter für alle zu erreichen. Als zur Debatte stand, ob unser Vorsitzender für den Forumsvorsitz kandidiert, war auch im Gespräch, den Forumssitz nach Temeswar zu verlegen. Schließlich blieb man aber bei Hermannstadt. Für mich war das alles nie ein Problem, aber es gab Leute, für die das eine Frage der Rivalität zwischen den Banater Schwaben und den Siebenbürger Sachsen darstellte. Tatsache ist, dass die Siebenbürger Sachsen im Land eine längere Tradition haben. Sie hatten in Siebenbürgen ein langwährendes, gutes Schulwesen und die evangelische Kirche. Damit konnten sie der Magyarisierung im 19. Jahrhundert standhalten und waren nach dem Ersten Weltkrieg gut aufgestellt. Hier hatten die Banater Schwaben an den Schulen Ungarisch gelernt und die katholische Kirche hat die Magyarisierung mitgemacht. Insgesamt wirkte hier die Magyarisierung also stärker. Schwierig war es vor allem in den Städten, denn jeder, der Karriere machen wollte, musste sich dem Ungarischen hingeben, während die auf dem Dorf ihre Dialekte behielten. Als die Schwaben nach dem Ersten Weltkrieg ihre deutschen Schulen wieder eröffnen wollten – das wurde ihnen von den Rumänen zugesagt, damit sie sich für Rumänien aussprechen –, hatten sie einen Mangel an deutschsprachigen Lehrern. So sind viele Lehrer aus Siebenbürgen ins Banat gekommen und viele Direktoren der Lenau-Schule waren Sachsen. Es gab den Eindruck, dass die Siebenbürger Sachsen ein besseres Deutsch sprachen als wir. Heute kann man das nicht mehr sagen, im Gegenteil, bei den Sachsen erkennt man in Deutschland am Akzent rascher, dass sie Ausländer sind.

Gab es bei den Deutschen im Banat Sozialdemokratie?

Im Banat hat es viele deutsche Sozialdemokraten gegeben, wegen der Industrie. Dann wurden diese zwar gezwungen sich mit der Kommunistischen Partei zu vereinigen, aber bei der Besetzung von Kulturämtern für die deutsche Minderheit hat man Leute aus dieser Arbeiterbewegung eingesetzt. So war beispielsweise der Chefredakteur der deutschen Tageszeitung *Neuer Weg* ein deutscher Sozialdemokrat aus Reschitza und es gab noch andere Fälle. Die haben viele Sachen durchsetzen können, was vielleicht sonst nicht möglich gewesen wäre. So kam es, dass man 1953 das Deutsche Staatstheater in Temeswar gegründet hat, in Hermannstadt erst '56. Wir hatten auch eine deutsche Radiosendung und die Fakultät kam in Hermannstadt erst später. Man sieht, dass durch die deutsche Sozialdemokratie, als es darum ging, wieder deutsche Institutionen zu gründen, die Banater einen besseren Stand hatten als die Sachsen, die damit zurückhaltender waren. Apropos Reschitza: Der Ort hatte einmal 10 000 Deutsche und darunter einen sehr hohen Anteil Sozialdemokraten – wegen der Schwerindustrie. Doch es waren auch viele Tschechen und Slowaken und die haben alle mit der Zeit Deutsch gesprochen. Aber das hat sich alles geändert.

Welche Eindrücke hatten Sie, als Sie das erste Mal in Deutschland waren?

Da muss ich einen unserer Schriftsteller – Gerhard Ortinau – aus der Aktionsgruppe Banat zitieren. Er war als Student in die DDR gelangt. Als er zurückkam, hat er eine Geschichte geschrieben, die mit dem Satz begann: *Kein rumäniendeutscher Autor fährt ungestraft nach Berlin*. Er war überzeugt, dass er gut Deutsch konnte, ist aber in Berlin gleich als Ausländer erkannt worden. Das erste Mal war ich 1969 zu einem Sommerkurs in Leipzig und mir ist es nicht so ergangen, denn mir waren die Unterschiede bewusst – und das geht über das rollende »R« hinaus. Man hat mir das in der DDR versucht abzugewöhnen. Aber das variiert selbst in Deutschland und als Sprachforscher hat es mir leid getan, dass ich in Berlin so wenig Berlinerisch gehört habe. Einmal haben wir einen Ausflug nach Buchenwald unternommen. Da bin ich ins Gespräch mit einer Leipziger Assistentin gekommen und hab ihr gesagt: Ich komme aus Rumänien, bin aber Deutscher. Sie war wie vor den Kopf gestoßen und meinte, wie könne ich Deutscher sein, wenn ich aus Rumänien komme. Mich hat es ein bisschen gestört. Die DDR hat das überhaupt nicht gefördert, dass man sich als Deutscher ausgeben könnte, wenn man aus Rumänien kommt. Da musste man Rumäne sein. In Westdeutschland war es so, dass das Thema mit den Auslandsdeutschen bei der SPD auch nicht so richtig besetzt war, die CDU hat das mehr gefördert. Das waren meine Erfahrungen, wie man sich in Deutschland als Deutscher erklärt.

Was waren Ihre Eindrücke von Ostdeutschland?

Was mir auffiel war, dass Sauberkeit und Ordnung großgeschrieben wurden. Ansonsten war man damals '69 in der DDR sturer als bei uns, manches schien mir einfach sehr dogmatisch. Es war bei uns die Zeit der Lockerung und wir aus Rumänien wurden etwas vorsichtig behandelt wegen der Sache mit der Tschechoslowakei. Aber als ich '79 in Ostberlin war, da war man bei uns sturer und demagogischer geworden. Jedenfalls hab ich mir Ostberlin angeschaut und ich war enttäuscht, dass man die Häuser nicht besser pflegte. Als wir beim Bürgermeister eingeladen waren, hab ich gesagt: Ich hab

Berlin erst suchen müssen. Da war er etwas vor den Kopf gestoßen. Von Berlin hatte ich die Vorstellung von etwas Besonderem.

Was war Ihr erster Eindruck in Westdeutschland?

In Westdeutschland war ich schon einmal 1971, nach dem Treffen zwischen Brandt und Stoph. Da war noch die Zeit der Lockerung und da hatte der DAAD, der Deutsche Akademische Auslandsdienst, auch Stipendien für Gruppenreisen angeboten. Wir hatten eine Reise zu den Universitätsstädten München, Bonn, Hamburg und ich habe nicht ein Haus gesehen, das nicht verputzt oder getüncht gewesen wäre. Danach habe ich es umgekehrt in der DDR bemerkt, wie schlecht es im Vergleich aussah. Die hatten zwar sehr kleine Mieten, aber sie haben nichts getan für die Instandhaltung der Häuser. Das nächste Mal bin ich erst '90 wieder in die Bundesrepublik gelangt und da hat man gleich gesehen, wie gut alles funktionierte. Ich hätte gut in Deutschland leben können, aber ich war meinem Beruf zugetan und hier konnte ich einfach mehr für die deutsche Sprache tun als in Deutschland. Also, ich habe mein ganzes Leben der deutschen Sprache und Kultur gewidmet.

Orte und Worte:
Blumenthal – Maşloc
Königshof – Remetea Mică

GTZ– Gesellschaft für technische Zusammenarbeit
LPG – Landwirtschaftliche Produktionsgenossenschaft

Wir haben immer Programm
Bei deutschen Katholiken in Bukarest

Paula Fonosch,
geboren 1946 in Mânăstirea/Südrumänien, wohnt in Bukarest, verwitwet, vier Kinder, Außenhandelskauffrau, Sozialarbeiterin

Felicia Stoica,
geboren 1943 in Reschitza/Reșița, wohnt in Bukarest, verheiratet, ein Kind, Geologin, Direktorin des Hilfsvereins

Frau Stoica, wann und wo sind Sie geboren?

Frau Stoica: Ich bin 1943 geboren und mein Mädchenname war Petrovici, da mein Großvater Serbe war, wie so viele im Banat. Meine Mutter war eine Deutsche und ich habe noch einen Bruder. Die ganze Familie kam aus Reschitza und meine Eltern waren Angestellte im dortigen Stahlwerk. Es waren viele Familien dort, die irgendwann mal aus Deutschland und Österreich gekommen waren. Man denkt immer, im Banat waren nur die Schwaben, aber in Reschitza war das nicht der Fall. Die Schwaben waren meistens auf den Dörfern.

Welche Sprache wurde zu Hause gesprochen?

Frau Stoica: Meine Eltern haben immer Deutsch gesprochen, denn die Mutter meines Vaters war Deutsche. Es war zwar nicht so ein reines Deutsch, aber meine Eltern galten als Deutsche, weswegen sie 1945 nach Russland deportiert werden sollten.

Aber meine Eltern hatten Glück, sie wurden von der Kommission gefragt, ob sie Kinder haben. Meine Mutter zeigte ein Bild von uns und vielleicht war es auch der Name Petrovici. Jedenfalls fragte der russische Offizier: Wollen Sie nach Russland gehen? Meine Eltern mussten nicht in die Deportation. Aber sie hatten immer Angst, so dass sie Deutsch nur ganz leise gesprochen haben und zu uns Kindern nur auf Rumänisch. Wir haben auf Deutsch alles verstanden und auf der Straße habe ich auch Ungarisch gelernt und in der Schule natürlich Rumänisch.

Gab es noch deutsche Schulen damals in Reschitza?

Frau Stoica: In den 50ern war noch eine deutsche Klasse.

Warum haben die Rumänen nach dem Krieg den Deutschen die Schulen gestattet?

Frau Stoica: Es lebten im Land viele Deutsche, und die Rumänen haben gelernt von ihnen.

Frau Fonosch: Man hat die Deutschen geschätzt, sie hatten gute Berufe und waren fleißige Arbeiter.

Was war typisch deutsch bei Ihnen zu Hause?

Frau Stoica: Wir haben so ein schönes Weihnachten mit Christbaum und Kuchen gefeiert, deshalb kamen zu uns die rumänischen Nachbarn. Sie haben sich bei meiner Mutter abgeschaut, wie man diese Weihnachtsspeisen, Braten mit Soße, zubereitet, das kannten die Rumänen nicht. Sie haben viel gelernt bei ihr. Wir haben mit der Mutter und der Großmutter nur deutsche Lieder gesungen, das war so schön. Meine Großmutter hatte eine Bibliothek voll mit deutschen Büchern. Sie hat sehr viel gelesen und nur deutsch.

Auch meine Mutter. Sie lebt jetzt in Hermannstadt und dort liest sie nur die deutschen Zeitungen, denn in Rumänisch versteht sie nicht alles. Selbst mein Mann, er ist Rumäne, ist sehr germanophil. Er machte als Kind gute Erfahrungen mit Deutschen. Das hat sich bei ihm eingeprägt und so verbindet er dieses Germanophile mit Sauberkeit, Ordnung und dieser Korrektheit, wie ich es von meinen Eltern kannte.

Frau Stoica, wann sind Sie nach Bukarest gekommen?

Frau Stoica: Bis 18 Jahre war ich in Reschitza und im '61er bin ich nach Bukarest gekommen. Ich habe hier Geologie studiert, jetzt bin ich 50 Jahre in Bukarest.

Konnten Sie Kontakt zu Deutschen aufnehmen?

Frau Stoica: Zuerst bin ich zu den deutschen Gottesdiensten in die katholische Kathedrale gegangen, weil ich es aus meiner Kindheit noch so kannte. Dann ging ich in die Bărăția-Gemeinde, dort wurde zwar Rumänisch gepredigt, aber da gingen die meisten Deutschen hin. Eine Trauzeugin von uns war auch eine Deutsche, so hat man sich kennengelernt. Aber sehr intensiv waren die Kontakte nicht. Man hatte damals Angst, und so habe ich jahrelang kein Deutsch gesprochen. Erst durch den Hilfsverein der Deutschen Katholiken habe ich wieder angefangen, Deutsch zu sprechen, ich habe quasi sprachlich an meine Kindheit angeknüpft. Seit 20 Jahren bin ich jetzt im Verein und mache die Buchhaltung, arbeite und helfe mit.

Frau Fonosch, sagen Sie bitte etwas zu Ihrer Kindheit?

Frau Fonosch: Mein Mädchenname war Domnișor und ich bin '46 geboren, hier im Altreich, im Dorf Mânăstirea, nahe der Donau. Ich war das letzte von drei Geschwistern. Meine Mutter kam aus der Bukowina, aus Gura Humorului. Sie war österreichischer Abstammung, ihre Eltern kamen aus Graz. Mein Vater war halb Rumäner, halb Österreicher. Seine Mutter war eine geborene Schurgott und kam aus Wien. Vor meiner Geburt lebten meine Eltern in Bukarest, wo sie 1923 geheiratet hatten. Mein Vater arbeitete bei einem Juden und später trat er in Mânăstirea auf einem königlichen Gut seinen Dienst an. Das war das Glück für meine Mutter, denn so wurde sie nicht deportiert. In Mânăstirea gab es auch Siebenbürger Sachsen, die wurden nach der Enteignung des königlichen Guts vom deutschen Direktor geholt, um die Farm auf die Beine zu bringen. Meine Eltern und die anderen Deutschen sind Freunde geworden und man kam oft bei uns zusammen, aber auch mit den rumänischen Nachbarn. Als ich zur Schule gehen sollte, '53, sind wir nach Bukarest gezogen. Ich besuchte aber nicht die deutsche Schule, sondern die rumänische. Meine Eltern hatten Angst gehabt, denn in der Familie gab es Deportationsschicksale, so vermied man aufzufallen. Die Eltern suchten eine Klasse heraus, wo ich Deutsch als Fremdsprache hatte, aber zu Hause wurde immer Deutsch gesprochen, die Mama konnte doch nicht Rumänisch. Wenn wir Kinder uns amüsieren wollten, haben wir mit ihr Rumänisch geredet, und die Mama meinte, wir seien unerzogen.

Was war bei Ihnen zu Hause typisch deutsch?

Frau Fonosch: Man fühlte sich deutsch und man wusste das.

Wir haben deutsch gelesen und gesungen und die Feiertage sehr genau genommen. Ich bin mit meiner Mutter und der Tante zum deutschen Gottesdienst in die Kathedrale Sankt Joseph gegangen. Dort waren viele Deutsche. Gekocht wurde aber weniger deutsch, sondern jeder hat vom anderen übernommen. Da gab es viele Einflüsse aus dem Banat, aus Siebenbürgen, von den Ungarn, den Deutschen, den Juden. Das merkt man bis heute.

Wie ging Ihr Leben weiter?

St.-Joseph-Kathedrale in Bukarest

Frau Fonosch: Ich habe an der Technischen Schule Außenhandel gelernt. 1967 habe ich geheiratet und mein Mann war ein Deutscher aus Lugosch, mit Vorfahren aus dem Elsass. Mit meinen Kindern habe ich natürlich Deutsch gesprochen und sie sind in den deutschen Kindergarten und Schule gegangen. Aber die Mädchen sind ausgewandert: Die Große ist verheiratet mit einem Mann aus Pirna und die Zweite ist nach Hannover gegangen. Die Buben wollen nicht weg, sie sind hier sehr fleißig und das wird gesehen und respektiert.

Wie viele Deutsche gibt es in Bukarest?

Frau Fonosch: Die meisten Deutschen kamen schon vor dem Ersten Weltkrieg aus dem Banat und der Bukowina nach Bukarest. Sie haben hier Arbeit gefunden und so hat es sehr viele Deutsche gegeben. Doch im Januar '45 wurden allein aus Bukarest über 10 000 Deutsche nach Russland deportiert. Im Jahr 1992 waren wir zirka 4000 Deutsche in Bukarest und nach der letzten Statistik unter 2000. Die Leute haben keine Kinder und die Jungen kommen kaum noch in den Gottesdienst, nur die Alten. Katholiken leben in Bukarest vielleicht 80 000 und sie gehören vielen Nationen an: Deutsche, Ungarn, Franzosen, Polen, Italiener, Bulgaren und nur wenige Rumänen. Und die hatten alle ihre eigene Kirche.

Wie war und ist die Beziehung zwischen Evangelischen und Katholiken hier?

Frau Fonosch: Gut, wir sind sehr oft in die Konzerte in die evangelische Kirche gegangen und wir haben von ihnen für die Kinder vom Verein Sachen bekommen.

Frau Stoica: Sehr gut, wir kennen uns und arbeiten mit der Diakonie zusammen. Es gibt ein gemeinsames Kooperationsprojekt vom Hilfsverein und der Diakonie, die Altenhilfe.

Gibt es Unterschiede zwischen evangelischer und katholischer Gemeinschaft?

Frau Fonosch: Die Evangelischen waren unter den Kommunisten besser organisiert, haben sich getroffen, zusammengehalten, sich geholfen, Hilfslieferungen organisiert und verteilt und sie haben nur deutsche Pfarrer gehabt. Bei uns gab es diese Unterstützung nicht. Die katholische Kirche macht viel in Bukarest, aber nicht für die deutsche Minderheit. Wir haben auch keine deutschen Priester mehr. Es wird zwar noch die deutsche Messe gemacht, aber der Priester ist ein Bulgare. Und es ist eine Schande, dass die katholische Kirche heute für die Deportierten keine Tafel macht. Im Banat haben sie in Reschitza sogar ein Denkmal zur Erinnerung aufgestellt. Jetzt am 18. Januar war in Bukarest ein Deportiertentreffen, da waren noch 30 Personen, gemischt evangelische und katholische.

Frau Stoica: Die Lutheraner waren mehr Intellektuelle, weil es bei den Evangelischen auch wohlhabende Leute gab. Sie haben mehr untereinander geheiratet, während die meisten Katholiken in Mischehen heiraten. Dann reden sie nicht mehr Deutsch und so werden es immer weniger.

Wie waren die deutschen Katholiken hier in Bukarest organisiert?

Frau Fonosch: Bis die Kommunisten gekommen sind, waren die Katholiken hier gut organisiert. Es gab katholische Schulen, beispielsweise die Knabenschule zum Heiligen Andreas, da wurde Deutsch, Französisch und Rumänisch gelehrt. Im '48er wurden die Katholiken gezwungen, die Schulen abzugeben. Ab dieser Zeit waren die deutschen Katholiken verstreut in Bukarest, man ging in verschiedene katholische Kirchen und wusste nichts voneinander.

War es schwer, zur kommunistischen Zeit katholisch zu sein?

Frau Fonosch: Die Leute hatten Angst gehabt. Die Katholiken wurden sehr an die Wand gedrückt, viele Priester und Nonnen kamen ins Gefängnis oder man hat sie zur Auswanderung gedrängt. Man sagte, sie spionieren für den Westen und schicken Berichte an den Vatikan.

Frau Stoica: Immer wenn in der Kirche Feiertage oder Veranstaltungen waren, haben sie in den Schulen Gegenveranstaltungen organisiert.

Haben sich in der kommunistischen Zeit die Deutschen untereinander gekannt?

Frau Fonosch: Nicht über die Kirche, da ging man nur zum Gottesdienst. Es waren eher kleine private Bekanntenkreise unter den Deutschen. Aber wenn man sich getroffen hat, hat man selbstverständlich Deutsch gesprochen.

Was sind deutsche Spuren in Bukarest?

Frau Fonosch: Die Rumänen haben Respekt vor der deutschen Minderheit. Sie sagen, man spürt, wo Deutsche sind. Sie hatten auch einen deutschen König, König Karl I. von Hohenzollern-Sigmaringen, und er hat viele Deutsche nach Bukarest geholt. Sie waren Gärtner, Architekten oder dieser berühmte Brauereibesitzer Erhardt Luther. Der Vertraute und Beichtvater von König Karl I. und Ferdinand war der Erzbischof Netzhammer, er hat viel getan in Bukarest. Also, es gibt viele Spuren von Deutschen hier.

Was hat sich für Sie nach der Revolution geändert?

Frau Fonosch: Eine Frau Rottler aus Hamburg kam immer in den Gottesdienst in die Bărăția-Gemeinde. Sie war die Frau eines Botschaftsmitarbeiters und sie hat uns '91 gefragt, ob wir Hilfe von der Kirche bekommen. Dann hat sie und

Das deutsche *Kulturzentrum Friedrich Schiller* in Bukarest

die Leute von der Botschaft uns beim Aufbau der Sozialarbeit geholfen. '94 konnten wir den Hilfsverein der Deutschen Katholiken aus Bukarest gründen und Frau Rottler ist die Präsidentin unseres Vereins. Bis heute werden wir von ihr unterstützt, ohne sie könnten wir nichts machen. Sie sammelt von Verwandten und Bekannten Spenden für das Haus und wir bekommen von Deutschland Lebensmittel, Süßigkeiten, Kleidung und Bettwäsche, alles, was man so gebrauchen kann.

Welchen Menschen helfen Sie mit dem Verein?

Frau Stoica: Leuten mit kleiner Rente und schlechten Wohnbedingungen, Kranken, vielen Kindern.

Wie viele deutsche Katholiken betreuen Sie hier?

Frau Fonosch: Erst waren es über 400, jetzt ist es nur noch die

Hälfte. Die meisten sind gestorben und viele sind über 65 Jahre, manche sind ausgewandert.
Frau Stoica: Die Katholiken treffen sich zweimal im Monat hier sonntags nach der Messe für Kaffee und Kuchen. Oftmals sind es alleinstehende Frauen. Diese Zeit hier bedeutet für sie Gemeinschaft. Die meisten sind Deutsch sprechende, ältere Leute, teilweise über 80 und 90 Jahre. Eine Dame ist sogar 95 Jahre und sie kommt und erzählt über ihre Deportation.

Sind Sie beide Mitglied im Deutschen Forum?

Frau Stoica: Ja, ich bin im Forum.
Frau Fonosch: Es war '90, da hat man in den deutschen Sendungen gehört, das etwas für die Deutschen geschehen soll. Meine Kinder sind aus der deutschen Schule gekommen und haben gesagt: Mama, da wird etwas gegründet. Ich bin hin und hab mich erkundigt. So bin ich im Forum von Anfang an und war acht Jahre im Vorstand. Auch meine Kinder sind Mitglieder. Die Mehrzahl der eingetragenen Mitglieder war damals katholisch, dafür waren die meisten im Vorstand evangelisch.

Würden Sie sich wünschen, dass mehr Katholiken ...

Frau Fonosch ... Nein, was man kann machen, das macht man. Es spielt keine Rolle.

Was ist die Tätigkeit des Forums?

Frau Fonosch: Am Anfang haben wir uns regelmäßig getroffen und uns kennengelernt oder Vorträge gehalten. Jährlich, zu Ostern und Weihnachten, wurden im Kulturhaus Friedrich Schiller zwei Basare durchgeführt, wo Handarbeiten verkauft wurden. Aber die Leute sind alt geworden und kaufen keine Tischdecken mehr.

Wie sehen Sie die Zukunft des Forums?

Frau Fonosch: Es werden immer weniger. Ich glaube, es sind noch um die 600 Leute.
Frau Stoica: Das Forum unterhält das Kulturhaus Friedrich Schiller und sie haben viele Aktivitäten: Deutsch- und Englischkurse, Theaterkurse oder sie machen Ausstellungen, Vorträge und Vorführungen. Auch die deutschen Schulabteilungen werden noch etwas zum Erhalt der deutschen Kultur in Bukarest beitragen.

Gab es für Sie Überlegungen auszureisen?

Frau Fonosch: Ich wollte '90 nach Österreich, weil dort meine Vorfahren herkamen und ich Verwandte hatte. Aber ich war sehr enttäuscht, denn ich wurde schlecht behandelt, wie eine Ausländerin. Auf dem Amt in Graz sagten sie: Was, Sie wollen bleiben? Da hab ich gesagt: Nein, ich gehe heim. Ich fühl mich gut hier und einen alten Baum verpflanzt man nicht mehr. Außerdem kann ich zu meinen Enkeln nach Deutschland reisen, so oft ich will. Da bin ich die Omi aus Rumänien.

Was haben Sie für ein Deutschlandbild?

Frau Fonosch: Ich interessiere mich für das Land und ich verfolge die Zeitungen und das Fernsehen. Schon im Kommunismus, als ich im Außenhandel gearbeitet habe. Da gab es ein Lager für Touristenlektüre und dort gab es westliche Bücher und Zeitschriften, da habe ich viel über Deutschland gelesen. Ich wusste, wie gut die Deutschen entwickelt sind. Als ich das erste Mal aus Deutschland zurückkam, war es für mich ein Schock. Ich bin krank geworden, als ich diesen Müll hier in Bukarest sah. Ich hab gedacht, ich halt das nicht mehr aus. Viele sagen, die Deutschen sind kalt, ich hab das nicht gespürt, vielleicht weil ich gut Deutsch reden kann.

Hat man da nicht manchmal das Gefühl, dass man im falschen Land geboren ist?

Frau Fonosch: Gut, die Rumänen waren auch erzogen und sie haben ihre Kultur und ihre ausgebildeten Leute gehabt. Bis die Kommunisten gekommen sind, die haben alles kaputtgemacht und die gebildeten Leute ins Gefängnis geworfen. In Rumänien hatte man vor der Tschechoslowakei und der DDR viel Respekt. Die waren uns einige Schritte voraus und viele Rumänen waren in Leipzig, Dresden, Prag und Karlovy Vary und hatten schöne Erinnerungen. Man fragte sich: Warum kann das bei uns nicht so sein?

Frau Stoica: Jetzt sind wir frei, aber eine richtige Demokratie haben wir nicht. Es gibt keine Solidarität, kein Geld für Altersheime und Krankenhäuser. Die Regierung versteht es nicht, etwas für das Volk zu machen. Jeder glaubt, es ist mein Recht, das und das zu haben. Ich habe erst gestern im Fernsehen gesehen, dass einer eine ganze Straße mit Häusern gekauft hat. Man fragt sich: Für was? Um zu zeigen, wer er ist? Schaut, ich brauch nicht arbeiten, aber ich kann bekommen, was ich will?

Was gibt Ihnen Ihr enormes Engagement persönlich?

Frau Fonosch: Es macht uns Spaß und Freude zu helfen, wenn jemand in Not ist. Wir können jeden Tag etwas machen. Wir haben immer Programm, täglich von 11 bis 16 Uhr sind wir hier.

Es wurde immer Ungarisch gesprochen

Johann Ludescher †,
geb. 1928 in Schöntal/
Urziceni, lebt in Neustadt/
Frauenbach/Baia Mare,
verheiratet, katholisch,
pensionierter Buchhalter

Herr Ludescher, wann und wo sind Sie geboren?

Geboren bin ich 1928 in Schöntal, später hieß das Schinal. Meine Ahnen haben sich direkt in Schöntal angesiedelt. Es waren nur Deutsche dort, wie in allen Dörfern ringsum.

Was haben Ihre Eltern gearbeitet?

Wir hatten einen Bauernhof, das heißt, in unserer Familie waren wir alle Bauern. Ich habe acht Jahre gehabt, als mein Vater gestorben ist.

Wo sind Sie in die Schule gegangen?

In die Schule bin ich von 1936 bis '43 in Großkarol gegangen, das ist sechs Kilometer von Schönthal entfernt. Da war eine rumänische Schule mit einer deutschen Abteilung und dort habe ich Hochdeutsch gelernt, das konnte ich dann ganz gut. In Großkarol hatte die Besitzerfamilie Károlyi ihren Stammsitz. Diese haben 1713 aus Württemberg Schwaben angesiedelt, später sind noch weitere hinzugekommen. Es war ein echt schwäbischer Ort und so waren auch die Dörfer neben Großkarol.

Haben Sie vorher nicht Hochdeutsch gesprochen?

Nein, das habe ich erst auf der Schule lernen müssen.

Welche Sprache wurde bei Ihnen zu Hause gesprochen?

Wir haben Schwäbisch gesprochen und auf der Straße Schwä-

Großelterliche Familie 1915, Vater Ludescher in ungarischer Uniform

bisch und Ungarisch. Meine Mutter hatte mit den deutschen Soldaten, die '43 hier waren, ganz gut Deutsch gesprochen. Aber es ist bei uns langsam alles ausgestorben. So habe ich seit 70 Jahren nicht mehr Deutsch gesprochen. Das vergisst man, denn ich hatte damals nur zwölf Jahre.

Wie ist man mit der Magyarisierung umgegangen?

Wir konnten uns gegen die Magyarisierung nicht wehren, wir waren nur 40 000 Sathmar-Schwaben, das waren zu wenig. Deshalb gelang die Magyarisierung in der Sathmarer Region viel früher und schneller als beispielsweise im Banat. Bis zum Ersten Weltkrieg sind die Deutschen bei uns magyarisiert worden. So konnten zwar viele noch Schwäbisch, aber nicht mehr Hochdeutsch. Später wurde es langsam auch mit dem Schwäbischen immer schlechter. Man hat es gar nicht so richtig bemerkt, es wurde immer Ungarisch gesprochen, auf der Straße, in der Schule, in der Kirche. Auch die katholischen Priester haben die Magyarisierung mitgemacht und so ist es mit unserer Sprache immer schlechter geworden. Aber Rumänisch konnte niemand, ich habe die Sprache auch erst in der Schule gelernt. Als die Russen '44 gekommen sind, war unsere Sprache richtig verboten, niemand traute sich, Schwäbisch oder Deutsch zu sprechen. Alle, die Deutsch gesprochen haben, wurden rausgeschmissen oder angezeigt: Hört, die sprechen doch Deutsch! Man konnte hier als Deutscher nicht mehr leben. So ist alles zu Ende gegangen, auch mit den schwäbischen Dörfern. Ich glaub, wir haben hier keine Zukunft mehr.

Haben Sie in Ihrer Kindheit noch schwäbische Traditionen erlebt?

Zu meiner Zeit hatte man keine Trachten mehr, man hat sich modern gekleidet. Aber als ich klein war, gab es das noch bei den Alten. Traditionell waren noch die Feste, die Kirchweih oder Fasching.

Sind die Sathmar-Schwaben auch deportiert worden?

Ja, 1944 sind die Russen und die Rumäner gekommen und haben alle von 18 Jahren ab, die irgendwie Deutsch gesprochen haben, von unseren Dörfern genommen und nach Russland an den Donbass geschleppt. Aber ich habe mich versteckt und meine Mutter hatte meinen Bruder, der war erst zwei Jahre alt. Darum ist sie nicht nach Russland gegangen. Die Sathmar-Schwaben sind in Russland mit den Siebenbürger Sachsen und den Banater Schwaben zusammen in Gefangenschaft gewesen. Doch man hat sich vertragen.

Hat man Sie auch enteignet?

Man hat uns die Felder und das Vieh weggenommen und kollektiviert. Aber das Haus durften wir behalten.

Welcher Kirche haben Sie angehört?

Wir Schwaben waren alle römisch-katholisch.

Ist man mit den Ungarn zusammen in die Kirche gegangen?

Nein. Wir waren nur deutsche Schwaben im Dorf, andere waren nicht.

Was haben Sie beruflich gemacht?

Ich habe Buchhalter gelernt und später, '49, bin ich nach Neustadt gekommen. Hier waren sehr viele Deutschstämmige, aber sie sprachen auch nicht mehr Deutsch, sondern Ungarisch. Ich habe natürlich deutsche Familien hier kennengelernt, aber man hat sich gemischt, Ungarn, Rumänen und Deutsche, und hat untereinander geheiratet. Auch ich bin mit einer Ungarin verheiratet.

Wie viele Einwohner hat damals Neustadt gehabt?

Es haben damals ungefähr 15 000 Menschen in Neustadt gelebt und die Mehrheit war ungarisch. Jetzt sind es 150 000 und die Rumäner sind die Mehrheit. Ungarn sind nur noch wenige, und wie viele Deutsche es noch gibt, kann man erst nach der nächsten Volkszählung sagen.

Es gab auch Juden hier, aber als es unter den Kommunisten nicht mehr gegangen ist, sind

Johann Ludescher (vorne rechts) mit Schulfreunden

sie nach Israel ausgewandert. Heute sind hier vielleicht nur noch zehn Juden.

Sind Sie Mitglied des Deutschen Forums?

Ja, wir haben hier auch ein Deutsches Forum und ich bin Mitglied. Seit den '90ern haben wir Hilfe aus Deutschland bekommen. Aber wir sind zu wenig: Offiziell sind 2000 Leute in den Forumslisten eingetragen, aber höchstens 400 zahlen die Beiträge. Jede Woche Donnerstag treffen wir uns, aber dort sprechen wir auch Ungarisch. Und Jugend haben wir keine mehr.

Sind Sie einmal in Deutschland gewesen?

Ja, ich war in Berlin, noch zu kommunistischen Zeiten. In Deutschland hatte ich den Eindruck: Die wohnen viel besser als wir. Aber die Deutschen von Deutschland reden über uns, dass wir Zigeuner sind. Sie schauen in uns nicht die Schwaben. Ich hatte da nicht diesen freundlichen Eindruck.

Hätten Sie ausreisen wollen?

Davon haben wir nie gesprochen, wir hatten zu viel Angst. Aber viele andere sind auch von hier ausgereist, die ersten schon 1990, als wir frei waren, nach Deutschland zu gehen. Die Siebenbürger Sachsen sind auch fast alle nach Deutschland, und die Banater Schwaben auch. Es fällt mir schwer, Hochdeutsch zu sprechen. Das habe ich vor 70 Jahren in der Schule gelernt.

Orte:
Großkarol – Carei
Sathmar – Satu Mare
Neustadt – Baia Mare

Das Banat ist ein kleines vereinigtes Europa

Else von Schuster, geb. Schmaus, 1925 in Steierdorf-Anina geboren, lebt in Temeswar, verwitwet, katholisch, pensionierte Lehrerin

Frau von Schuster, aus was für einer Familie stammen Sie?

Ich bin 1925 in Steierdorf-Anina geboren, im Banater Bergland. Mein Vater war eigentlich Tscheche mit dem Namen Schmaus, das heißt, da gab es auch Deutsche in der Familie. Mein Großvater war von Beruf Zimmermann und mein Vater Schlossermeister, in einer Reparaturwerkstatt in Anina. Meine Mutter, Jahrgang 1895, war eine geborene Moser aus dem serbischen Banat. Mein Moser-Großvater, der war Schmied. Meine Mutter war Friseuse und gelernte Schneiderin. Sie hatte sehr viele Fertigkeiten. Sie ist in die Häuser der Damen frisieren gegangen und sie war Hausnäherin. Abends und oftmals nachts hat sie Hüte gemacht, das war ihre Leidenschaft.

Das Banat ist Ihre Heimat. Was ist charakteristisch für die Region?

Dieses österreichische Kaiserreich als riesiges Völkergemisch ist hier im Banat zusammengekommen. Im Banater Bergland gab es viel Holz, Eisen und Steinkohle, aber auch Buntmetalle. Für deren Abbau und für die Eisenherstellung haben die Österreicher Arbeitskräfte gebraucht. Diese hat man vor allem aus Böhmen, der Slowakei, der Steiermark und Tirol gebracht, meine Großeltern selbst kamen aus der Pilsener Gegend. Dann haben wir noch das fruchtbare Flachland, und für das haben die Österreicher die

Schwaben gebracht. Das waren aber nicht nur Schwaben, so wie die Siebenbürger Sachsen auch keine Sachsen sind, das sind nur Sammelnamen. Die erste große Einwanderungswelle war unter Kaiser Karl IV. in der ersten Hälfte des 18. Jahrhunderts, der sogenannte erste große Schwabenzug. Unter der Nachfolgerin Kaiserin Maria Theresia der zweite und größte Schwabenzug und Ende des 18. Jahrhunderts unter Kaiser Josef II. der dritte Schwabenzug. Die Herkunftsprovinzen der Siedler waren vorwiegend das Elsass, Lothringen, die Pfalz, Bayern, Tirol und die Steiermark. Gleichzeitig wanderten auch Italiener, Franzosen und Tschechen und Slowaken ein. Wenn man heute in Steierdorf auf den Friedhof geht und die Grabstätten schaut, dann liest man dort viele tschechische und slowakische Namen, aber diese Leute haben alle mit der Zeit Deutsch geredet. Weil die Tschechen sehr musikalisch sind, gab es die Bergwerksmusik und die Gesangsvereine und sie haben deutsche Lieder gesungen. Also es war Germanisierung: Man hat zu Hause Tschechisch geredet und Deutsch auf der Straße, in der Schule und auf der Arbeit.

Mit welchen Sprachen sind Sie aufgewachsen?

Meine Mutter fühlte sich als Deutsche und ihre Sprache war Deutsch. Die Sprache meines Vaters war eigentlich die tschechische, doch durch meine Mutter und durch das Umfeld konnte er Deutsch. Schließlich hat sich auch mein Vater als Deutscher bekannt, also ich bin mit der deutschen Sprache aufgewachsen. Überall wurde Deutsch, eine Art österreichisches Deutsch, gesprochen, das war die Hauptsprache. Meine Großmutter konnte kein Deutsch und meine Mutter hat mit Händen und Füßen mit der Schwiegermama geredet. Aber sie haben sich gut verstanden. Mein Großvater, der Schmaus, hat angeblich Deutsch gesprochen, doch mit tschechischem Akzent und nicht perfekt. Als ich geboren wurde, gehörte das Banat zu Rumänien, aber ich habe in Anina die deutsche Volksschule besucht. Danach bin ich in die Temeswarer Josefstadt auf die Klosterschule gekommen, das war das deutsche Gymnasium, bis zur vierten Klasse und mit Internat. Nach der vierten Gymnasialklasse habe ich dann die Abteilung für Lehrerinnenausbildung besucht. Als ich in die Klosterschule gekommen bin, hatte ich Schwierigkeiten mit dem Hochdeutsch, weil ich keine guten Grundschullehrer hatte. Dafür war ich in der rumänischen Sprache besser als die Mädels, die aus den rein deutschen Dörfern kamen. Aber in einem Jahr habe ich sie alle eingeholt.

Zum Aufwachsen mit der deutschen Sprache gehörten auch Märchen, meine Mutter war eine gute Märchenerzählerin. Sie hat mir immer Märchen erzählt, die sie in ungarischen Büchern oder in *Grimms* oder *Andersens Märchen* gelesen hatte. So bin ich in einer Märchenwelt aufgewachsen.

War die Umgebung auch märchenhaft?

Eine märchenhaft schöne Gegend. Ich bin mit dem Herzen immer noch dort. Selbst in meinen Garten setzte ich drei Tannen, die ich von da gebracht habe. Zwei davon leben noch. Somit habe ich ein Stück Waldheimat hier.

Können Sie Ihren Geburtsort noch etwas näher beschreiben?

Steierdorf-Anina war eine Doppelgemeinde mit einem Bürgermeisteramt und es war fast schon eine Kleinstadt. In Steierdorf waren aus der Steiermark Eingewanderte und es gab eine Böhmenkolonie. Anina war dagegen mehr gemischt und so gab es in unserem Dorf Deutsche, Böhmen, Rumänen und Ungarn. Früher war Steierdorf das Zentrum, aber dann hat es sich nach Anina verlagert, wo die vielen Bergleute lebten. Der Bergbau und die Forstwirtschaft waren zu meiner Zeit die Haupteinnahmequellen der Leute. Mittlerweile sind aber alle Kohlebergwerke geschlossen.

Was wissen Sie über die Situation der Deutschen zur ungarischen Zeit?

Als das alles Ungarn war, also zur Generation meiner Eltern, kam die Magyarisierung und die Deutschen durften in der Schule nur ungarisch lesen und schreiben. Meine Mutter hat erzählt, dass sie sehr darunter gelitten hat, dass sie in der Pause nur Ungarisch reden durften. Selbst in der Kirche mussten die deutschen Priester nur ungarisch beten und predigen, die katholische Kirche hat also mitgemacht.

Diese Magyarisierung ging bis zum Ende des Ersten Weltkrieges und sie war hier stärker als bei den Sachsen in Siebenbürgen. Die Sachsen konnten sich ihre Privilegien behalten, wahrscheinlich durch ihre evangelische Kirche und weil sie viel früher eingewandert sind, ganz anders organisiert und sich besser behauptet haben. Nach dem Ersten Weltkrieg haben die Schwaben bestimmt, dass sie zu Rumänien wollten, zumindest ist es so in den Volksausschüssen entschieden worden. Schließlich ist es aufgeteilt worden und den größten Teil des Kuchens hat Rumänien bekommen. Es war schon krumm für die Ungarn, denn obzwar die ihre Puszta haben, war das Banat doch die Kornkammer, auch dank der vielen schwäbischen Dörfer. Der Schwabe ist fleißig, orga-

Else von Schuster im Eingang ihres Hauses

nisiert und sehr bodenständig. Die haben wirtschaftlich viel geleistet und das Banat hochgehalten. Ich erinnere mich aus meiner Zeit als Lehrerin, da war ein rumänischer Schüler aus dem Südbanat, und er hat mir gesagt, dass sie es eigentlich bedauern, dass die Deutschen ausgewandert sind. Auch im Südbanat, dort wurde zwar weniger Landwirtschaft betrieben, aber es waren sehr viele deutsche Handwerker. Die Rumänen haben viel von denen gelernt: Fleiß, Disziplin, Organisieren, Dinge, die manche Rumänen auch heute noch lernen müssten.

Blieben im Banat die einzelnen Ethnien auch unter sich?

In Siebenbürgen waren die Gesellschaften geschlossener als bei uns. In den Dörfern, wo die Schwaben die Hauptgemeinschaft darstellten, waren die Gesellschaften allerdings auch geschlossen, einfach weil keine Rumänen da waren. Aber bei uns im Banater Bergland waren mehr Rumänen. Doch hier hatten die Deutschen beispielsweise ihre eigenen Faschingsbälle. Sie haben das für sich organisiert, außerdem gab es bei den Rumänen keinen Fasching. Vereinzelt sind die Rumänen gekommen, aber meistens blieben die Deutschen unter sich. Ebenso war es nicht Brauch, dass die Rumänen ihre Kinder auf die deutsche Schule schickten. Aber man hatte deutsche Freunde gehabt und viele Rumänen haben auch Deutsch gesprochen.

Welche Rolle spielte die katholische Kirche im Banat?

Die Völkervielfalt im Banat spiegelt sich ebenso in der katholischen Kirche, wo noch in einem halben Dutzend Sprachen gepredigt wird. Bis heute haben wir in Temeswar, im Dom, in der Josefstadt und der Elisabethstadt noch Messen in Deutsch, und es gibt rumänische, ungarische und sogar bulgarische Messen. Im Banater Bergland sind die Kroaten zum Beispiel aus Kraschowa katholisch, an der Donau sind katholische Tschechen und es gibt unter den Rumänen auch viele Katholiken. Als man die Deutschen deportierte, hat man aus Oltenien und der Moldau Rumänen hergebracht. Viele aus der Moldau waren Katholiken. Das Banat war sozusagen das Babylon im Kommunismus. Hier liefen die Dinge besser, denn es gab die Deutschen, die Serben, auch die Ungarn. So sind viele freiwillig hergekommen und plötzlich hatten wir sehr viele Katholiken hier. Doch sie trauten sich nicht in die Kirche zu gehen, erst nach dem Umsturz '89 waren die Kirchen in Temeswar plötzlich voll mit katholischen Moldauern. Dann haben wir noch die Griechisch-Katholischen, die erkennen den Papst an, haben aber ihren orthodoxen Ritus beibehalten. Während des Kommunismus sind unsere Priester verfolgt worden und es waren Prozesse wegen Spionage für den Vatikan. Doch im Grunde genommen hat es funktioniert und es wurden sogar Religionsstunden gehalten, natürlich nicht in der Schule, sondern in der Sakristei. Doch bei all dem sollte man nicht vergessen, dass bei den Leuten, die sich zur Kirche bekannt haben, die Kinder im Kommunismus mit zwei Gesichtern erzogen wurden. Sie wussten: Zu Hause rede ich das und in der Schule das, so wie man es dort wünschte.

Fand bei den Deutschen der Nationalsozialismus auch im Banat Niederschlag?

Es wäre falsch, wenn man übergehen würde, dass die Deutschen in Rumänien sich von den Nazis verführen ließen. Ich war in der Klosterschule und dann sind die Nazis gekommen und haben die Schulen der Volksgruppe unterstellt. Sie haben uns eingeengt und wollten uns von den Nonnen weglocken. Ich war tief religiös und wollte die Lehrerausbildung wegen den Nazis als Fernstudium ma-

Fotowand in Else von Schusters Haus

chen, quasi als Zwischenweg. Doch für Lehrerausbildung gab es kein Fernstudium. Jedenfalls musste ich mit meinem Vater aufs Schulamt, ich sehe mich heute noch diesen Nazis gegenübersitzen, und sie haben uns klar gemacht, dass ich keinen Posten bekomme, wenn ich bei den Nonnen bleibe. Dann habe ich meinem Vater gesagt: Gut, ich gehe in die Nazischule, aber ich gehe nicht ins Internat. Mein Vater hatte das Haus in Temeswar gekauft gehabt. Und so bekam ich ein eigenes Zimmer und bin in die Schule zum Unterricht gegangen. Außerunterrichtlich habe ich nur die Musikausbildung mitgemacht. Wenn wir sonntags Sport hatten, bin ich mit einigen Gleichgesinnten durchgebrannt und in den Gottesdienst. Den Sonntag auszufüllen hat man damals genauso bewusst gemacht wie später die Kommunisten. Und bei denen habe ich es als Lehrerin genauso gemacht: Ich bin früh um sieben in die erste Messe gegangen und danach in die Schule, Elternsitzung machen oder mit den Kindern ins Theater oder Konzert gehen.

Spielte bei den hiesigen Nazis der Antisemitismus eine Rolle?

Bei uns im Banat, mit seinen vielen Völkern, hat sich der Judenhass nicht durchgesetzt. Es war nicht die Verfolgung. Man hat sie gelassen Straßen kehren, aber es gab keine Pogrome. Wir hatten hier einen Oberrabbiner, den ich auch sehr hoch geschätzt habe, den Rabbi Neumann, er war ein sehr gebildeter, feiner Mensch. In der deutschen Zeitung wurde er einmal gefragt, ob es hier eine Judenverfolgung gab. Da sagte er: Nein, bei uns in Temeswar war vieles anders. Ich hatte eigentlich überhaupt keine Ahnung, was damals passierte. Ich wusste nur, dass das Deutsche sehr hochgehalten wurde, dagegen hatte ich nichts. Aber ich hatte etwas dagegen, dass sie die Religion unterdrückt haben und uns sagten, Christus war ein Jude, und dann ihre heidnischen Götter in den Vordergrund rückten. Aber ich glaube, wir haben das mehr als Unterstützung unseres Deutschtums gesehen, denn der rumänische Staat hat auch das Rumänentum gefördert. Die hatten ebenfalls ihre Linie, und diese Eiserne Garde, die auch rassistisch war. Es wurde bei den Deutschen viel organisiert, die Aufmärsche, Blasmusik und Feste, es gab die Jugendorganisation, es wurde *Heil Hitler* gerufen. Also es gab Leute, die ganz mitgemacht haben, es gab die Mitläufer und die Ablehner. Und es ging durch alle Schichten. Zum Beispiel mein Mann, er hat in den ganzen Nazisachen irgendwie mehr gesehen, und da er jüdische Freunde hatte, ist er nicht in die SS gegangen. Als man denen, die nicht in die SS wollten, die Häuser beschmiert hat, ist er auf die rumänische Offiziersschule nach Bukarest gegangen. Da war er bei den Rumänen in der Armee, und nicht nur er, andere auch. Aber ich habe nicht gesehen, dass es Propaganda oder Hass auf die Rumänen oder die anderen gab. Und ich selbst habe das auch nicht empfunden, weil ich mit den Rumänen aufgewachsen bin und wir wussten von keinem Konzentrationslager und auch nicht von den Grausamkeiten.

Welche Rolle spielt die deutsche Sprache noch in Temeswar?

Früher, wenn man durch die Stadt ging oder in der Straßenbahn fuhr, hat man immer wieder Deutsch gehört. In Temeswar war die Mehrheitsminderheit deutsch und in der österreichisch-ungarischen Zeit sind noch die Juden hinzugekommen, da war die deutsche Sprache in der Mehrheit, denn die Juden haben Deutsch und Jiddisch gesprochen. Das mit der Sprache ist lange nicht mehr, übrig geblieben ist die deutsche Zeitung, das deutsche Theater, die deutschen Schulen, obzwar die Mehrheit dort keine deutschen Kinder mehr sind. Dennoch meine ich, wird in Temeswar die deutsche Sprache noch mehr gepflegt als in anderen Teilen Rumäniens. Aber sicher nicht aus Sympathie für die Deutschen, sondern mittlerweile dreht sich das ums Geld. Leider. Wir haben viele Firmen hier aus Deutschland, Österreich und der Schweiz, da kann man gute Posten bekommen, wenn man Deutsch beherrscht. Also ich würde sagen, das wichtigste Element, wie ein Volk seine Nationalität bewahren kann, ist die Sprache. Wenn die einmal weg ist, kann man die Zeitung nicht mehr lesen, die Theaterstücke und die Filme nicht mehr verstehen, da sind die Kultur und das Denken im Keller.

Was erinnert am Stadtbild in Temeswar an die Deutschen?

Architektonisches haben wir sehr viel, was an das Deutsche erinnert: den Jugendstil und das Barock. Beispielsweise unser Dom, der ist natürlich österreichischer Barock. Es gibt auch eine Menge ungarischen Jugendstil, aber der Wiener Jugendstil hat hier die Oberhand. Wir haben auch die vielen Palais, die haben alle ihre Namen und zum Teil deutsche, weil ihre Besitzer Deutsche oder Juden waren. Einmal hatte ich einen Journalisten von der *Frankfurter Allgemeinen Zeitung* zu Gast. Ich habe ihm die vielen schönen Häuser gezeigt: Da war so ein altes Palais, dessen Geschichte ist an einer Tafel erklärt, in vier Sprachen: Rumänisch, Deutsch, Ungarisch und Serbisch. Damit wollte ich ihm erklären, wie multikulturell diese Stadt ist. Doch es hat ihn nicht interessiert, aber als er ein Lieferfahrzeug mit der Aufschrift *Pepsi Cola* sah, das hat er fotografiert. Ich war sprachlos, denn er hat sich für unsere Geschichte und unsere Kultur überhaupt nicht interessiert. Ich fühlte, bei diesen Deutschen herrscht eine Art Geschichtslosigkeit. Dass sie so geworden sind, hat sicher etwas mit dem Zweiten Weltkrieg zu tun. Aber, das heißt nicht, dass man übertreiben muss. Jedes Volk hat seine Kultur, seine Traditionen und Bräuche, seine Mentalität und ich weiß nicht, ob man das in diesem Europa so auflösen kann. Das funktioniert nicht, genauso wenig wie dieses Esperanto. Eine Sprache und ein Volk kann man nicht künstlich zusammenstellen. Aber ich würde es nicht begrüßen, wenn in dem vereinten Europa nicht jedes Volk seine Werte behalten wird.

Das heißt, an der Art der Banater Multikulturalität kann man sich etwas abschauen?

Vor allem nach der Wende wurde offiziell unterstrichen, dass das Banat ein kleines vereintes Europa ist, weil hier so viel unterschiedliche Kulturen leben. Aber die Bewohner des Banats sehen sich nicht alle als Rumänen. Wir machen einen Unterschied zwischen dem Begriff Staatsbürgerschaft und Nationalität. Letzteres ist die Abstammung und da kommt Muttersprache und Brauch und eigene Kultur zusammen. Das heißt nicht, dass wir abgetrennt nur uns sehen, wir sehen sehr wohl die Verschiedenheit unseres Landes. Als ich zum ersten Mal in Deutschland zu Besuch war und dort ein paar rumänische Worte gehört habe, habe ich das als angenehm empfunden. Das ist mein Patriotismus und Rumänien ist mein Vaterland. Das heißt aber nicht, dass ich nicht mein Mutterland ehre und für Deutschland nicht mein Herz klopft. Dieses Bewusstsein ist später gekommen, mit der Reife und dem Erleben. Ich muss sagen, dass diese Verwechslung der Begriffe Staatsbürger und Nationalität mir in Deutschland und in Frankreich aufgefallen sind. Bei ihnen ist ein Türke oder ein Serbe, der schon lange in ihrem Land lebt, irgendwann ein Deutscher. Er ist deutscher Staatsbürger, trotzdem bleibt er Türke oder Serbe.

Ein anderes Beispiel: Nach der Wende wurden unsere Pässe in Frankreich gedruckt und da wurden Staatsbürgerschaft und Nationalität gleichgesetzt. Das ist bei den Franzosen so, aber in unseren alten Pässen wurde das getrennt angegeben. Da gab es bei den Deutschen in Rumänien eine große Diskussion, doch die Ungarn haben Krach geschlagen und es durchgesetzt, dass das wieder getrennt geschrieben wurde. Ich habe mich aber nicht mehr aufgeregt, denn ich bin alt: Wer Schuster liest, sieht doch, dass da nicht Pantofar steht, was die rumänische Übersetzung wäre. Dazu gab es auch einen Artikel in der *Allgemeinen Deutschen Zeitung*, der *ADZ*, den werde ich nie vergessen.

Ein Siebenbürger Sachse hat geschrieben: Ich bin geboren und lebe in Rumänien, bin aber ein Deutscher, weil ich Deutsch als Muttersprache und als Bildung habe. Aber ich werde gesehen als Rumäne. Mein Bruder ist auch in Rumänien geboren, lebt jetzt in Deutschland und ist Deutscher, aber ich bin Rumäne. Mein Vater und meine Mutter sind in Rumänien geboren, leben aber in Deutschland und sind Deutsche, aber ich bin Rumäne. Meine Großeltern sind hier geboren, als das noch Ungarn war. Da wären sie also Ungarn gewesen, dann sind sie Rumänen geworden und jetzt sind sie in Deutschland, da sind sie Deutsche. Also wo ist die Logik? Das heißt, man muss einen Unterschied machen zwischen Staatsbürgerschaft und Nationalität.

Diese Erfahrungen der historisch gewachsenen unterschiedlichen Kulturen gibt es in Deutschland so nicht. Ich weiß auch nicht, ob man in Deutschland auf dem richtigen Weg ist mit dieser Integrationspolitik. Ich verstehe, dass man die Sprache des Staates, in welchem du lebst, beherrschen muss. Aber nicht, dass du nur diese Sprache sprechen musst. Warum können hier deutsche, ungarische, serbische und natürlich rumänische Schulen sein? Was ist da Schlechtes dran? In all diesen Schulen unterrichtet man auch Rumänisch. Man lernt dadurch nicht nur die Staatssprache, sondern auch die rumänische Kultur kennen und daneben unterrichtet man in der jeweiligen Muttersprache. Man muss auf die anderen zugehen. Ich weiß, man kann das von außen schlecht beurteilen. Letztendlich war es früher hier im Banat auch etwas anders. Weil niemand so richtig in der Mehrheit war, gab es eigentlich nur Minderheiten.

Gibt es für Sie Unterschiede zwischen den Deutschen im Banat und denen in Deutschland?

Nicht nur die Rumänen haben von den Deutschen oder den Ungarn oder den Serben etwas abgeschaut, sondern auch umgekehrt. Ich betone immer, dass die Deutschen hier in Rumänien nicht so sind wie die Deutschen in Deutschland. Wir sind gastfreundlicher, das haben Sie bestimmt erlebt. Wir sind vielleicht auch etwas nachsichtiger, wir können uns besser einfühlen in die anderen als die Deutschen von dort, weil wir eben diese Vielfalt haben.

Orte:
Kraschowa – Carașova
Orawitza – Oravița
Reschitz – Reșița
Temeswar-Elisabethstadt – Elisabetin
Temeswar-Josefstadt – Maierele Noi

Die Notre-Dame-Klosterschule in Temeswar

Diese Deutschen kennen die Geschichte der Deutschen nicht

Katharina Schütz,
geb. 1930 in Temeswar,
wohnt ebenda, ledig,
evangelisch, pensionierte
Sportprofessorin

Eva Mayer,
geb. 1928 in Ianova, lebt
in Temeswar, geschieden,
katholisch, Betriebsleiterin
in Rente

Frau Mayer und Frau Schütz, würden Sie sich kurz vorstellen?

Frau Mayer: Ich bin die Frau Mayer und mein Vorname ist Eva ...
Frau Schütz: ... ein guter deutscher Name, wie er früher war. Eine Deutsche aus dem Banat hat Eva, Elisabeth, Katharina und so weiter geheißen. Seitdem wir eine Nobelpreisträgerin haben, die aus dem Banat stammt, hat man überhaupt von uns Deutschen hier mal etwas gehört. Bisher hat sich

niemand um die Deutschen aus Rumänien gekümmert. Nicht einmal der deutsche Konsul wusste, dass es hier Deutsche gibt und dass sie nach Russland verschleppt waren.

Frau Mayer: Als ich das erste Mal '76 in der DDR war, in Meißen auf einem Campingplatz, habe ich auf Deutsch etwas fragen wollen. Auf einmal kam die Frau vom Campingplatz und sagte: Sie sind aus Rumänien, wieso sprechen Sie so gut Deutsch? Sage ich: Was heißt, wieso spreche ich so gut Deutsch, wir sind Deutsche. Sie war sprachlos: Was, Deutsche gibt es in Rumänien? Ich sag: Mir bleibt die Spucke weg. Ihr habt gar keine Ahnung, wo Deutsche überall leben. Sie wissen gar nicht, dass wir in Rumänien eine große Gemeinschaft von über einer halben Million Deutschen waren und rein deutsche Ortschaften hatten. Diese Deutschen kennen die Geschichte der Deutschen nicht. Schade, dass man in Deutschland überhaupt nichts von uns gehört hat. Dabei sind so viele ausgewandert von den Banater Schwaben, die könnten draußen viel erzählen.

Frau Schütz: Mir hat man in Deutschland gesagt, ich bin doch gar keine Deutsche, sondern eine deutschsprechende Rumänin. Früher hat man uns wenigstens noch Volksdeutsche genannt. Und unsere Großeltern, unsere Ahnen, die sind alle aus Deutschland gekommen.

Frau Schütz, wann und wo sind Sie geboren?

Frau Schütz: Ich bin 1930 in Temeswar geboren. Temeswar war immer eine Kulturstadt und eine multinationale Stadt, denn es waren immer Deutsche, Rumänen, Ungarn, Serben und Juden. Niemand hatte eine richtige Mehrheit. Als ich Kind war, hat man auf der Straße Deutsch oder Ungarisch gehört, weniger Rumänisch. Meine Mutter ist in Temeswar geboren. Sie war mit meinem Großvater nach Amerika ausgewandert und ist mit sechs Jahren zurückgekommen. Mein Vater war aus Detta, seine Eltern aus Liebling. Der Großvater mütterlicherseits war evangelisch, die Großmutter katholisch. Mein Vater war evangelisch, die Mutti katholisch.

Frau Schütz, wo sind Sie in die Schule gegangen?

Frau Schütz: In Temeswar auf die deutsche Schule. Wir haben in dieser Hinsicht überhaupt keine Nachteile gehabt. Es war deutsche Schule, deutscher Kindergarten, deutsches Theater, deutsche Zeitungen, dass war alles selbstverständlich. Wir hatten auch während Ceaușescu die deutschen Schulen, aber sie gehörten seit der Reform in den vierziger Jahren dem Staat.

Was haben Sie gearbeitet?

Frau Schütz: Ich war Sportprofessor an der Medizinischen Fakultät der Universität Temeswar, da war ich auch Kathederleiter. Ich hab dort 35 Jahre gearbeitet, ohne Probleme. Im Gegenteil, die Deutschen waren sehr gesucht, weil sie gewissenhaft und ordentlich sind und sie alles, was man machen musste, gründlich ausgeführt haben. Zu einem gewissen Zeitpunkt mussten in die verschiedenen Foren Frauen und Menschen von anderen Nationalitäten hineinkommen. Weil es nur wenige Frauen an der Hochschule gab, bin ich überall und ewig drin gewesen, beispielsweise in der kommunistischen Parteiorganisation. Es waren zu jener Zeit bei uns viele ausländische Studenten aus verschiedenen arabischen Staaten, die waren gewöhnt, ihre Prüfungen mit Geld zu erreichen. Das ging nicht. Sie sind nicht zum Studium gekommen und alle Professoren mussten zusätzliche Vorlesungen halten. Da hatte ich genug. Als ich das Rentenalter hatte, sollte ich noch bleiben, doch ich lehnte ab und bin seit '87 glückliche Rentnerin.

Frau Mayer, wo sind Sie geboren?

Frau Mayer: Ich bin in Ianova geboren, einer rumänischen Gemeinde. Meine Eltern stammen aus Deutschbentschek, etwa 20 Kilometer von Temeswar entfernt. Weil man so viele Kinder hatte und in deutschen Gemeinden keine Lebensmöglichkeiten waren, sind viele Deutsche in rumänische Ortschaften gezogen. Die Deutschen bei uns waren sehr oft Handwerker. Mütterlicherseits war die ganze Familie Maurer. Väterlicherseits waren die Großeltern Müller, aber mein Vater war Schlosser. Als ich vier Jahre war, sind wir nach Temeswar übergesiedelt und mein Vater hat eine Wollschlumperei [Vorbereitung der Wolle] eröffnet. Doch er ist '42 gestorben und meine Mutter ist mit mir aufs Dorf zurück, weil wir dort noch Haus und Feld hatten. Mit 20 Jahren bin ich wieder nach Temeswar gezogen.

Wo sind Sie in die Schule gegangen?

Frau Mayer: Ich habe ab 1936 die ersten fünf Klassen in Temeswar gemacht und zwei in Ianova, bis '43, das waren alles deutsche Schulen. In Ianova waren 52 Familien mit 30 Kindern, und diese waren von der ersten bis zur siebten Klasse alle in einem Raum. Doch in diesen zwei Jahren habe ich mehr gelernt als in den fünf Jahren in der Stadt. Als ich aufs Lyzeum gehen wollte, ging es nicht und ich bin ohne Hochschule geblieben. Aber ich hatte mich als Angestellte so gut in einem Betrieb eingearbeitet, dass ich sogar in Großsanktnikolaus die

Filiale einer Strumpffabrik geleitet habe. Seit 1983 bin ich in Rente.

Was wissen Sie über die Magyarisierung der Deutschen im Banat?

Frau Mayer: Meine beiden Großmütter und meine Eltern hatten zur ungarischen Zeit nicht Deutsch gelernt in der Schule, sondern Ungarisch. Wenigstens in der Sonntagsschule lernten sie deutsch lesen und schreiben. Unsere Verwandtschaft hat sich magyarisieren müssen, damit sie Offiziere bleiben konnten, genauso war es mit den Beamten. Das bedeutete nur Ungarisch sprechen und die Namen umschreiben lassen. Erst nach dem Ersten Weltkrieg haben die Deutschen ihre deutschen Schulen und Rechte zurückbekommen. Aber unsere Eltern haben gegen die Ungarn nichts gehabt.

Frau Schütz: Auch meine Mutti hat in der Schule richtig Ungarisch lernen müssen, weil Deutsch nicht gesprochen werden durfte. Sie hat ihrem Großvater die deutsche Zeitung vorlesen müssen, damit er Deutsch übt. Und unsere Generation aus Temeswar spricht auch noch Ungarisch. Das hat man auf der Straße von den Kindern gelernt.

Frau Mayer: Die Deutschen wären verloren, wenn die Rumänen nicht gekommen wären. Es wäre hier genauso gegangen wie mit den Deutschen in Ungarn. Die Siebenbürger Sachsen hatten es besser. Ich bewundere sie sehr, sie halten bedeutend besser zusammen als die Banater Schwaben. Und mein Vater sagte schon: Wir können uns ein Beispiel an den Sachsen und ihren Vereinen nehmen.

Frau Schütz: Das ist auch jetzt noch. Die Sachsen haben zuerst die Gemeinschaft und dann ICH. Und die Schwaben haben zuerst ICH und dann die Gemeinschaft. Die Siebenbürger Sachsen sind meine evangelischen Landsleute.

Frau Mayer: Jedenfalls – als nach dem Ersten Weltkrieg das Banat zu Rumänien gekommen ist, war das für die deutsche Bevölkerung eine Befreiung. Zum Beispiel die Sathmar-Schwaben, die haben kaum noch Schwäbisch sprechen können. Bei denen war die Magyarisierung so drin, dass sie das Deutsche fast vergessen hatten.

Apropos Russlanddeportation ...

Frau Mayer: Man sollte nicht vergessen, wie die Russland-Deportation war. Ich war damals in Deutschbentschek bei der Verwandtschaft. Der Wachtmeister dort war gut befreundet mit meinem Onkel, und er sagte: Morgen fangen wir an, die Deutschen zusammenzuklauben. Das sagte der Onkel zu mir: Du gehst jetzt nach Haus und mobilisierst

185

die Leute. Da bin ich über Berg und Tal nach Ianova rübergelaufen und habe unseren Leuten Bescheid gesagt. Das war am 4. Januar 1945. In der Früh, wir waren kaum aufgestanden, ging das Tor auf und russische und rumänische Soldaten kamen herein, zusammen mit vier oder fünf Rumänen mit Sensen und Gabeln. Sie wollten meinen Vater holen.

Waren Sie von der Aushebung betroffen?

Frau Mayer: Nein, ich war zu jung.
Frau Schütz: Ich war zu klein, aber mein Bruder Karl musste mit 17 Jahren gehen. Zu uns sind die Nachbarn gekommen, eine Serbin, sie sagte: Geben Sie den Karl zu mir, denn die Soldaten kommen in der Nacht und holen die Deutschen. Sie war sehr anständig, wir haben uns doch alle gekannt. Mein Vater war Buchdrucker und Schriftsetzer, und das waren großartige Sozialdemokraten, die sich nie anders anredeten als Genosse. Mein Vater sagte: In einem demokratischen Staat kann so etwas nicht passieren, der Bruder bleibt da. Aber dann haben sie ihn doch geholt.

Gab es unter den Deutschen im Banat viele Sozialdemokraten?

Frau Schütz: Die Sozialdemokraten waren die Arbeiter und von den Buchdruckern waren alle bei den Sozialdemokraten und es waren noch verschiedene Intellektuelle sozialdemokratisch. Nachdem die Sozialdemokratische mit der Kommunistischen Partei vereinigt wurde, wurden sie mit in die Partei aufgenommen, aber wenige Wochen später wieder hinausgeworfen, weil sie nämlich Sozialdemokraten waren und keine richtigen Kommunisten.

Woher kam diese Sozialdemokratie im Banat?

Frau Schütz: Das ist von der vielen Industrie, noch aus österreichisch-ungarischen Zeiten gekommen. Sie waren sehr gut organisiert, hatten ihre Kulturkreise gehabt, Gesangsverein, Schachklub und es war dort eine Bibliothek und ein Billardtisch und so weiter.

Aus welchen Nationalitäten bestand die Sozialdemokratie?

Frau Schütz: Es waren alle, nicht nur die Deutschen.

Was war besonders charakteristisch für die Banater Schwaben?

Frau Mayer: Die Banater Schwaben waren sehr reich, Geld hatte bei ihnen nie eine Rolle gespielt. Und sie waren Einzelkinder, damit der Besitz erhalten bleibt.
Frau Schütz: Zu den Kindern gibt es einen Scherz: Die Rumänen, die Zigeuner und die Siebenbürger Sachsen hatten viele Kinder. Die Schwaben

Handarbeitskreis des Deutschen Forums in Temeswar

hatten im Allgemeinen nur ein Kind. Warum? Weil man ein halbes Kind nicht kriegen kann.
Frau Mayer: Ich war 16 Jahre alt und auf einer Kirchweih. Da sagte meine Tante zu mir, nimm dich in Acht vor den Guttenbrunnern. Da holt mich einer zum Tanzen und fragt mich, woher ich bin und was meine Eltern machen. Sag ich: Wir sind keine Bauern und haben nur wenig Feld. Er hat nie wieder mit mir getanzt, ich war für ihn ein armes Mädel.
Frau Schütz: In der Stadt war es anders, da gab es Berufe und jeder hat einen lernen müssen. Eine Besonderheit war, dass viele Schwaben weder gesetzlich noch kirchlich verheiratet, sondern nur zusammengelebt und die Kinder großgezogen haben, zum Beispiel meine Großeltern väterlicherseits.
Frau Mayer: Ich kenne es auch aus meiner Familie.

Was war der Grund dafür?

Frau Mayer: Die Evangelischen haben niemanden geheiratet, der katholisch war, auch wenn sie deutsch waren.
Frau Schütz: Bei den Siebenbürger Sachsen waren 90 Prozent evangelisch, aber hier im Banat waren es nur ein paar Dörfer. Hier waren viel mehr Katholiken. Man hätte übertreten müssen, aber das wollten sie nicht. Man ist bei seinem Glauben geblieben und der Familienfrieden hat nicht drunter gelitten, absolut nicht.

Was gab es bei den Banater Schwaben an Traditionspflege?

Frau Mayer: Da gab es viel, Kirchweih, Fronleichnam und auch weltliche Feste: Zum Beispiel haben die Meister Feiern veranstaltet. Und auch im Kommunismus gab es noch Feste, da konnte jeder teilnehmen.

Wie sind die verschiedenen Kulturen miteinander ausgekommen?

Frau Mayer: Mit meiner Mutter habe ich zwar Deutsch geredet, aber wenn sie auf Arbeit gegangen ist, hat sie mich bei den rumänischen Nachbarsleut gelassen, so dass mir Rumänisch geläufiger war. Als ich in die Stadt gekommen war, mit vier Jahren, habe ich gemerkt, hoppla, hier ist noch eine Sprache, das war das Ungarische. Später sind wir ins Zentrum gezogen und da waren die Juden. Die hatten wieder eine andere Sprache.

Frau Schütz: Man ist in Temeswar einfach mit den vielen Kulturen aufgewachsen. Wir waren 17 Kinder im Haus: Deutsche, Juden, Rumänen und ein Zigeunermädchen.

Wurden Vorurteile trotzdem gepflegt?

Frau Schütz: Im Allgemeinen vielleicht, aber ich kenne das nicht.

Wenn Sie Temeswar beschreiben würden ...

Frau Schütz: Sie war und bleibt für mich die schönste Stadt. Wenn man im Zentrum die schönen großen Häuser aus der alten Zeit sieht, dann ist das irgendwie für mich Österreich, irgendwie Deutschland. Der Baustil ist so ähnlich wie dort. Dann die vielen schönen Häuser in der Fabrikstraße oder der Markt am Domplatz mit den vielen Ständen für Fleisch, Ledersachen und den Melonenbergen. Dort waren auch nach österreichischer Art die Fiaker und der artesische Brunnen. Das war alles wunderschön, aber die Stadt ist jetzt nicht mehr so gepflegt wie früher.

Gab es für Sie etwas ganz Spezielles in Temeswar?

Frau Schütz: Für mich war es das Allerschönste, dass es diese Gemeinschaft gegeben hat. Ich bin schon mit zweieinhalb Jahren in den Klosterkindergarten, mit Nonnen und in deutscher Sprache. Dort haben wir viele deutsche Gedichte und Lieder gelernt und gesungen. Daneben war die Klosterkirche und da war ich im Chor. Auch wo ich mit meinen Eltern gewohnt hab damals, im Scherter-Haus. Nebenan war das Grafen-Kastell. Mir hat das alles sehr gefallen als Kind und auch nachher, ich war so ein zufriedener Mensch.

Haben die einzelnen Ethnien in der Stadt getrennt gewohnt?

Frau Schütz: Nein, das gab es nicht. Nur die Juden haben in ihren eigenen Vierteln gewohnt. Die haben sich nicht mit den anderen vermischt, außer den reichen Bankiers, die haben dann im Zentrum gewohnt, in großen, riesigen Wohnungen. In diesem Viertel war auch die Synagoge, die hat überlebt.

Gab es Animositäten zwischen Deutschen und Juden?

Frau Schütz: Nein, da gab es nichts. Nur in der Kriegszeit, da mussten die Juden einen gelben Stern aufstecken und Zwangsarbeit machen: Schnee schippen und solche Arbeiten, die niemand gemacht hat.

Welche Erinnerungen haben Sie an die Kriegszeit?

Frau Schütz: Man hat vom Krieg in der Zeitung gelesen oder im Radio gehört, oder von denen, die zurückgekommen sind. Ansonsten war es normal, aber nicht wie im Frieden: Materiell war es schlechter, denn die Männer waren an der Front. Es war in Temeswar ein Lazarett, mit deutschen Soldaten, die gepflegt wurden. Da sind auch unsere Mütter und Schwestern helfen gegangen. Man hat dazu aufgerufen. Es waren auch die SS-Männer mit den schwarzen Uniformen und den Stiefeln. Die haben so verschiedene Rechte gehabt, oder haben sich die wenigstens geholt, um auf die anderen herabzuschauen und wenn möglich anzuklagen. Da wurden viele einfach nur zu Unrecht verleumdet und bestraft.

Waren diese Anklagen politisch oder ethnisch?

Frau Schütz: Das war politisch, denn da waren Deutsche dabei.

Haben Sie etwas von Rassismus mitbekommen?

Frau Schütz: Nein, nein. Sie haben ihr Deutschsein gespielt, aber die anderen in Ruhe gelassen, wenn es nicht politisch wurde.

Gab es viel Zuspruch für die Nazis von den Deutschen hier?

Frau Schütz: Nein, man war eher skeptisch und hat sie nicht gut angeschaut. Wenn ich mich richtig erinnern kann, hat man sie eher als Verräter am Deutschtum und an den Deutschen hier gesehen. Es war unanständig und peinlich.

Wie haben Sie das Kriegsende erlebt?

Frau Schütz: Wie die Rumänen im Krieg die Waffen gedreht haben, sind die Deutschen gekommen. Dann haben sie sich zurückgezogen und die Russen marschierten ein. Sie haben mit Vorliebe die Uhren gestohlen und die Frauen und Mädchen haben sich verstecken müssen. Es gab solche Verfolgungen, dass die Frauen lieber in der Deportation gewesen wären, als von den Russen hier vergewaltigt zu werden.

Sind Sie Mitglied im Deutschen Forum?

Frau Schütz: Selbstverständlich.
Frau Mayer: Ja, ich bin Mit-

glied, da singe ich im Chor mit und bin beim Handarbeitszirkel tätig. Wir treffen uns fast jede zweite Woche und da wird Verschiedenes gebastelt, gestrickt und gehäkelt. Das wird verkauft, der Erlös dem Kinderspital gespendet. Und was man nicht verkaufen kann, damit wird Tombola gemacht. Für uns ist das Forum natürlich sehr wichtig, um die Gemeinschaft zu pflegen. Wir haben zum Beispiel die Volksuni, die ist zweisprachig, Deutsch und Rumänisch, und wir haben Videonachmittage und es sind einmal im Monat Musikkreis, Fotokreis und Opernabend. Wir haben im Forum hier in Temeswar sehr viele Tätigkeiten. Diejenigen, die sich am Chor beteiligen mit seinen häufigen Chorproben und noch bei der Seniorentanzgruppe mitmachen, bewältigen ein sehr schweres Programm.

Welche Altersgruppen nutzen die Angebote des Forums?

Hauptsächlich ältere Leute. Die jungen Leute haben auch ihre Aktivitäten. Wir treffen uns sehr oft. Wir Alten hatten jetzt zwei Tage sogar ein Mundarttreffen, wo nur Schwäbisch gesprochen wurde. Und Autoren, die etwas in Schwäbisch geschrieben haben, haben das vorgelesen.

Wie viele Mitglieder hat das Forum in Temeswar?

Ich kann das nicht sagen. Es waren wohl vor zwei oder drei Jahren noch ungefähr 2000 Mitglieder, aber es sind ja inzwischen viele verstorben. Ich weiß nur, dass wir das größte Forum in Rumänien sind.

Orte:
Deutschbentschek – Bencecu de Sus
Großsanktnikolaus – Sânnicolau Mare
Guttenbrunn – Zăbrani
Temeswar – Timișoara

Sie sagten: Das macht nichts

Dorothea Schiff, geb. Meinzenbach, geboren 1936 in Detta, verheiratet, ein Kind, katholisch, Bäuerin, in Rente

Matthias Kirsch, geb. 1930 in Detta, verheiratet, zwei Kinder, katholisch, Elektriker, Feuerwehrmann, in Rente, Ehrenbürger von Detta

Frau Schiff, können Sie kurz etwas zu Ihrer Person sagen?

Frau Schiff: Ich bin in Detta geboren. Meine Eltern waren beide deutsch und sie gehörten in die Kategorie Arbeiter. Mein Vater hat als Schuster in der Fabrik gearbeitet und meine Mutter war Strickerin. Sie hat sehr wirtschaften müssen, weil wir drei Kinder waren. Ich bin in den deutschen Kindergarten und die ersten drei Klassen in die katholische Mädchenschule gegangen. Das war hier im Kloster bei den Nonnen. Ich hatte gerade die erste Klasse beendet, da haben die Rumänen 1944 die deutsche Schule aufgelöst und uns in die rumänische geschickt. Aber sie haben uns nicht in die zweite Klasse genommen, sondern wieder in die erste, weil der größte Teil der Schüler nicht Rumänisch sprechen konnte. Nach einem Jahr haben sie die deutsche Schule wieder geöffnet und da habe ich noch die zweite und dritte Klasse bei den Nonnen gemacht. Wie sich 1947/48 das Regime geändert hat und der König raus ist, wurde das Kloster aufgelöst und die deutsche Schule in einem anderen Gebäude untergebracht. Bis '88 war die deutsche Schule in Detta. Als ich die siebente Klasse beendet und mich schon in

Temeswar im Lyzeum eingeschrieben hatte, da haben sie uns in den Bărăgan abgeführt. In der Nacht sind sie gekommen: Packt alles zusammen und weg.

Die Deportation in den Bărăgan – wie kam es dazu?
Herr Kirsch: Zwangsumsiedlung bedeutete: Deutsche, Serben, Bauern, Geschäftsleute, Kapitalisten. Ich habe meine Frau 1948 kennengelernt und wir hatten Angst, dass sie auch in den Bărăgan musste, weil ihr Vater bei der deutschen Armee war. Im Bărăgan ist alles Steppe gewesen, aber der Boden war fruchtbar und unsere Deportierten sollten auch dort eine Kornkammer machen. Jede Familie konnte etwas im Waggon mitnehmen. Das war nicht so wie die Deportation nach Russland, wo Viehwaggons mit 65 Leuten vollgestopft wurden.
Frau Schiff: Sie haben im Juni 1951 aus allen Dörfern die Leute, die als volksfeindlich galten, weggeschafft.
Die komplette Familie wurde zum Bahnhof geführt, in die Waggons gesteckt und mit dem Zug in den Bărăgan gebracht. Die Gegend war unbewohnt, es gab viel freies Feld und immer schrecklichen Wind. Ausgeladen haben sie uns in der Stadt Fiteşti und uns im Regen aufs offene Feld gesetzt. Nach drei Tagen sind sie gekommen und haben uns, wieder im Regen, auf ein anderes Feld, 40 Kilometer entfernt, befördert. Dann wurden Bretter gebracht und wir haben Löcher gegraben und Dächer darüber gebaut. In diesen Bunkern lebten wir Monate, bis uns befohlen wurde, Häuser zu bauen. Ich war 16 Jahre alt und musste schon Steine machen, Häuser verputzen und Dächer mit Stroh decken.
Es waren keine Brunnen und die Leute von dort haben uns Wasser in Fässern gebracht, aber das mussten wir bezahlen. Wie sollte man bezahlen, wenn man zwar gearbeitet hat, aber kein Geld hatte? So haben wir verkauft, was wir hatten, von den Möbeln, den Kleidern. Bis zum Winter war das Haus fertig, mit Schlafzimmer, Tageszimmer und Küche. Wir hatten dort auch Gärten angelegt, es war ein schönes Wohnviertel entstanden. Da wir Möbel mitnehmen durften, konnten wir das Haus einrichten. Danach haben wir am Ärztehaus und an der Schule gebaut und Geschäfte errichtet. Jede Familie wurde dazu gezwungen, es war Zwangsarbeit, und das Dorf, welches von uns aufgebaut wurde, hieß Botuşani Nou. Nach einem Jahr sind 15 Banater Familien aus unserem Dorf nochmals umgesiedelt worden, nach Buteşti. Dort sollten wir in einer Furnierfabrik arbeiten und wir wurden in Baracken gesteckt, während in unsere Häuser Leute aus der Moldau hineinwanderten.

Wurden nur Deutsche in den Bărăgan deportiert?

Frau Schiff: Nein, auch Ungarn, Serben und Rumänen. Aber ich habe mich immer gefragt, warum wir fort mussten, wir waren weder reich noch Großgrundbesitzer. Aber ich hatte einen Onkel, der nach dem Krieg in Serbien geblieben war. Er hatte dort eine Lehrerin kennengelernt und ich habe ihm geschrieben. Jedenfalls wurde uns gesagt, dass wir in den Bărăgan mussten, weil wir mit dem Onkel, der bei der deutschen Armee war, in Verbindung waren.

Katholische Kirche in Detta

Wussten Sie, wie lange Sie im Bărăgan bleiben mussten?

Frau Schiff: Das wussten wir nicht. Wir wussten nur, dass wir den Bărăgan nicht verlassen durften, und so blieben wir bis '56.

Was passierte mit Ihren Häusern im Banat?

Frau Schiff: Die Häuser hat der Staat enteignet und Moldawier hineingesetzt. Es wurden auch viele Häuser abgerissen, weil der Präfekt in Temeswar die Order gegeben hat, die hätten gestört. Beispielsweise wurde auch die Schule abgerissen, vielleicht weil da eine Büste und eine Tafel mit dem Schulgründer angebracht war.

Herr Kirsch: Aber die ist jetzt wieder da. Da war der deutsche Konsul aus Temeswar gekommen und hat eine Tafel wieder eingeweiht.

Wie viele Leute aus Detta sind in den Bărăgan verschleppt worden?

Herr Kirsch: Vielleicht 30 Prozent. Bedenkt man, dass schon viele zur deutschen Armee gingen, dann '45 nach Russland und noch in den Bărăgan, da wurden es immer weniger.

Frau Schiff: Einige sind aus Russland gekommen und waren nur wenige Wochen zu Hause, dann mussten sie in den Bărăgan. Solche Sachen sind vielen Familien passiert.

Ihre Eltern waren von der Deportation nach Russland nicht betroffen?

Frau Schiff: Nein, '45 nicht. Mein Vater war im Krieg und dann in Gefangenschaft. Meine Mutter hatte eine rumänische

Freundin, von der wurde sie gewarnt: Nimm deine Kinder und geh zu den Großeltern, dass sie euch nicht finden. Da sind wir zwei Wochen geblieben, bis die Aushebung vorüber war.

Wie hatte man diese Deportationen begründet?

Frau Schiff: Wir waren Deutsche und hatten den Krieg verloren.

Hatte man da nicht verflucht, dass man deutsch war?

Frau Schiff: Nein, ich war ja nicht schuld gewesen. Ich habe immer zum Deutschtum gehalten und mir hat es gefallen: die Disziplin, die Lieder, die Gedichte. Später, ich war schon Buchhalterin, da habe ich mich einmal in der Arbeit hingesetzt und ein Gedicht geschrieben, was wir in der Schule lernten: Du Kind von deutschen Ahnen ... Wir hatten gerade eine Inspektion von Bukarest und da war ein Jude gewesen, der hat Deutsch gekonnt. Da hat er gelesen und sagte: *Fetița* – Mädchen, so etwas sollst du nie mehr schreiben, das kann dich in das Gefängnis bringen. Sagte ich: Das habe ich in der Schule gelernt. Ja, sagt er, damals waren andere Zeiten und jetzt sind wieder andere. Und ich schaue gerne deutsches Fernsehen, wir haben über Satellit alle Programme.

Herr Kirsch: Das Erste, ZDF, Bayern, wir schauen alles: Sport, Musik und Politik. Wir schauen es gerne, weil wir niemanden mehr haben. Hier sind keine Deutschen mehr.

Sie interessieren sich nicht so für die rumänische Politik?

Herr Kirsch: Die rumänische Politik spüren wir täglich, was sollen wir uns da interessieren.

Frau Schiff: Abends ab sieben Uhr sind im rumänischen Programm die Nachrichten. Die schaue ich mir an, aber dann gehe ich gleich zu den deutschen rüber, zu den Bayern mit »Dahoam ist Dahoam«, oder zu all den Filmen.

Herr Kirsch, wann und wo sind Sie geboren?

Herr Kirsch: In Detta, 1930. Ich war das einzige Kind und meine Eltern waren beide Deutsche. Meine Mutter war zu Hause gewesen und mein Vater war Hauptmechaniker im Elektrizitätswerk.

Wo gingen Sie zur Schule?

Herr Kirsch: Eingeschult wurde ich '37 und ich bin vier Jahre in die Grundschule gegangen und danach in Detta aufs Gymnasium. Als ich im September in die vierte Klasse kommen sollte, sind wir geflüchtet.

Wegen des Krieges?

Herr Kirsch: Ja, der Rumäne ist 1944 von der deutschen Seite weg und die deutsche Armee ist im September von Serbien aus bis zur Temesch vorgerückt, aber nicht weiter gekommen. In Temeswar wurden die ganzen Verbrecher rausgelassen und da haben die Deutschen gesagt: Geht, die bringen euch alle um! Da sind wir in der Nacht mit dem Auto nach Jugoslawien gefahren, die Grenze war nur 20 Kilometer weg und dort waren noch die Deutschen. Wir sind in Werschitz zwei Nächte geblieben und im Oktober '44 mit der Eisenbahn weiter nach Ungarn gefahren, dort blieben wir zwei Monate. Als die Russen kamen, ging es nach Österreich, Ravensburg, Kreis Mistelbach. Wir wurden mit der ganzen Familie, die Großmutter, die Cousinen, die Kinder in ein Schloss einquartiert und später in die Kapelle. Mein Vater ist noch zur Armee eingezogen worden und bis Wittenberg gekommen. Dann haben sie uns zum Volkssturm geholt und wir mussten Laufgräben, Panzersperren und Maschinengewehrnester graben und Ostern '45 kam die Front. Wir saßen im Schlosskeller, als ein Soldat auf Rumänisch rief: Kommen Sie heraus oder ich werfe eine Granate hinunter. Da war der erste Mann dort ein Rumäne. Wir sind in Ravensburg geblieben und ich hab für die Russen im Spital für kranke Pferde gearbeitet. Wir haben uns natürlich gefühlt wie die Cowboys und sind den ganzen Tag geritten. Wir blieben bis August '45, und weil das an der tschechischen Grenze war und dort viele Tschechen wohnten, waren wir nicht gut angesehen und sind nach Hause gefahren. In Ungarn haben Partisanen den Zug überfallen und uns alles genommen. Am 23. August sind wir in Arad angekommen und weiter nach Detta, aber ohne Vater, von dem haben wir nichts mehr gewusst. Er ist in die amerikanische Kriegsgefangenschaft gekommen.

Was wäre gewesen, wenn Sie im Westen geblieben wären?

Frau Schiff: Es sind viele von Detta in Deutschland geblieben. Aber dort war auch kein gutes Leben, es war zerstört, man hat alles wieder aufbauen müssen.

Herr Kirsch: Viele sind weiter nach Deutschland, und wir hätten auch können, aber unsere Heimat war hier gewesen.

Was passierte zu Hause?

Herr Kirsch: Ich bin in die Lehre als Verkäufer gegangen. Während der Zeit habe ich die Abendberufsschule gemacht als Kaufmann und dann bin ich ins Elektrizitätswerk und habe als Elektriker gearbeitet. Und '49 bin ich in die Fabrik und habe 35 Jahre gearbeitet, davon 25 Jahre als Vorarbeiter. Seit '51 war ich freiwillig bei der Betriebsfeuerwehr und als der Chef in Pension gegangen ist, habe ich das alles übernommen, zum Schluss war ich Direktor.

Dass Sie kein Rumäne waren, war kein Problem?

Frau Schiff: Nein, in Detta nicht. Das war kein Problem.
Herr Kirsch: Im Gegenteil. Sie haben uns Deutsche gesucht und wir sollten in die Partei eintreten. Zwei Jahre habe ich mich gesträubt. Ich habe gesagt, ich war bei den Pimpfen, bei der deutschen Volksgruppe, und ich bin in den Westen geflüchtet. Sie sagten: Das macht nichts. Ich kam bis ins Parteikomitee und war zehn Jahre im Gemeinderat. Aber 1991 bin ich in Rente gegangen.
Frau Schiff: Es war kein Unterschied, ob du Deutscher oder Rumäne warst. Ich war 31 Jahre Sekretärin im Lyzeum. In der Schule durfte jede Nationalität bei den Rumänen ihre Matrikel in der eigenen Sprache schreiben, in deutscher, ungarischer oder rumänischer Sprache. Es war deutscher, rumänischer und ungarischer Unterricht und die ersten Jahre auch serbischer. Der Direktor war ein Rumäne, der Studiendirektor ein Deutscher und der Schuladministrator ein Ungar, und nie hast du etwas gehört, weil du ein Deutscher bist. Ich kann nicht sagen, dass es ein Nachteil war.
Herr Kirsch: Da war ein Oltener, der hat angefangen zu bohren: Wie kann ein Deutscher Chef sein? Er ist zur *Securitate* und sagte, ich hätte Ceaușescu verflucht. Aber ich hatte hohe Funktionen in der Partei und im Gemeinderat, da hat er nichts machen können. Ich habe sogar vom Rathaus den Titel Ehrenbürger von Detta gekriegt, für die 40 Jahre, die ich bei der Freiwilligen Feuerwehr war. Ich bin jetzt noch der einzige deutsche Ehrenbürger in Detta.

Warum war man in Rumänien so tolerant gegenüber den Minderheiten?

Herr Kirsch: Es waren in Detta fast keine Rumänen, vielleicht zehn Familien: ein Notar, ein Direktor, ein Advokat ... Der Durchschnitt waren Deutsche, die Bauern, die Geschäftsleute und die Handwerker. Früher waren auch die Großgrundbesitzer deutsch, doch die haben sich als etwas Besseres gefühlt und mehr Ungarisch gesprochen. Das war früher hier Österreich, aber dann gehörte es zum ungarischen Königreich und da hat man die Wichtigen zu Ungarn gemacht. Die einfachen Ungarn haben als Knechte bei den deutschen Bauern oder als Fabrikarbeiter gearbeitet. Wie '45 die Deutschen enteignet wurden, bekamen sie dann die Felder.

Was wissen Sie von den Deutschen im Banat?

Herr Kirsch: Wie die Türken fort waren, war im Banat nur

Sumpf und Wald. Dann hat Kaiserin Maria Theresia vor 250 Jahren die Schwaben gebracht und die haben Land und Häuser bekommen. Die haben hier die Kornkammer Europas gemacht und Vieh, Früchte und alles Mögliche exportiert. Nach 1918 ist das Banat geteilt worden: Ein Teil ist zu Serbien gekommen, ein kleiner zu Ungarn und der größte Teil zu Rumänien, denn die Schwaben im Banat haben sich für den rumänischen Staat entschieden. Nach dem Zweiten Weltkrieg wurden Deutsche im Banat von den Serben umgebracht, von den Ungarn vertrieben, aber die Rumänen haben niemanden vertrieben. In Rumänien sind die Deutschen aber nach Russland deportiert worden, aber sie waren ja nicht schuldig, was die Deutschen dort angestellt haben. Die Deportierten kriegen vom rumänischen Staat sogar eine Rente und der deutsche Staat gibt ihnen nichts.

Als Sie noch jung waren, wie viele Schwaben lebten im Banat?

Frau Schiff: Es waren viele. Aber dann sind viele Ungarn von den Dörfern und auch viele Rumänen hergekommen, aus der Moldau, aus Oltenien.

Wie viele Deutsche leben noch in Detta?

Frau Schiff: Ich arbeite in der Kirche und in der Evidenz sind das noch 180 Deutsche. Aber es sterben immer mehr und einige gehen noch weg.

Herr Kirsch: In Detta sind 80 Prozent Deutsche gewesen, jetzt sind es vielleicht zwei Prozent.

Wann kippte die deutsche Mehrheit in Detta?

Frau Schiff: Nach dem Krieg, in den fünfziger und sechziger Jahren, vielleicht schon früher.

Herr Kirsch: Das war, wie man uns nach Russland geschickt hat und wir enteignet wurden. Danach haben wir zwar immer noch zusammengehalten, aber eigentlich gab es in Detta nicht so eine große Kulturtätigkeit mehr. Wir hatten keinen Gesangsverein, kein Theater, das war mehr auf den Dörfern, dort war der Zusammenhalt besser. Keiner kümmert sich mehr um uns. Sie kommen von der Heimatortgemeinschaft, aber der Vorsitzende war noch nie bei uns gewesen. Als der andere noch gewesen ist, war ich jedes Jahr zu den Heimattagen eingeladen.

Gibt es ein Deutsches Forum hier?

Herr Kirsch: Wie die Sachsen in Siebenbürgen 1990 begonnen haben, Deutsche Foren zu gründen, haben wir in Detta auch angefangen. Wir waren 800 Leute und es haben zehn Dörfer zu uns gehört. Zunächst wählten wir einen Vorstand

und den Vorsitzenden, aber die sind alle abgehauen: Der erste ist zwei Jahre geblieben, der nächste ein Jahr und der übernächste fünf Jahre. Seit 1995 bin ich nun der Vorsitzende. Und ein Detta-Deutscher, Ovidiu Ganț, ist sogar Abgeordneter des Deutschen Forums im rumänischen Parlament. Von den Mitgliedern haben wir die Hälfte durchgehen lassen, das waren gar keine Deutsche, und als keine Hilfssendungen mehr kamen und sie kein Visum für die Bundesrepublik mehr von uns brauchten, sind nur noch einige Idealisten geblieben. Jetzt sind wir in Detta noch 180 Deutsche und voriges Jahr waren davon noch 70 Mitglieder im Forum, doch inzwischen sind schon zehn gestorben. Zahlende Mitglieder sind wir aber nur noch 15. Und bei den jungen Leuten ist es nicht mehr so eindeutig, haben viele in Mischehen geheiratet und die Ehepartner geben sich als Deutsche aus, und wir kennen sie nicht mehr alle.
Frau Schiff: Der Sohn von meiner Bekannten gibt sich jetzt als Deutscher aus, der hat in München studiert.
Herr Kirsch: Zehn Jahre habe ich täglich, ohne etwas dafür zu bekommen, zu 20 Personen das Essen nach Hause getragen: zu unseren Alten und zu denen, die in Russland waren und jetzt krank oder über 90 Jahre alt sind. Es gibt so viele Alte, die jetzt alleine sind, derweil hatte jede Familie ein Haus gehabt, viele ein Feld, Schweine, Kühe, Hühner, Pferd, Garten. Unsere Ahnen haben sich geplagt, um aus dieser Wildnis die Kornkammer Europas zu machen, doch aus egoistischen, materialistischen Gründen ist man fortgerannt. Sie wurden nicht wie bei den Polen, Tschechen und Ungarn vertrieben. Ab den 70er Jahren sind wir verkauft worden wie Sklaven. Der deutsche Staat hat bis zu 10 000 Mark für einen Deutschen gezahlt. Aber 1991 hätte keiner mehr gehen müssen. Doch sie haben nicht mehr bleiben wollen und jetzt wohnen sie in Miete. Bei den Jungen verstehe ich es, aber bei den Alten ... Die haben keine Heimat dort, das habe ich gesehen.

Wenn Sie an früher denken, was hat sich verändert?

Frau Schiff: Wir Deutschen hatten so viel Kultur in Detta. Es war ein Pionierhaus, dort sind wir alle zusammengekommen, die Deutschen, die Ungarn und die Rumänen. Da war jeden Sonntag ein Wettbewerb zwischen den Schulen. In Detta waren drei Kinos, eines im Park, im Saal und wo jetzt das Hotel ist. Die Leute sind dahin gegangen und hatten Unterhaltung gehabt. In dem wunderschönen Park war eine große Kegelbahn, dort ist im Sommer jeden Samstag getanzt

Matthias Kirsch mit den Eltern bei der Kommunion 1939

worden, da war deutsche Musik in Detta. In dem Gebäude neben uns war der bürgerliche deutsche Leseverein. Dann war das Kulturhaus für Tischtennis, Schach und Bälle und es war im Saal auch ein Kino.

Herr Kirsch: Nach 1990 haben wir das Kulturhaus als Erbe der Deutschen zurückbekommen. Jetzt gehört es formal uns, aber wir nutzen nur zwei Räume, das andere ist noch immer Kulturhaus. Solange die Deutschen hier waren, war Detta eine schöne Stadt. Jetzt ist sie nur noch ein Drecksloch.

Wie waren die Deutschen organisiert?

Herr Kirsch: Alles war eingeteilt, da waren Gewerbetreibende, da war die Vereinigung von den Bauern und es waren die Nachbarschaften, die waren aber nicht politisch. Die hat man von den Siebenbürger Sachsen übernommen. Als in den 40ern die Volksgruppe gekommen ist, war es total politisch. Statt sonntags in die Kirche zu gehen, mussten wir Jugendlichen schießen gehen und Granaten werfen, Kampfspiele und Geländespiele machen, als Vorbereitung fürs Militär.

Glaubten die Schwaben an die NS-Ideologie?

Herr Kirsch: Wir waren noch jung und begeistert, es gab nichts anderes. Der Hitler hat uns aber alle verrückt gemacht und Millionen verraten und umgebracht. Wir haben nichts gewusst. 1941 haben sie die Jugend zur Wehrmacht geholt, denn die rumänische Armee war minderwertig: Essen und Kleidung waren schlecht und man ist geschlagen worden.

Frau Schiff: Diese Lieder von damals haben uns sehr beeinflusst und die haben irgendwie Freude gemacht, das hat man gern gesungen. Es war Begeisterung gewesen, ganz bestimmt.

Wie war das Zusammenleben unter den Nationen hier?

Herr Kirsch: Feindschaft gabs nicht, wir Deutsche haben uns mit den Zigeunern und den Juden gut verstanden. Wir haben uns mit allen Nationen gut verstanden.

Frau Schiff: Ja, mit allen. Auch getanzt haben wir miteinander.

Herr Kirsch: Schlimm war es nach dem Krieg. Mein Vater ist in der Nacht von der *Securitate* geholt und dort im Keller geschlagen worden. Er wurde als Hitlerist und als Saboteur hingestellt und ich als Nationalist. Alles Lügen. Doch die Deutschen haben hier so viel freiwillig gemacht, zum Beispiel die Feuerwehr. Die ist 1875 gegründet worden und Feuerwehrverein war mehr oder weniger eine deutsche Angelegenheit: Die Musik und die Diensthabenden waren deutsch, Ungarn sind wenig gekommen, die Rumänen haben gar nicht mitgemacht. Bis heute werden Jubiläen richtig gefeiert. Jeden 13. September gehe ich zum Feuerwehrtag, vollgepackt mit Wein und Schnaps, das ist noch in mir drin. Aber jetzt ist in Detta keine Freiwillige Feuerwehr mehr. Heutzutage macht niemand mehr etwas ohne Geld. Die Freiwilligkeit von früher gibt es heute nicht mehr.

Welche Rolle spielte die Magyarisierung hier bei den Deutschen?

Herr Kirsch: Da war hier Ungarn bis 1920. Die Ungarn waren sehr nationalistisch, sie wollten alles magyarisieren. Aber die Leute hier haben trotzdem immer Deutsch gesprochen. Deshalb haben die Schwaben und die Sachsen nach dem Ersten Weltkrieg sich zu Rumänien bekannt. Der König war deutsch, von Hohenzollern-Sigmaringen. Wir haben uns mit den Rumänen gut verstanden und sie haben uns niemals zu Rumänen machen wollen, wir hatten sogar deutsches Theater, Zeitungen und deutsches Radio. Das wird aus Temeswar gesendet, auf Mittelwelle. Und jeden zweiten Sonntag gratuliere ich Bekannten über die deutsche Sendung.

Frau Schiff: Es war schon Rumänien und trotzdem wurde in der Kirche noch Ungarisch gesprochen, und das deutsche Josef wurde zu Joszef magyarisiert. Jetzt haben wir wieder einen ungarischen Pfarrer aus Siebenbürgen, aus dem Szeklerland, wo nur Ungarn sind. Und ich sage heute noch zu ihm: Herr Pfarrer, bitte nicht die Namen magyarisieren. Weil wenn du ein Diplom hast und den Taufschein, das muss stimmen. Da sagte er: Das macht nichts.

Sprechen Sie beide Ungarisch?

Frau Schiff: Ja, natürlich, ich spreche das perfekt. Als Kind musste uns die Mutter bei den Nachbarn lassen. Die konnten nur Ungarisch.

Herr Kirsch: Ich spreche auch Serbisch. Ich war vier Jahre im Geschäft gewesen, da habe ich auch serbische Kundschaft bedienen müssen. Bevor das rumänische Fernsehen war, haben wir das serbische gesehen. Irgendwie haben wir es gelernt.

Grundschulklasse in Detta in den 1930er Jahren

Jeder hat hier drei, vier, Sprachen gekonnt. Aber zu Haus, da ist nur Deutsch gesprochen worden.

Haben die Deutschen hier eine Zukunft?

Herr Kirsch: Hier gab es einmal sechs Familien, die Kirsch geheißen haben, ich bin der Allerletzte. Viele Familien sind ganz ausgestorben. Die Leute sind hier über 70 und Kinder gibt es bei den Deutschen gar keine mehr.
Frau Schiff: Es gibt sehr viele Mischehen in Detta. Alles ist vermischt.

Setzt sich in den Mischehen das Deutsche weniger durch?

Herr Kirsch: Ja, weil es meistens nach der Frau geht.
Frau Schiff: Ich glaub auch. Mein erster Mann, ich habe geheiratet dort in Moldova, mit ihm habe ich sechs Jahre gelebt und ich habe mich nicht auf das Rumänische umstellen können. Einmal hat er zu mir gesagt: Ihr seid keine Deutschen, ihr seid Zigeuner, so wie ihr Deutsch sprecht. Ich sage: Das ist der Dialekt. In Deutschland ist genauso Dialekt: in Bayern, in Baden-Württemberg und in Hamburg ist es überall anders. Und dort oben in Friesland auf den Inseln ... wie wird dort gesprochen? Ich verfolge das alles.
Herr Kirsch: Wie die Siebenbürger Sachsen in Rumänien. Wenn die Sachsen miteinander sprechen, verstehen wir auch nichts. Sie sind wie wir auch Deutsche und wir verstehen trotzdem nichts.
Frau Schiff: Die Sachsen können auch die Schwaben nicht leiden. Ich bin Mitte der 60er mit der Schule auf Ausflug nach Hermannstadt gefahren. Wir wollten dort im deutschen Internat schlafen und eine Kol-

legin sagte zu mir: Geh, du sprichst Deutsch. Dann bin ich hinein, habe sie rumänisch begrüßt, aber weiter auf Deutsch gesprochen. Die zwei sächsischen Sekretärinnen haben sich angeschaut, etwas Sächsisch gesprochen und haben angefangen, Rumänisch mit mir zu sprechen. Dachte ich mir: Jetzt bist du abgeblitzt. Aber die Siebenbürger Sachsen sprechen ein viel schöneres Deutsch als wir. Sie sprechen literarisch. Wir hatten in der Schule einen Professor von Schäßburg und immer hat er mir gesagt: Dorli, jetzt sprichst du nicht gut Deutsch, das muss man so und so sagen. Danke, hab ich gesagt, denn ich habe mich gefreut. Ich habe bei ihm viel gelernt.

Herr Kirsch: Aber die Sachsen haben alles an sich gerissen. Wir haben im Forum noch nie einen Landesvorsitzenden aus dem Banat gehabt, obwohl wir hier mehr Deutsche sind als in Siebenbürgen. Die Sachsen haben immer dirigiert, im Faschismus, im Kommunismus und heute wieder und wir Schwaben sind immer nur die Mitläufer.

Welche Rolle spielte die Kirche bei den Deutschen in Detta?

Frau Schiff: Die Leute waren sehr religiös, auch jetzt noch. Die Kirchweih ist immer gehalten worden zum 26. Juni zu Sankt Anna. Da sind die Leute immer durch Detta marschiert in der schwäbischen Tracht. Zu kommunistischen Zeiten wurden ein Sonntag deutsch und der andere ungarisch gepredigt, das ging bis 2003 so. Und jetzt ist es so: Die Hälfte der Messe ist deutsch und die zweite ungarisch und am nächsten Sonntag umgekehrt. Aber der neue Pfarrer hat Deutsch erst 2003 gelernt. Es kommen nicht mehr viele in die Kirche, es sind nur noch wenige Deutsche. Es gab den ungarischen und deutschen Kirchenchor, den gab es bis 2006, da habe ich zum Pfarrer gesagt: Es zahlt sich nicht aus – mit drei Leuten. Die Ungarn waren 20 Leute und da haben wir die Chöre vereinigt, denn wir Deutsche haben die ungarische Sprache perfekt beherrscht. So singen wir in Ungarisch, Deutsch, Rumänisch und Latein.

Herr Kirsch: Die Mädchen waren in der Marien-Organisation und ich war als Jugendlicher in den katholischen Aloisius-Verein eingetreten. Aloisius war ein Heiliger. In der kommunistischen Zeit hat die stellvertretende Parteisekretärin nicht erlauben wollen, dass wir von der Partei am Kirchweihfest teilnehmen. Doch ich habe mich durchgesetzt, dass wir das Kirchweihfest mitmachen können. Der Pfarrer hat den Gottesdienst in drei Sprachen gehalten: Ungarisch, Rumänisch, Deutsch. Da habe ich zu ihm gesagt: Herr Pfarrer, hören

Sie auf mit diesen blöden drei Sprachen, es hört sowieso niemand zu.

Sind Sie in Deutschland gewesen?

Herr Kirsch: Ich war in Deutschland, als die Vereinigung war, am 3. Oktober '90 und noch sieben Mal, aber jetzt will ich nicht mehr. Ich hatte auch schon die Ausreiseakten gehabt, aber was suche ich in Deutschland? Mein Leben lang habe ich für den rumänischen Staat gearbeitet. Ich muss meine Rente von hier kriegen, nicht von Deutschland, wo ich nichts in die Rentenkasse gezahlt habe. Die, die nach Deutschland gegangen sind und dort Rente bekommen, das ist Ausbeutung. Ich verurteile die sehr. Und viele Ältere fühlen sich dort nicht zu Hause. In Deutschland haben wir eine Bekannte besucht, in einem Mehrfamilienhaus. Da sagte sie zu mir: Nicht so laut im Haus! Was ist das denn, wenn man sich nicht einmal unterhalten kann? Bei mir zu Haus kann ich reden, wann ich will. In Deutschland hat es mir immer weniger gefallen. Diese vielen Kopftücher und Moscheen, das ist nicht mehr Deutschland. Mein Sohn ist dort, meiner Frau ihre Schwester ist dort. Nur mein Mädel ist hier geblieben und sie hat gesagt: Mutter, wenn du nicht gehst, geh ich auch nicht. Doch dann ist sie auch gegangen, aber nicht nach Deutschland, sondern unter die Erde. Sie war unsere einzige Versicherung für das Alter, aber das Enkelkind ist jetzt bei uns.

Frau Schiff: Eigentlich wollten wir auch auswandern. Wie ich das erste Mal nach Deutschland bin, habe ich gesagt: Mir kommt das alles so vor, als wäre ich hier in einem anderen Leben schon einmal da gewesen. Ich war in Hamburg, in Bayern, in Nürnberg, in Erlangen ... Meine Cousine hat mich überallhin geführt und mir die Kirchen und Schlösser gezeigt. So ist es mir alles irgendwie zu Herz gewachsen: Die Natur, die Reinlichkeit, wie die Leute sich benehmen. Alles hat mir imponiert. Ich bin in ganz Rumänien herumgefahren, Deutschland hat mich ganz anders angezogen. Aber wollte ich doch nicht weg, denn jemand muss das Deutschtum in Detta noch halten, denn die Ahnen haben sich so geplagt, etwas aufzubauen.

Was ist Heimat für Sie?

Herr Kirsch: Viele sagen, Heimat ist dort, wo du geboren bist, wo deine Ahnen waren und wo du dich zu Hause fühlst. Dort ist die Heimat – nicht, wo es dir gut geht.

Frau Schiff: Für mich ist Heimat da, wo man sich wohl fühlt. Die, die weggegangen sind, sagen, dass sie jetzt nirgendwo Heimat haben, in Deutschland tut sie niemand anerkennen, weil

sie nicht dort geboren sind.
Herr Kirsch: In Deutschland wird die *Banater Post* herausgegeben. Sie schreibt über Heimattage, aber die Heimat ist nicht dort. Sie schreibt über Kirche, aber die Kirche ist nicht dort, sie ist hier. Das Banat ist hier, warum haben die dann in Deutschland die *Banater Post*? Es waren blühende deutsche Dörfer hier und jetzt sind es Ruinen. Ich pflege den Friedhof noch und muss die Hacke mitnehmen, dass ich an die Gräber herankomme. Aber viele haben überhaupt niemanden mehr, der ihre Gräber pflegt.

Können Sie verstehen, dass die Deutschen ausgewandert sind?
Frau Schiff: Nein, absolut nicht. Ich habe sehr viel in der Kanzlei geholfen, als Ausreisende zu uns kamen, um den Nachweis zu bekommen, dass sie als Katholiken getauft wurden. Da habe ich zum Pfarrer gesagt: Warum müssen sie alle fort gehen? Sagte der Pfarrer: Frau Schiff, wenn jeder so denken würde wie Sie, wäre unsere Gemeinde nicht leer. Wir sind besser dran als die, die nach Deutschland gegangen sind, die sind alle alleine jetzt. Die haben Sehnsucht nach Hause und sind mit der Sehnsucht geblieben und wir ... [*lacht*]
Herr Kirsch: In Deutschland ist bei den Leuten die Nachbarschaft nicht so hoch. Aber ich habe mich trotzdem gut gefühlt in Deutschland. Sonntags bin ich in die Kirche gegangen und da haben sie gesammelt für Kenia. Ich hab gesagt: Sie werden entschuldigen, ich habe keine Mark, aber einen Notenschein möchte ich in den Spendenstock geben und hab 100 Lei rein gelegt. Am anderen Tag war jemand in die Kirche gekommen und hatte einen 100 DM-Schein gebracht. Da hatte ich 200 Mark, denn damals hat es noch Begrüßungsgeld gegeben.

Herr Kirsch: Wie kommen Sie damit zurecht, dass Ihr Sohn in Deutschland lebt?

Herr Kirsch: Er war sowieso nicht mehr hier in Detta, er war in Temeswar. Da war er Lehrer gewesen und dann ist er nach Deutschland gegangen. Er wohnt jetzt neben Nürnberg. Wir waren früher zehn Personen im Haus, jetzt sind wir nur noch zwei. Das Enkelkind ist total deutsch, er hatte ja die deutsche Schule. Als sie diese aufgelöst hatten, musste er auf die rumänische gehen und da hat er irgendwie alles Deutsch gesagt. Da haben sie ihn ausgelacht.

Orte und Worte:
Werschetz – serb. Vršac

Professor – Lehrer am rum. Gymnasium

Ich bin immer gerade gestanden für unsere Sachsen

Brigitte Ilse Mureșan †, geb. Landt, 1935 in Bistritz/Bistrița geboren, lebte ebenda, evangelisch, verwitwet, zwei Söhne, pensionierte Verkaufsstellenleiterin und Leiterin des Handarbeitskreises des DFDR in Bistritz

Frau Mureșan, darf ich Sie nach Ihrer Kindheit fragen?

Ich bin 1935 geboren und im '40er ist Nordsiebenbürgen an Ungarn angeschlossen worden. Dann haben die Bistritzer Sachsen das deutsche Militär erwartet und auf dem Kornmarkt eine große Bühne aufgebaut. Im '44er wurden die Sachsen aus Nordsiebenbürgen evakuiert und mein Onkel war der Führer der Sachsen und er hat gesagt: Die Sachsen müssen raus. Der Onkel war ein großer Hitlerist und die Mama hat ihm nicht geglaubt – zuletzt haben wir gesehen, wie es war. An einem Sommerabend '44 hat man uns gesagt: Packen, morgen früh um fünf Abfahrt! Die Mama hat nichts anderes gemacht als gebacken und gekocht. Sie sagten zur Mutter, dass sie hier bleiben könne, aber die Kinder müssen mit. Welche Mutter lässt ihre Kinder zurück? Dann hat der Onkel uns, meine Mutter, die Schwester und mich, nach Desch geführt. Dort haben die Russen jeden Tag bombardiert. Das war wahrscheinlich wegen dem Bahnhof. Nach zwei Wochen sind wir mit dem Zug nach Wien gelangt, wo schon die anderen Bistritzer waren. Doch die blieben in Österreich und uns hat man nach Thorn an der Weichsel gefahren – das ist jetzt in Polen. Es waren über

40 Viehwaggons á 22 Personen. Wir durften 36 Kilo Gepäck pro Person mitnehmen und geschlafen haben wir auf einer Decke am Boden. In Thorn wurden wir in ein großes Flüchtlingslager gebracht, wo das Essen schlecht war und ich Gelbsucht bekam. Weihnachten haben unsere Sächsinnen ihre Trachten angezogen, einen Chor gemacht und unsere schönen Lieder gesungen. Die Deutschen dort waren ganz erstaunt, so etwas hatten sie noch nicht erlebt.

Im Januar '45 mussten wir nach Deutsch-Eylau flüchten, das ist 50 Kilometer von Danzig. Wir wurden von den Russen gefangen genommen und die wollten den Tata erschießen. Da hat meine Mutter angefangen zu schreien und der russische Kommandant hat gesagt. Weg! Der Tata war frei und wir sind schnell weiter, auf einen Bauernhof, wo wir uns in einer Scheune versteckt haben, ohne Essen. Eines Morgens hat mich der Vater aufgeweckt: Brigitte, heute hast du Geburtstag und bist zehn Jahre alt. Und ich habe zu meinem zehnten Geburtstag Schnee essen müssen. Schnee! Das war am 9. Februar 1945. Am nächsten Morgen sind wir auf den nächsten Bauernhof. Dort war niemand da, aber wir fanden eine Speisekammer voll mit Essen. Plötzlich kam ein Alter, ein Deutscher. Er hatte ganz große weiße Augenbrauen und so ein nettes Gesicht, wie ein Weihnachtsmann. Er fragte: Wie kommt ihr denn her? Auf dem Bauernhof waren hunderte Kühe und Hühner und dann kamen die Russen auch dorthin.

Der Tata musste für sie arbeiten und die Mama hat für die Russen gekocht und so hatten wir unser Essen. Damit sie von den Russen in Ruhe gelassen wurde, hat sie immer ein dunkles Tuch aufgetan. Sie war 36 und hat ausgesehen wie eine Hundertjährige.

Wie sind Sie dann nach Bistritz gelangt?

Es war der 9. Mai, der Krieg sollte zu Ende sein, aber es gab immer noch Kämpfe, jede Nacht hörten wir Flieger nach Danzig fliegen. Wir Kinder haben so viel Grausames gesehen, ausgebrannte Panzer und drinnen die Leute ... Wenn man das als Kind erlebt, bleibt das ein Leben lang im Kopf, ich habe noch jahrelang davon geträumt. Am 15. Mai brachen wir nach Berlin auf, denn wir mussten zuerst raus aus der Zone, wo nur Russen und Polen waren, es war sehr gefährlich. Wir kamen in das zerbombte Berlin und wurden in einer Schule untergebracht. Die Eltern mussten auf einem Feld arbeiten und wir Kinder haben auf kaputten Autos gespielt, das war Anfang Juni '45. Irgendwann sind wir weiter, zuerst nach Österreich, dann nach Ungarn. Wir sind fast alles gelaufen und die Mama hat aus zwei Kartoffeln eine Suppe gekocht, für vier Personen. Und dann noch laufen. Zuerst haben wir 36 Kilometer am Tag geschafft, aber zuletzt nicht mehr als neun. Wir hatten keine Kraft mehr und Tata musste die Schwester tragen. Irgendwann haben wir die rumänische Grenze passiert und in Bistritz haben uns zwei rumänische und ein russischer Soldat sofort in ein Lager abgeführt, das war in der Schwarzenberg-Kaserne, wo jetzt das Gericht ist.

Wie lange sind Sie in diesem Lager geblieben?

Ein paar Wochen, Weihnachten waren wir daheim. Die Männer mussten Straßen reparieren gehen. Die Mama hat verlangt einen freien Tag, damit wir einmal zu unserer Wohnung gehen. Die Mama hat sie gelassen an ein Ehepaar und sie hat der Frau in der Wohnung gesagt: Ihr könnt bleiben, nur meine Nähmaschine würde ich gern haben. Am nächsten Tag ist die Frau sich beschweren gegangen, dass die Sachsen zurückkommen und ihre Sachen verlangen. Sie hat reklamiert, dass der Tata da gewesen wäre, nur, er war es nicht, es war die Mama. Da haben sie den Tata zwei Jahre verschleppt und wir haben nicht gewusst, ob sie ihn erschossen haben. Die Mama war bei der Polizei, doch die hat gesagt: Machen Sie ihre Arbeit, sonst kommen Sie auch zur Zwangsarbeit. Später erfuhren wir: Der Tata war in einem Lager in Großwardein.

Was haben Ihre Eltern gearbeitet?

Meine Mutter war Hausfrau und der Vater war Schustermeister. Er betrieb eine Werkstatt mit vier Angestellten. Aber dieser Vater war nur mein Stiefvater, denn mein leiblicher Vater ist gestorben, als ich vier Jahre alt war. Auch meine Schwester war vom anderen Vater. Aber der Stiefvater war ein echter Vater und auch Sachse. Er hieß Emrich und war im 1911er geboren.

Haben in Bistritz die Sachsen auch nur untereinander geheiratet?

So war es. Ich war die erste in der Familie, die einen Rumäner geheiratet hat, den Vater meiner zwei Söhne. In dieser ersten Ehe wurde zu Hause nur Rumänisch gesprochen, Deutsch durfte ich nicht reden, denn ich habe ja rumänisches Brot gegessen. Meinen zweiten Mann habe ich im 75er geheiratet, er war ein Rumäne, seine Großmutter aber eine Deutsche. Mit ihm konnte ich reden, wie mir der Schnabel gewachsen war: Deutsch, Ungarisch und Rumänisch. Er war stolz, dass seine Frau eine Sächsin war, doch vor 16 Jahren starb er leider.

Lernten Ihre Kinder trotzdem Deutsch?

Meine zwei Söhne sind nur auf die rumänische Schule gegangen. Doch der kleinere, der Karl, liest, schreibt und spricht Deutsch, aber schwer, weil er mit seiner Frau und den Kindern nur Rumänisch redet. Als er in Deutschland arbeitete, hat er aber Deutsch gelernt. Unlängst war ein purer Deutscher hier und ich habe gehört, wie gut er Deutsch redet. Die Enkel sprechen Deutsch, denn sie waren im deutschen Kindergarten und in der Schule.

Was haben Sie gearbeitet?

Ich war im Lebensmittelladen Verkaufsstellenleiterin, zuerst im Lebensmittel-, dann im Brotgeschäft, und die letzten zwölf Jahre habe ich die Konditorei übernommen. Im April '90 bin ich nach 37 Jahren in Rente gegangen.

Sagen Sie bitte etwas zu Ihrer Schulzeit ...

Als wir '44 geflüchtet sind, hatte ich die dritte deutsche Klasse absolviert. Die meisten waren in der Schule Deutsche, nur einige rumänische Ärzte und Lehrer schickten ihre Kinder zu uns. Die Ungarn aber weniger, die waren nationalistisch und hatten immer ihre eigene Schule. Es gab auch eine rumänische Schule, wir hatten also früher dreierlei Schulen in Bistritz. Wie ich '45 zurückkam, war alles, nur keine deutsche Schule mehr. Da musste ich auf die rumänische gehen und Rumänisch war für mich eine Fremdsprache. Man hat uns alle, die Größeren und die Kleinen, noch einmal in die dritte Klasse getan und ich habe den Abschluss auf der rumänischen Schule gemacht. Dann wollte ich auf die Lehrerschule gehen. Ich habe das Dossier eingereicht und man hat drauf geschrieben: Abgewiesen, Kind von Ausbeuter. Weil mein Vater vier Angestellte hatte!

Wie war die Bevölkerungsaufteilung in Bistritz bis zum Krieg?

In der Stadt waren ungefähr die Hälfte Deutsche, etwas weniger die Rumäner und es waren noch Ungarn und Juden. Die Sachsen wohnten im Stadtzentrum und hatten große Häuser. In unserer Straße gab es nur ein einziges Haus, das einem Rumänen gehört hat. Vis-à-vis von uns war ein jüdisches Haus, dann zwei sächsische und wieder ein jüdisches Haus und die jüdische Schule. Den Sachsen gehörten auch die Fabriken, denn sie waren die Fleißigsten und hatten Grips im Kopf. Die Hauptsprache auf den Straßen war Deutsch und die meisten Rumänen haben es auch gesprochen. Wir haben uns alle gut verstanden, bis im Krieg die Ungarn gekommen sind und gehetzt haben, da gab es Reibereien. Nach dem Krieg

Sitz des Deutschen Forums in Bistritz

sind viele Ungarn weg und es war hier alles, nur nicht mehr deutsch geprägt.

Haben bis zum Krieg die Deutschen Rumänisch gesprochen?

Die meisten wohl nicht. Die Mama ist mit 73 gestorben, aber gut Rumänisch konnte sie nie. Doch der Vater hat vier Sprachen gesprochen: Deutsch, Rumänisch, Ungarisch und das Jiddische, weil sein Meister ein Jude war. Hier in Bistritz gab es einige Juden und sie haben auch Deutsch gesprochen, aber Rumänisch nicht, da haben sie erst nach dem Krieg damit angefangen.

Von was haben die Sachsen in Nordsiebenbürgen gelebt?

Auf dem Dorf war Landwirtschaft, Weinbau und alles. In Heidendorf zum Beispiel wurde ein berühmter Wein gemacht, der *Steininger*. Die Sachsen hatten ihr Stück Land und das wurde immer nur vermehrt und niemals verkauft, denn man hat es bekommen von den Vorfahren, die haben geschuftet und die schönen Häuser und Gründe gehabt. In Bistritz waren vor allem Handwerker. Die waren sehr fleißig und haben sehr gut gelebt in der Stadt.

Was ist von den Deutschen nach dem Krieg übrig geblieben?

Bis zum Krieg waren wir Sachsen die Mehrheit. Die rumänischen Mädchen waren bei uns Mägde und auf dem Land waren die Jungen Knechte. Die Sachsen waren sehr gut organisiert. Dann sind nur wenige zurückgekommen und wir waren plötzlich die Minderheit. Das war eine Zeit, als wir Sachsen nicht mehr Deutsch auf der Gasse geredet haben, sonst hätten wir Eier auf die Schädel gekriegt. Dann kamen viele Sachsen von den Dörfern in die Stadt, denn man hat sie nicht mehr ins Dorf gelassen. Unsere Sachsen von den Dörfern haben nie betrogen, aber betrogen wurden sie, dass es nur so krachte.

Wenn Sie an Ihre Kindheit zurückdenken ...

Ich denke noch sehr oft, wie es früher war: Ein jedes Dorf hatte seine eigene Tracht und auch seinen eigenen Dialekt. Wir haben uns alle gekannt, jede Straße hatte eine Nachbarschaft mit einem Nachbarvater und ich kenne alle deutschen Namen der Straßen, über die rumänischen muss ich mir den Kopf zerbrechen und heute kennt man keine Leute mehr. Die umliegenden Dörfer um Bistritz, da waren die meisten deutsch. Es wohnten auch viele Ungarn hier, jetzt noch. Die konnten alle Deutsch und kamen gut aus mit den Sachsen, und die Sachsen konnten auch Ungarisch.

Was war typisch sächsisch bei Ihnen zu Hause?

Die Mama war aus Südsiebenbürgen, aus Petersdorf neben Mühlbach. Sie hat anders geredet als der Tata aus Bistritz. Die Nordsiebenbürger haben sich mit den Südsiebenbürgern sprachlich nicht gut verstanden. Die Mama hat zu den Gurken *Kroatzenwetz* gesagt und der Tata *Audrenck*, und die Mama hat sich aufgeregt: Du kannst nicht einmal richtig Sächsisch reden. Dann sind sie zur Omama und haben sich beklagt, dass der andere ein falsches Sächsisch spricht. Und die Omama hat gesagt: Von heute an redet ihr nur noch Hochdeutsch zu Hause, denn die Kinder werden ja verrückt, wenn sie zweierlei Sächsisch hören. So haben wir zu Hause immer Hochdeutsch gesprochen und die Großmutter sowieso.

War für Sie das Ausreisen ein Thema?

Ja, ich hatte schon die Akten. Doch ich habe es mir noch überlegt, denn ich hatte einen wunderbaren Mann. Und meine Kinder sind auch hier geblieben.

Haben Sie Verwandte in Deutschland?

Meine Schwester. Ich und meine Cousine sind hier geblieben, alle anderen sind rüber von der Familie. Mein Cousin ist in Deutschland sogar Universitätsprofessor geworden.

Wann sind Sie in Deutschland gewesen?

Ich bin im '69er rüber und habe zwei Monate neben Stuttgart gearbeitet, erst in einem Kinderheim als Schneiderin. Und als sie gemerkt haben, dass ich allerhand kann, habe ich alles gemacht. Ich habe mich sehr gut verstanden mit den Deutschen. Mir hat gefallen, dass die Leute sehr freundlich waren und sich sehr schön benommen haben.

Sind Sie Mitglied im Deutschen Forum?

Seit '91 habe ich im Bistritzer Forum mitgemacht, ich war die Geschäftsführerin. Auch bei der Kirche war ich, im Presbyterium, aber ich habe abgedankt, als mein Mann starb. Jetzt bin ich nur noch Mitglied im Forum, aber ohne Funktion. In den '90ern, wenn wir Hilfe aus Deutschland bekamen, hatte ich die Listen von den Sachsen zusammengestellt, aus 28 Dörfern. Wenn nur eine sächsische Familie in einem Dorf war, haben wir trotzdem die Hilfspakete hingebracht. Jedes Jahr habe ich für unsere Handarbeitsfrauen Ausflüge in die sächsischen Dörfer organisiert. Beispielsweise nach Mönchsdorf, dort haben wir eine Kirche auf dem Berg, die ist eine der ältesten romanischen Kirchen in Siebenbürgen. Bis heute werden hier Gottesdienste gehalten vom Pfarrer aus Sächsisch-Reen. Aber wir sind nur noch sehr wenige. Ich bin immer gerade gestanden für unsere Sachsen. In Hermannstadt war unser Konsulat für Deutschland. Einmal, das war '94 oder '95, habe ich dort an-

Evangelische Stadtpfarrkirche in Bistritz während der Renovierung

gerufen und um eine Audienz gebeten, doch die wollten nicht. Da verschaffte mir der damalige Forumsvorsitzende eine. Ich rede mit der Konsulin, weil, immer wenn junge Männer ein Visum haben wollten, sie diese abgewiesen hat. Ich sagte: Unsere Sachsen wollen in Deutschland arbeiten, so lassen Sie sie doch hinaus. Wir sind hier seit 1141 und haben seitdem unser Sachsentum vererbt. Antwortet sie: Das erbt man nicht, das lernt man. Sage ich: Wissen Sie was, Sie sind hergekommen, um uns zu helfen, aber Sie sind wie eine Feindin. Sagt sie: Keiner wird ein Visum bekommen. Ich stand wütend auf und sagte: Halten Sie gut ihren Stuhl fest, merken Sie nicht, wie er schon wackelt? Zwei Tage später rief mich der Forumsvorsitzende an: Stellen Sie sich vor, was passiert ist.

Die Polizei hat die Konsulin festgenommen. Es gab wohl noch andere Probleme mit der Dame.

Was hatten Sie vom Forum her mit den Visa zu tun?

Ich habe diese Pässe von den Jungen eingesammelt, die Papiere ausgefüllt und diese zum Konsulat in Hermannstadt gebracht. Die Mitglieder von den Deutschen Foren haben das Visum damals bevorzugt bekommen. Ich bin hier jeden Dienstag früh um sechs weggefahren, denn um neun Uhr öffnete das Konsulat.

Welches sind Ansprechpartner in Deutschland?

Die HOG's und es gibt dort viele Sachsen noch. Jedes Jahr zu Pfingsten ist ein Sachsentreffen in Dinkelsbühl. Ich war schon viermal dort und habe auch die Leute vom Forum dorthin geschleppt.

Was gibt Ihnen die Kraft, sich für diese wenigen Deutschen hier noch so einzusetzen?

Als ich jetzt zum Sachsentreffen in Kronstadt war und so gestanden bin und mir unsere Sachsen angeschaut habe, habe ich zu mir gesagt: Mensch, du bist eine verdammte Sächsin, bis ins Blut hinein. Wir Sachsen waren immer gut angesehene Menschen und so sind wir erzogen worden. Immer mussten wir kämpfen, im '40er, im '44er und danach. Meine Eltern haben alles verloren, die Mutter, die Wohnung, der Tata seine Werkstatt, darum bin ich so stark.

Orte:
Bistritz – Bistrița
Desch – Dej
Großwardein – Oradea
Heidendorf – Viișoara
Mettersdorf – Dumitra
Mönchsdorf – Herina
Treppen – Târpiu
Tschippendorf – Cepari
Wallendorf – Unirea

Bistritzer Blaskapelle

Ich bin schneller in Deutschland als in Agnetheln

Erhard Fraymayer, geb. 1943 in Agnetheln/Agnita, wohnhaft seit 1962 in Konstanza/Constanța, verheiratet, zwei Kinder, evangelisch, pensioniert, ehemaliger Leiter des Planetariums Konstanza und des Deutschen Forums Konstanza

Ein sehr schönes Haus! Was ist seine Geschichte?

Das ist die ehemalige deutsch-evangelische Erhardt-Luther-Schule. Luther war ein Bukarester Brauereibesitzer. Er hatte Konstanza besucht und gesehen, dass es dort weder Schule noch Kirche gab. Da hat er testamentarisch hinterlassen, eine Schule und eine Kirche zu bauen. Die Schule wurde 1901 eingeweiht und die Schüler waren auch Armenier, Griechen, Juden ... Das ging bis zum Ersten Weltkrieg, dann wurde die Schule untersagt, weil Deutschland Kriegsgegner war. Jetzt ist es der Sitz des Demokratischen Forums der Deutschen in Konstanza.

Wo haben Sie Ihre Kindheit verlebt?

Ich stamme aus Agnetheln, das ist im Harbachtal in Siebenbürgen. Meine Mutter hieß Adele, geborene Barner, mein Vater war Adolf Fraymayer. Meine Mutter hat als Strickerin in einer Fabrik gearbeitet und mein Vater war von Beruf Bäcker. Aber er arbeitete auch auf dem Bau und betrieb eine kleine Wirtschaft mit Lebensmittelgeschäft. Das hatte er nach dem Zweiten Weltkrieg übernommen. Er hatte im Krieg bei Odessa die rechte Hand verloren und es gab Vergünstigungen für Kriegsinvalide, die bei der rumänischen Armee waren. Meine Eltern sind schon verstorben, die Mutter hier in Rumänien, der Vater in Deutschland. Ich habe noch drei Geschwister, einen Bruder und zwei Schwestern. Die leben alle in Deutschland.

Wo sind Sie zur Schule gegangen?

Ich bin von 1950 bis 1959 in Agnetheln in die Schule gegangen. Zuerst in die Sieben-Klassen-Schule, dann zwei Jahre Gymnasium. Wir hatten zwei deutsche Klassen, jede mit 30 Schülern und fast nur Sachsen, davon viele von den umliegenden Dörfern. Die wenigen Rumänen gehörten zur Intelligenz: Söhne von Pfarrern, Ärzten ... Die Eltern haben eingesehen, dass es besser ist, wenn man auch Deutsch kann. Wir hatten sehr guten Unterricht und tüchtige Lehrer – alles Sachsen.

Eine Zeit waren die deutschen Schulen untersagt. Aber als es wieder liberaler wurde, waren die Schulen wieder intakt, aber als Staatsschulen. Ich habe meine Zeugnisse aber noch bis zur vierten Klasse mit dem Stempel »Deutsch-evangelische Elementarschule« erhalten. Die Schule war im Hof der Agnethler Kirchenburg. Dort hatte ich meinen Konfirmandenunterricht. Der war eigentlich von der Schule untersagt, aber die Lehrer wussten alle davon. Ich kann mich noch genau erinnern, wenn die Christbescherung war, da wurde von der Schule irgendetwas organisiert, damit man nicht hinging, Maskenball oder so.

Von meinen Schulkameraden leben die meisten jetzt in Deutschland. In Rumänien sind wir noch zwei. Wir treffen uns regelmäßig zu Klassentreffen und vor zwei Jahren hatten wir das 50-Jährige. Da kommen aber nicht alle zusammen, denn einige sind in den USA oder in Kanada.

Welche Sprache wurde bei Ihnen zu Hause gesprochen?

Zu Hause wurde Sächsisch gesprochen, im Kindergarten und in der Schule Hochdeutsch und in den Pausen wieder Sächsisch. Das war die Muttersprache, Deutsch haben wir parallel mitbekommen.

Rumänisch hatte ich schon im Kindergarten, anfangs war er noch evangelisch und da gab es keine rumänischen Kinder.

Was waren für Sie typisch siebenbürgisch-sächsische Traditionen?

Die christlichen Feiertage: Ostern, Weihnachten, Nikolaustag. Auch das berühmte Urzelnfest. Das war eine Zeit lang untersagt, aber irgendwann ist es wieder genehmigt worden.

Es ist ein Umzug, der, ich glaub, am letzten Sonntag im Januar gefeiert wird. Die Überlieferung ist so: Als die Mongolen Agnetheln im 13. Jahrhundert belagerten, hatte sich eine Frau einen Zottelanzug angezogen und mit einer Maske und Peitsche die Feinde vertrieben. Das war eine Ursula. Nach 1990 wurde der Brauch von den Rumänen übernommen und nach Hermannstadt gebracht.

Wie war das Agnetheln Ihrer Kindheit?

Agnetheln war eine Kleinstadt mit 10 000 Einwohnern. Es gab eine Strickwarenfabrik, die gewesene Rehner-Fabrik. Dann gab es noch eine Lederfabrik für Schuhe, mit einer Gerberei. Das war die gewesene Fabrik von Andree & Ehrmann. Die wurden enteignet. Sonst gab es Handwerker, Schneider, Schuster. Agnetheln war berühmt wegen der Seiler, Kürschner und Fassbinder, aber das waren kleinere Betriebe. Die haben im Kommunismus noch eine Zeit lang existiert, aber dann mussten die Leute aufgeben und traten in die Genossenschaft über. In Agnetheln waren wir Sachsen vielleicht etwas in der Mehrheit und der Rest waren die Rumänen. An Juden kann ich mich an eine einzige Familie erinnern und natürlich waren auch Zigeuner in der Stadt. Ungarn waren nur wenige, doch sie hatten eine eigene Schule mit vier Klassen. Irgendwann wurde sie aufgelöst und die Ungarn kamen auf die deutsche Schule.

Ich erinnere mich noch an Verschiedenes. Mein Vater hatte eine Wirtschaft. Sie war neben dem Restaurant »Central« und der Spelunke »Trei păduchi« (Drei Läuse) die dritte in Agnetheln. Da kamen die Hirten und Zigeuner rein, wenn sie aus Hermannstadt kamen, und es gab Schnaps und guten Wein, den der Vater aus der Kokelgegend, aus Birthälm und Reichesdorf, geholt hat. Doch die Wirtschaft wurde verstaatlicht und der Vater musste alles aufgeben.

Jeder, der etwas auf sich hielt, hatte ein oder zwei Schweine, die vor Weihnachten geschlachtet wurden: Würste, Schinken und der berühmte Speck wurden draus gemacht; geräuchert, gesalzen und mit Paprika versehen und ein Stück blieb ungeräuchert zum Kochen. Es gab zwei Fleischhauer und die hatten eine Räucherkammer, dort haben viele Leute räuchern lassen.

Die Speckseiten ließ man im Speckturm der Kirchenburg ausreifen. Jeden Samstag ging einer aus der Familie hin und holte ein Stück, das für die ganze Woche reichte. Speck war das Hauptgericht für Abendessen und Kochen. Man hatte einen eisernen Stempel und da wurde die abgeschnittene Seite gestempelt, damit niemand anderes ... Aber das kam nie vor, der Kirchendiener hat immer kontrolliert, doch man musste ihm auch immer ein Stück abschneiden. Und der Speck vom letzten Jahr wurde erst angeschnitten, als es das erste Mal geblitzt und gedonnert hatte. Dann war der Speck ausgereift – so war die Tradition.

Wie haben Sie das sächsische Gemeinschaftsleben empfunden?

Als etwas sehr Schönes. Wir haben uns alle gekannt, wir sind zusammen zum Kränzchen gegangen, wo man getanzt, gesungen und Musik gehört hat. Jeden Sonntag sind wir klassenweise zu einem anderen Klassenkollegen gegangen und immer sind fast alle gekommen. Zuerst waren nur die Buben und später kamen auch die Mädchen dazu. Es war viel Zusammenhalt.

Waren auch Rumänen dabei?

Nein, in unserer Klasse gab es keinen. In einer anderen Klasse war der Sohn eines rumänischen Arztes, der hat sich an uns gehalten. Zu der Zeit ging es noch sehr konservativ zu, also nur Sachsen mit Sachsen. Auch mit der Heirat. Es gab selten Mischehen. In der Familie hat man gesagt: Nur keine Rumänen! Das war ein unausgesprochenes Gesetz, eine Art, sich abzukapseln, und ich habe das ernst genommen. Man hat dabei an nichts gedacht, aber jeder konnte damit leben. Es waren Straßen, da wohnten nur Sachsen, und die Rumänen hatten eine andere Gegend. Selbst die Rumänen haben es nicht gerne gesehen, wenn jemand mit den Sachsen gesprochen hat. Aber nach den Enteignungen wurde es lockerer.

Können Sie sich noch an die Nachbarschaften erinnern?

Freilich, die waren noch aktiv. Beispielsweise musste man bei Beerdigungen dabei sein, sonst hat man Strafe bezahlt. Es gab das Nachbarschaftszeichen, das wurde herumgereicht mit dem Zettel und der jeweiligen Information.

Man hat sich auch bei Hochzeiten geholfen: Donnerstags wurden die Kinder zur Braut oder dem Bräutigam ausgeschickt und haben dort Eier abgegeben und ein Huhn, Mehl, Butter. Von den Anverwandten und von jeder Familie der Nachbarschaft gab es etwas. Das war nach Straßen aufgeteilt und da waren 20 bis 30 Familien. Am nächsten Tag bekam jede Familie, die etwas hingetragen hatte, einen Hanklich, einen Hefeteig. Samstagnachmittag war die Hochzeit, aber zu Hause. Erst später kam es auf, dass man ins Wirtshaus ging.

Welchen Brauch hatte man zu Ostern?

Es wurden Ostereier gefärbt und Ostermontag gingen die

Jungen zu den Mädchen mit einem Fläschchen Parfüm und bespritzten sie. Natürlich haben wir uns die Erlaubnis geholt. Und dann wurden wir mit Mehlspeise, mit Süßigkeiten oder einem Ei beschenkt und der Eierlikör war damals Mode. Eine Zeit lang zogen die Mädchen sogar selbst los, am Dienstag.

Hat man zu Ihrer Zeit noch die Kirchentracht getragen?

In die Kirche ist man um die Zeit nicht mehr in Tracht gegangen, nur bei der Konfirmation. Die älteren Frauen hatten im Alltag ihre Arbeitskluft an, aber die jungen haben zeitgemäße Kleidung angezogen. Später wurde es wieder traditioneller, da kamen die Tanzgruppen und das Laienspieltheater auf, die im Kulturhaus zusammenkamen.

Fahren Sie noch in Ihre Heimat?

Ja, ich hänge sehr an der Heimat. Ich habe Agnetheln mit 17 verlassen und in den ersten Jahren waren meine Eltern und Geschwister noch da. Es gab noch nicht so viele Auswanderer, nicht so viele Familienzusammenführungen oder wie man dieses Zurück nach Deutschland nannte.
Jetzt kann ich nirgends mehr wohnen, weil das Elternhaus weg ist. Obwohl es mein Heimatort ist, ist es irgendwie fremd geworden. Ich bleib nur einen Tag, geh durch die Straßen und schaue mir die Gesichter an. Doch man kennt niemand mehr, auch von den Rumänen nicht. Aber es kommen noch viele Erinnerungen auf. Ich gehe auch auf den Friedhof, der schön gepflegt ist, und die Kapelle ist gut erhalten. Nur die Kirche sieht mir kleiner aus als zu meiner Kindheit. Und es geht sehr langsam voran in diesem verschlafenen Harbachtal. Ich war lange Zeit nicht mehr in Agnetheln. Man muss erst nach Bukarest, Kronstadt und dann weiter, da bin ich schneller in Deutschland als in Agnetheln. Die Verbindungen sind miserabel im Land, das ist ermüdend.

Wie gehen Sie mit dem Verschwinden der Landsleute um?

Das ist Schicksal. Man weiß, die meisten waren Wirtschaftsflüchtlinge, sie haben sich nicht mehr zu Hause gefühlt. Von den alten Leuten sind nur welche da, die sich nicht mehr verpflanzen lassen.
Leider hat der rumänische Staat die Leute dazu gebracht, wegzugehen. Es gab viele, die nicht daran gedacht haben auszuwandern. Nein, wir schaffen es schon. Dann haben sie gemerkt, dass es schwer war, zu bestehen. Es tut bestimmt vielen Siebenbürgern leid, dass sie weg sind. Es würden schon einige zurückkommen, aber sie schämen sich.

Gottesdienstraum im Deutschen Forum in Konstanza

Wie ist es, wenn Sie an Siebenbürgen denken?

Mir tut es sehr leid um die Kulturlandschaft. Ich schaue mir so gerne die alten Kirchenburgen an. Wenn man bedenkt, dass es in Siebenbürgen rund 300 Kirchenburgen gab, einige davon berühmt, und man sieht jetzt, wie alles verfällt, fragt man sich: Für wen soll man das erhalten? Aber es ist Kulturerbe, es geht alle etwas an. Dann schau ich, wie zwischen Schäßburg und Agnetheln die Dörfer verfallen und die Leute sitzen in der Herrgottsfrüh in der Wirtschaft, trinken Schnaps oder Bier. Davon halte ich nichts. Für diese Leute lohnt es sich nicht. Und die Häuser, die sie bewohnen, verfallen auch, das ist sehr traurig.

Was war das Besondere am Harbachtal?

Das kleine Flüsslein, die Harbach, und die Schmalspurbahn, die Wusch oder *Mocănița*, wie die Rumänen sagen. Die Bahn ist zwar langsam gefahren, aber es war immer eine schöne Reise nach Hermannstadt. Jetzt ist sie stillgelegt, aber ein Verein will sie wieder aktivieren. Die Investition wäre wahrscheinlich nicht so groß, die Gleise liegen ja noch. Aber es geht alles so schwer.

Was mir hier sehr fehlt, das sind die wunderschönen Ausflüge, die man im Harbachtal machen konnte. In den Sommermonaten sind wir sonntags früh mit dem Rucksack durch den Wald und über die Berge und in verschiedene Orte, wo

Evangelische Kirche der ehemaligen deutschen Siedlung Cogealac

wir unsere Klassenkameraden von den Dörfern besuchten. Man hat an den Häusern sofort gesehen, wo Sachsen waren und wo nicht.

Weshalb kamen Sie in die Dobrudscha?

Ich kam 1962 krankheitshalber nach Konstanza, war hier zwei Jahre im Sanatorium und habe in Konstanza mein Abitur abgeschlossen. Dann wollte ich Jura studieren, aber inzwischen verblieb mein Vater in Deutschland. Auch meine Geschwister waren in Deutschland. Und so hat man mir gesagt, ich hätte keine Chance. Da wurde ich Buchhalter. Dann sollte ich zurück nach Kirchberg, ein Dorf neben Agnetheln. Ich wusste, wie es dort aussieht, wie hinter den Bergen. Das hat mir nicht zugesagt und ich blieb hier.

Eines Tages fragte mich der Direktor vom Delfinarium von Konstanza, ob ich im Planetarium arbeiten wolle – das stand unter seiner Verwaltung. So wurde ich der erste Angestellte dort, habe verschiedene Weiterbildungskurse gemacht und 40 Jahre da gearbeitet, zuletzt als Abteilungsleiter. Meiner Lebenszeit nach bin ich jetzt schon länger in der Dobrudscha als in Siebenbürgen, aber ich wurde wegen meiner deutschen Abstammung hier nie zurückgesetzt.

Wer waren die Deutschen in Konstanza?

Bis zum Zweiten Weltkrieg gab es etwa 1000 Deutsche hier,

darunter viele Geschäftsleute. Später, zu kommunistischen Zeiten, schickte man Deutsche zur Arbeit her, um deren traditionelle Strukturen zu schwächen. Wenn sie eine Hochschule besuchten, ließ man sie nicht mehr dort hin, wo sie geboren waren. Man hat das auch mit Rumänen gemacht, aber mit den Minderheiten besonders. So hat man sich vermischt und es gab hier nur eine deutsche Ehe, die ich kenne.

Als Sie herkamen, wie waren die Deutschen hier organisiert?
Nur über die evangelische Kirche. Sie war die Organisation, die das Deutschtum wiederbelebte. Aber man ging dem Glauben nach, weniger dem Gemeinschaftsleben. Hier gab es diesen Zusammenhalt nicht wie in Siebenbürgen, schon wegen der anderen Zuwanderungsgeschichte.

Ich selbst wurde hier '75 in der evangelischen Kirche vom damaligen Pfarrer Weingärtner getraut und mein Sohn getauft. Das war der letzte lutherische Pfarrer von Konstanza. Nachdem er 1980 starb, wurde die Gemeinde von Bukarest übernommen und die Pfarrer kamen von dort.

Ich kannte noch die alte evangelische Kirche am Boulevard Tomis. Die wurde '63 abgerissen und dafür die der Gemeinde die bulgarische Kirche zur Verfügung gestellt. Später mussten wir auch diese abtreten und haben im ehemaligen Pfarrhaus einen Gebetsraum eingerichtet.

Können Sie kurz etwas zu der Geschichte der Dobrudschadeutschen sagen?
Von Dobrudschadeutschen wusste ich wenig. Aber als Junge las ich den Roman »Der Büffelbrunnen« von Adolf Meschendörfer. Das hielt ich alles für Fantasie und ich dachte mir: Was suchen Deutsche dort? Das Buch schrieb auch, dass das Deutschtum dort ziemlich verloren war. Aus der Familie wusste ich, dass in der Zwischenkriegszeit die Schulabgänger einen Ausflug nach Istanbul machten. Sie sind nach Konstanza gefahren und wurden dort eingeschifft. Das war damals Mode. Besonders oft haben es die Kronstädter gemacht. Auf der Rückreise fuhren sie über Costinești, dem ehemaligen Mangea Punar. Da wurde erzählt, dass es in Groß-Mangea-Punar katholische und in Klein-Mangea-Punar evangelische Deutsche gab, deren Nachkommen leben jetzt noch dort.

Die Dobrudschadeutschen sind der einzige deutsche Volksstamm, der nicht in einem traditionellen Siedlungsgebiet lebte, sondern über einen Umweg, über Bessarabien, herkam. Sie wurden damals von Katharina der Großen angesiedelt und bekamen Privilegien wie Steuerfreiheit, Grund und mussten nicht zum Militär. Als diese Privilegien um 1842 entzogen wurden, wanderten sie in die Dobrudscha aus.

Da war viel Land und es gehörte zum Osmanischen Reich. Ihre erste Siedlung war Jakobsonsthal, eine Ortschaft neben Brăila. Die Leute sagen heute noch Satul Nemțesc – Deutsch-Dorf.

Dann sind die Deutschen weiter Richtung Malcoci, Deutsch-Malkotsch. So lebten bis 1940 in der Dobrudscha um die 16 000 Deutsche. Sie wurden nach Deutschland umgesiedelt, nur 300 Leute wollten nicht. Nach Kriegsende sind die Ausgewanderten von den Russen erfasst worden, aber es sind nur wenige zurück, einige blieben im Banat oder sind wieder nach Deutschland. Hier gab es dann viele Mischehen und viele hatten nicht mehr den Mut, sich zum Deutschtum zu bekennen.

Was war Ihr Motiv, sich mit den Dobrudschadeutschen zu beschäftigen?

Den ersten Kontakt zu Dobrudschadeutschen hatte ich in Malkotsch, einem großen Dorf bei Tulcea. Ich arbeitete 1968 in einem Reisebüro und sollte eine Gruppe ins Donaudelta begleiten. Dort sah mir der Kirchturm so besonders aus. Ich ließ den Fahrer halten und ging hinein. Es war eine katholische Kirche und es wurde Rumänisch gepredigt. Als es ans Singen ging, wurden aber deutsche Lieder gesungen. Ich war wie vor den Kopf geschlagen. Vor der Kirche stand links ein Obelisk mit den Gefallenen aus dem Ersten Weltkrieg mit lauter deutschen Namen.

Das hat das Interesse geweckt. Richtig aktiv wurde ich, als wir 1990 das Forum gründeten. Da kamen wir auf die Idee, die ehemaligen deutschen Ortschaften abzufahren, um zu sehen, was noch übrig ist. Ich fuhr hin und fand noch typisch deutsche Häuser. Auch bemerkte ich, dass die Straßen mit den weiten Gassen und Akazienbäumen anders sind als die rumänischen. Die haben die Deutschen dort gepflanzt. Die deutschen Kirchen standen noch, aber die sind mittlerweile von Andersgläubigen übernommen worden. Die Orthodoxen halten sie sehr gut instand.

Nur die Friedhöfe sind sehr verfallen, zum Beispiel in Cogealac: Das war ein Ort, der hatte schon Stadtcharakter. Dort waren von über 1100 nur 27 Deutsche geblieben und auf dem Friedhof hab ich kein einziges deutsches Grab mehr gefunden. In der Nachbargemeinde Tariverde waren es noch viele deutsche Grabsteine und gut lesbar. So habe ich mich interessiert und ich war 2004 sogar zum Pfingsttreffen der Dobrudschadeutschen eingeladen.

Das Casino in Konstanza

Die Auswanderung – wie war die hier spürbar?

Nicht in dem Maße wie in Siebenbürgen, dazu war die Gemeinschaft zu wenig ausgeprägt. Aber von meinen Bekannten sind einige weg.

Wann wurde das Deutsche Forum in Konstanza gegründet?

Ich wusste, dass sich in Hermannstadt und Kronstadt Foren gegründet hatten, und durch eine Zeitungsannonce erfuhr ich, dass es auch hier Initiatoren gab. Dann gab es in einer Schule eine Gründungsveranstaltung und es haben sich um die 600 Leute eingeschrieben. Das war für mich eine Überraschung, denn es waren Leute, die sprachen kein Wort Deutsch. Diejenigen, die die deutsche Sprache beherrschten, waren meistens aus Siebenbürgen oder dem Banat. Es gab nur eine Dobrudschanerin, die sehr gut Deutsch konnte, und es waren viele Trittbrettfahrer. Laut Statut mussten sie belegen, dass sie deutscher Abstammung sind. Es wurde aber nicht so genau genommen. Es kamen viele wegen der Hilfsgüter und wegen des Sichtvermerks von der Deutschen Botschaft. Wenn man Forumsmitglied war, musste man nicht persönlich nach Bukarest, sondern ein Forumsvertreter nahm die Pässe, und der Visastempel wurde reingedrückt. Anfangs ging das leicht, aber die von der Botschaft haben gesehen, dass das nicht mit rechten Dingen zuging. Da musste man dann persönlich vortreten und Deutsch sprechen.

Später waren es noch 200 Mitglieder und jetzt ungefähr 160.

Es gibt aber Deutsche, die nicht im Forum eingeschrieben sind. Die haben kein Zusammenhaltsgefühl.

Was sind die Aktivitäten des Forums?

In erster Zeit hat man gesagt, die wichtigste Aufgabe des Forums ist der Erhalt der Sprache und des Brauchtums. Aber das ist immer weniger der Fall. Wir haben versucht, einen Chor aufzustellen, manchmal funktioniert es, manchmal nicht. Tanzgruppe geht nicht, weil wir zu alt sind, und Jugend ist keine vorhanden. So, wie ich die Sache sehe, gehören wir zum letzten Aufgebot. Es gibt zu wenig Interesse, das ist sehr prekär.
Wir kommen zusammen, wenn irgendetwas Spezielles gefeiert wird: Ostern, Nikolaus, Weihnachten. Es bringt jeder etwas mit und das andere wird vom Forumsgeld beglichen. Es gibt auch einige Vorträge. Wir haben versucht, Leute einzuladen, zum Beispiel hatten wir die Autoren Eginald Schlattner oder Hans Liebhardt zu Gast. Die hatten vorgelesen und es war sehr interessant. Bei Schlattner, der war den Rumänen bekannt, hatten wir viele rumänische Zuhörer und von der Germanistikgruppe der Universität und aus den Schulen, denn es gibt noch eine Intensivklasse Deutsch und an einer anderen Schule eine Sonderklasse Deutsch.

Wir hatten hier einen deutschen Kindergarten und anfangs wir 60 Kinder. Aber uns fehlten die Fachkräfte, die eine Erzieherin konnte nicht richtig Deutsch. Die Eltern, meist besserstehende Leute und Ausländer, haben etwas anderes erwartet. Dann gab es noch Missverständnisse mit dem Lehramt. Die wollten Deutsch nur fakultativ machen, doch wir haben den Kindergarten gemacht, damit die Kinder Deutsch lernen. Die haben nichts von der Sache verstanden, es hat sich niemand für uns eingesetzt und wir wurden entmutigt.

Welche Kontakte hat das Forum nach Deutschland?

Nach der Gründung haben wir versucht, mit der Landsmannschaft der Dobrudschadeutschen Kontakt aufzunehmen. Erst haben sie nicht positiv reagiert, aber mit der Zeit sahen sie ein, dass wir hier die Ansprechpartner sind. Sie haben ihren Sitz in Heilbronn, dort wohnen auch die meisten Dobrudschadeutschen. Jetzt hat man sich dem Verband der Bessarabien-Deutschen angeschlossen. Aber es sind dort auch nur alte Leute. Von der Landsmannschaft haben wir Unterstützung bekommen und die haben neun Gedenksteine für die ehemaligen Siedlungen bezahlt. Die wurden fast alle schon eingeweiht. Es kommen öfters Pfarrer aus Deutschland und die geben Spenden für die Kirche. Auch gibt es eine gute Verbindung zu einer Frauengruppe vom Gustav-Adolf-Werk in Stuttgart, die kommen jedes Jahr.

Wie wird das Forum und die deutsche Minderheit in Konstanza wahrgenommen?

Eher wenig. Die meisten Leute hier wissen immer noch nicht den Unterschied zwischen Siebenbürger Sachsen und den Banatern. Ich versuche es dann zu erklären. Wenn man sagt, man ist evangelisch, denken sie, es ist eine Sekte, und verwechseln uns mit den Evangelikalen. Dann frage ich: Haben Sie schon die Schwarze Kirche in Kronstadt gesehen? Ich bin von derselben Kirche, wir sind keine Sekte. Aber von offizieller Seite werden wir gern gegenüber den anderen Minderheiten hervorgehoben.

Wir haben auch Verbindungen zu den anderen Minderheiten und da laden wir die Bulgaren und die Griechen mal ein. In der Dobrudscha gibt es insgesamt 17 Minderheiten: Tataren, Aromunen, Lipovener, Deutsche, Ungarn, Griechen, Zigeuner ... Wir haben mit den Armeniern gute Zusammenarbeit. Da sind viele aus gehobenem Stand, sie sind die Intelligenz.

Nebenan sind die Juden, aber nur ein einziges Mal war ihr Vorsitzender bei uns, der Dr. Karl Friedman. Wir hatten wegen einer Ausstellung mal angefragt und sie haben uns Verschiedenes gebracht.

Welche Beziehung hat man zum Zentralforum?

Nach Hermannstadt gibt es eigentlich keine direkte Verbindung. Wir gehören zum Altreichforum, das in Bukarest sitzt, da ist alles, was nicht zum Karpatenbogen gehört. Vom Forum findet alle zwei Jahre ein Treffen statt, dieses Jahr war es in Piatra Neamț und vor vier Jahren in Tulcea. Das ist immer sehr schön, man kennt sich, aber große Strategien werden da nicht mehr entwickelt. Insgesamt sehe ich die Zukunft der Deutschen hier eher skeptisch. Die Leute sind alle schon über 60 Jahre. Nur, es würde mir leid tun, wenn es jemand übernimmt, der überhaupt nichts mit dem Deutschtum zu tun hat. Es gibt jetzt diese Öffnungsdebatte beim Forum.

Was halten Sie davon?

Ich weiß nicht, was ich dazu sagen soll. Der Ehrenvorsitzende hat dieses Problem aufgegriffen. Soweit ich das in den Medien verfolgt habe, wurde das nicht sehr positiv eingeschätzt. Auch die Öffnung der Kirche ist ein Problem. Wenn man hier und da rumänisch predigt – dagegen habe ich nichts. Der Hauptgottesdienst soll aber deutsch bleiben, und die gängigsten

Lieder wurden schon übersetzt. Wenn die Kirchensprache nicht Deutsch geblieben wäre und man schon eher angefangen hätte mit dem Rumänischen, dann wäre das Deutschtum schon lange weg. Das muss man ganz offen sagen. Doch Anfang der '60er Jahre wurden die Lyzeen gemischte Schulen. Das war das Ende.

Wie haben Sie in dem rumänischen Umfeld Ihre Identität erhalten können?

Es bestand für mich die Gefahr, dass ich meinen deutschen Bezug verliere. Doch ich bin ein Literaturfreund und lese viel, auch die *Allgemeine Deutsche Zeitung* und die *Siebenbürgische Zeitung*. Durch meine Verbindungen zu meinen Klassenkameraden habe ich mir meine Identität bewahrt. Mit dem Rest habe ich mich arrangiert. Ich habe auch eine Rumänin geheiratet und ich habe zwei Kinder. Die sind verheiratet hier und ich habe einen Enkel. Mit der Weitergabe der Sprache in der Familie war es schwierig. Man sagt immer Muttersprache und meine Frau ist Rumänin. Ich habe es versucht, aber wenn man nicht richtig im deutschen Umfeld aufwächst, ist es schwer. Meine Kinder verstehen einiges, als ich mit ihnen in Deutschland war, haben sie schon etwas mitbekommen.

Wann waren Sie das erste Mal in Deutschland?

Das erste Mal war ich in Ostdeutschland 1978 und noch mal '87 in Ost-Berlin auf einer Tagung. 1981 gelang es mir, nach Westdeutschland zu fahren, um die Angehörigen zu besuchen. Sie wohnen in der Nähe vom Chiemsee, in Traunstein. Es hat mir sehr gefallen, eine sehr schöne Gegend, und ich kenne sie wie meine Hosentasche.

Sie wollten nicht dort bleiben?

Nein, ich hatte meinen Sohn, der war gerade sechs Jahre alt. Meine Frau wollte auch nicht. Sie hatte ihre Eltern hier, dass konnte ich verstehen. Aber in den 80ern, als es schlecht wurde, habe ich manchmal mit den Gedanken gespielt auszureisen, bin aber geblieben.

Orte:
Malkotsch – Malcoci
Jakobsonsthal – General Praporgescu

Deportation ins Lager 1002

Hedda Katharina Vlad †, geb. Reuss, Jahrgang 1924, geboren und wohnhaft in Marienburg/Hetiur (bei Schäßburg), pensionierte Krankenschwester

Familie

Geboren bin ich in Marienburg, meine Eltern waren Georg und Katharina Reuss. Beide kamen aus Bauernfamilien. Mein Vater arbeitete als Gutsverwalter bei dem Prinzen Șuțu in Șutești bei Brăila. Meine Mutter war Hausfrau und von vier Kindern war ich das älteste. Alle drei Brüder sind verstorben, der kleinste als Kind und der große in Deutschland, wo er seit 1980 lebte.

Mein Vater ist durch den Krieg nach Österreich gelangt, dort lebte er bis zu seinem Ende. Er war nicht im Krieg, weil man ihn in der Landwirtschaft gebraucht hatte. Als die Russen 1944 kamen, hat der Prinz gesagt: Herr Reuss, kommen Sie mit mir. Aber mein Vater wollte zu seiner Familie nach Siebenbürgen. Er ist hier nie angelangt. Bis nach Zuckmantel, ein Dorf nicht weit von hier, ist er gekommen. Dort hat er Bekannte getroffen und die haben gesagt: Die Russen kommen, du kannst nicht nach Hause. Dann ist er bis nach Österreich geflüchtet. So sind wir auseinander gekommen. Der Vater dort, die Mutter in Marienburg, ich in Hermannstadt.

Wir haben jahrelang nichts von ihm gewusst. In den 70er Jahren durfte mein Vater kommen. Er wollte gern zurückkommen, aber er sagte: Ich kann keinen Schritt machen, ohne dass sie hinter mir her sind. So ist er wieder nach Österreich gegangen.

Marienburg

Bis zum Krieg war Marienburg ein sächsisches Dorf gewesen, nur wenige Rumänen lebten hier. Wir hatten nicht viel gemein: Die Rumänen hatten ihre eigenen Angelegenheiten und die Deutschen ihre. Sie waren evangelisch, hatten ihre eigene Kirche und Schule. Aber als Kinder haben wir mit den rumänischen gespielt und mit den Nachbarn hat man sich gut verstanden.

Mit dem Krieg hat sich das geändert und es haben Reibereien angefangen. Schon '40 und '41 waren deutsche Soldaten in Rumänien, auch in Marienburg und in den Dörfern ringsherum. Das haben die Rumänen nicht gerne gesehen. Und 1943 sind die sächsischen Männer zur Front. Man hat sie gebraucht, dass sie hinhalten für Deutschland.

Ich kann mich noch gut erinnern, wie es begann mit der Politik von Hitler. Damals hatte nicht jeder ein Radio, deshalb wurden Lautsprecher aufgestellt, in der Schule und im Gemeindesaal. Die Sachsen gingen hin und haben gehört, wie der Hitler rumschrie. Doch man war skeptisch, nur die Jüngeren waren begeistert. Dann wurden die Jahrgänge bis zum 24er eingezogen und so war das Dorf auf einmal leer, fast 80 Männer aus diesem kleinen Dorf. Alle waren an einem Tag weg und davon sind nur noch vier oder fünf zurückgekommen. Mehr als die Hälfte ist gefallen. Die wurden vergessen, doch ich hab sie ausfindig gemacht, und seit zwei Jahren hängt in der Kirche eine Gedenktafel.

Die, die nicht gefallen sind, haben sich in der Welt verloren und eine andere Heimat gefunden. Nur alte Frauen und Kinder sind übrig geblieben, verzweifelte Menschen, die man 1948 aus ihren Häusern schaffte. Langsam haben sich die Leute wieder erholt, doch es wurden nur wenige Nachkommen geboren, bis ab 1990 alle auswanderten.

Am 13. Januar war es soweit

Zum Kriegsende, ich war 19 Jahre, hatte ich in Hermannstadt Krankenschwester gelernt. Gearbeitet habe ich im Martin-Luther-Krankenhaus, welches der evangelischen Kirche gehörte, es war sozusagen ein deutsches Krankenhaus, mit deutschen Ärzten und Personal.

Eines Tages kam meine Mutter nach Hermannstadt und wollte mich nach Hause bringen. Sie sagte: Die Russen haben einiges vor mit den Sachsen, ich habe Angst um dich. Doch ich weigerte mich. Ich fühlte mich sicher, denn Hermannstadt war zu einer Rot-Kreuz-Stadt er-

Evangelisches Pfarrhaus bei einem Dorffest, 1930

klärt worden, und damit man nicht bombardierte, waren rote Kreuze auf den Dächern. Da ist die Mutter schweren Herzens weg. Aber sie hatte recht.

Dann ging alles ganz schnell. Nach dem 23. August '44 kam der Befehl: Abteilungen frei machen, es kommen deutsche Verwundete aus Ploiești. Sie kamen mit einem Lazarettzug, den hatten sie nicht aus dem Land gelassen, denn Rumänien hatte die Front gewechselt. Es kamen amputierte, schwer verletzte, verwahrloste Männer. So wie der Krieg eben ist. Wir haben Deutsch mit ihnen gesprochen, doch sie vertrauten uns nicht, denn sie hatten schon viel erlebt in Rumänien. Doch langsam fassten sie Vertrauen und waren froh, dass sie versorgt wurden. Wir hatten alles aufgewandt, denn es waren Deutsche.

Plötzlich wurde gesagt: Wer kann, soll auf den Bahnhof zum Rot-Kreuz-Zug gehen. Es dauerte nicht lange, da kamen die Rumänen und haben die, die dablieben, als Kriegsgefangene abgeholt und in die Kasernen Richtung Fogarasch geführt. In unser Krankenhaus brachte man stattdessen verwundete rumänische Offiziere von der Ostfront.

Da ich gut Rumänisch sprach, fragte ich einen Offizier: Wird man uns verschleppen? Er sagte: Nein, was sollen wir dann mit euch machen? Um Weihnachten '44 wurde ich zu einem rumänischen Offizier gerufen. Ich ging hin und da saß ein alter orthodoxer Pfarrer, ein ehrwürdiger Herr mit langem Bart. Er begrüßte mich freundlich und sagte, er wolle mich mitnehmen, damit man mich nicht nach Russland bringt. Ich habe es nicht

Der evangelische Kirchenvorstand (Presbyterium) von Marienburg, 1924

verstanden und war wahrscheinlich verlegen und sagte: Nein, ich will hier bleiben. Wahrscheinlich wusste er, was sich zuträgt, und wollte mir helfen.

An einem Januarmorgen um sechs Uhr kam eine Gruppe rumänischer und russischer Soldaten. Ein Rumäne rief: Ihr müsst euch fertig machen und mitkommen, packt warme Sachen ein und Essen für mindestens zwei Wochen. Die Oberschwester sagte noch: Habt keine Angst, geht mit, aber wir holen euch zurück. Dann traten wir pünktlich an, 13 Mädchen, am 13. Januar.

Es war Schnee gefallen und der Park war weiß und herrlich schön. Die Kranken standen hinter den Vorhängen und sahen zu, wie man uns wegschaffte. Man führte uns in den Kinosaal neben der Heltauer Gasse, dorthin brachte man alle Deutschen aus der Stadt. Wieder und wieder wurden Leute zur Türe reingeschoben, bepackt mit Rucksäcken und Koffern. Es gab keine Sitzgelegenheiten und wir mussten eine ganze Nacht stehen, bis uns schlecht wurde. Dann kam man mit Listen, und jeder, der seinen Namen hörte, ging hinaus zu einem Lastauto. Es brachte uns durch verdunkelte Straßen zum Bahnhof.

Später erfuhr ich, dass meine Mutter die Prinzessin Șuțu bat, sich um mich zu kümmern. Es war die Dame, wo mein Vater arbeitete, und sie war die Präsidentin des Rumänischen Roten Kreuzes. Sie ließ nach mir suchen, aber es war zu spät.

Im Deportationszug

Am Bahnhof war wenig Licht und Soldaten standen mit aufgepflanztem Gewehr zu beiden

Ehemalige evangelisch-deutsche Schule von Marienburg, erbaut 1886

Seiten des Zugs, es waren Viehwaggons mit Holzpritschen. Die Türe wurde zugeschoben, aber ich hatte keine Angst, denn wir Schwestern waren zusammengeblieben. Ich hab mir in einer Ecke einen Platz gefunden, doch ich lag da am Rand und von draußen kam die Kälte. Mir war so kalt, so kalt. Dann war es lange Zeit ganz still. Manche konnten schlafen, manche haben geweint.

Nachts fuhr der Zug los, aber wir wussten nicht, in welche Richtung, die Fenster waren zugeschlagen. Der Zug hielt noch einmal, wahrscheinlich hat man Waggons angehängt. Am nächsten Morgen haben wir durch die Ritzen gesehen, dass wir nach Kronstadt fuhren. Es ging dann über Ploiești hinauf in die Moldau. In Iași mussten wir in einen russischen Zug umsteigen, ohne Pritschen, ohne nichts. Der Waggon hatte vorher Kalk geladen und man war am Ersticken. Wir wollten ein Fenster öffnen. Wie die Russen das gemerkt haben, sind sie sofort gekommen und haben es zugeschlagen.

Wir Krankenschwestern hatten nichts zu essen. Als die anderen aßen, haben wir so getan, als ob wir nichts sehen. Aber sie haben es gemerkt und einige Männer aus der *Scandia*-Wurstfabrik haben uns zu essen gegeben. Für die Notdurft gab es nur ein Loch. Männer und Frauen, alle zusammen, es war schrecklich. Wir konnten nicht mehr stehen, uns aber auch nicht in diesen Kalk legen. Die Russen brachten uns dann aber Bretter für Bänke, so dass wenigstens die Hälfte der Insassen sich setzen konnte.

Wir fuhren weiter und sahen die Unendlichkeit, da wussten wir, dass wir in Russland waren. Nach einigen Tagen hat man uns Essen gebracht: gesalzenes, getrocknetes Schaffleisch und Brot wie Stein. Weder konnte man das Brot essen noch das Fleisch, denn wir hatten großen Durst.
Ganz plötzlich ist der Zug gestanden, wir waren nach 13 Tagen angekommen. Aus anderen Waggons luden sie die Toten aus, aber in unserem Waggon ist niemand gestorben. Es war ein kalter Wintertag, sonnig, mit viel Schnee, aber der war schwarz, verrußt von den Fabriken und Kohlebergwerken. Die Menschen kamen gerade aus der Arbeit, jeder mit einem Stück Brot oder Holzkohle unter dem Arm. Wenn man die Russen gesehen hat in ihren verschmutzten und verrußten Kleidern, da ahnten wir, was uns erwartete.

Im Lager

Wir mussten uns aufstellen und Kolonnen bilden, um ins Lager zu gehen. Plötzlich war unter den Leuten eine Euphorie, ich weiß nicht, was in die Menschen gefahren ist. Sie fingen an zu singen: Soldatenlieder, deutsche Lieder, was sie konnten, so sind wir durch den Ort Enakievo zum Lager Nr. 1002. Wir hatten Glück, unser Lager war ein gutes Lager mit größeren Gebäuden und nicht mit Baracken oder Erdhöhlen, so wie manche andere Lager, wo viele schwer leiden mussten. Immer wieder kamen Deportierte, aus Ungarn, aus Jugoslawien, aus Polen, aus Schlesien. Wir waren 4000 Gefangene in dem Lager. Wir richteten uns ein so gut es ging. Wir schliefen in großen Sälen auf Eisenbetten, ohne Matratzen, ohne nichts. Jeder hatte ein eigenes Stockbett und ich hatte eine Decke, noch aus dem Krankenhaus. Da hab ich die halbe Decke auf das Eisen getan und mit der anderen Hälfte habe ich mich zugedeckt. Bis zur nächsten Ernte – es war Februar – sind wir so geblieben, ohne Stroh, ohne Unterlagen.
Uns wurde mitgeteilt: Wir sollen froh sein, dass wir in der Sowjetunion sind, denn es ist gut hier. Wir sollen schnell aufbauen, was die deutschen Faschisten kaputtgemacht haben. Wenn wir das in Ordnung bringen und der Krieg aus ist, werden wir nach Hause fahren. Jeden Tag sind wir begleitet von Russen zur Arbeit gegangen. Es war Kälte und wir hatten immer Hunger. Jeden Morgen wurde Brot ausgeteilt: je nach der Arbeit, die man verrichtete. Schwerarbeiter haben ein Kilo, die mittleren 750 und die mit leichten Arbeiten 500 Gramm Brot bekommen.
Die kräftigen Männer mussten in den Hochöfen Eisen schmelzen. Das war Schwerstarbeit und dabei sind viele zugrundegegangen. Wir Frauen be-

kamen schwere Hämmer und sollten Betonfundamente zerschlagen. Wir haben gleich Blasen bekommen an den Händen und konnten nicht mehr arbeiten. Da hat die Russin gelacht: Von mir aus könnt ihr nichts machen, aber wir müssen die Norm schaffen. *Dawai!* Wir haben getan, was wir konnten, aber die Bewacherinnen waren unzufrieden, doch bestraft hat man uns nicht.

An einem Ostertag hat man uns auf einen Schutthaufen geschickt, um Ziegeln herauszuholen. Manche Mädchen haben geweint und gesagt: Bei uns ist Ostern und hier müssen wir arbeiten. Aber sonntags haben wir nicht gearbeitet. Man ist auf dem Bett gelegen, hat sich ausgeruht und hat geträumt von anderen Zeiten. Das Lager durften wir aber nicht verlassen.

Krank

Im Herbst '46 ist das halbe Lager krank geworden, ich auch. Ich musste Steine und Sand schleppen, bekam Fieber und verweigerte die Arbeit. Die Russen sollten sehen, dass ich nicht mehr aufstehen konnte. Sollten sie mit mir machen, was sie wollen, alles war mir gleichgültig geworden.

Man schickte mich ins Bett, aber niemand kümmerte sich um mich oder fragte: Hast du Hunger oder Durst? Niemand. Plötzlich weckte man mich auf und jemand sagte: Ich solle ruhig sein, sie sei Ärztin und wolle mir das Fieber messen. Über 40 Grad Temperatur hatte ich und sollte ins Krankenhaus. Aber es passierte nichts. Ich fragte dann: Warum schafft mich keiner ins Krankenhaus? Man sagte mir: Bleib hier, es ist besser. Es gibt keinen Platz und jetzt führt man die Kranken in Ställe, von dort kommst du nicht mehr zurück.

Wegen der vielen Kranken wurden auch Familienhäuser zu Lazaretts umgewandelt. Dorthin kam ich und wir haben Tee bekommen, ein bisschen wärmere Suppe, Krautsuppe. Saures Kraut hat man gekocht ohne einen Tropfen Fett. Doch die Russen sagten: Seid froh, euch gibt man das Brot in die Hand. Aber wir müssen gehen und stehen, stundenlang. Die waren nicht besser dran und ich habe viele an Hunger sterben gesehen.

Der Mensch hat auch Glück im Leben: Eine Ärztin, Jüdin, ich glaub, sie hieß Rosa, stellte mich einem Arzt vor. Er hatte den Auftrag, zu sehen, warum so viele krank sind. Er sieht mich an und plötzlich fängt er an Deutsch zu sprechen: Du nicht sterben, ich sorgen auf dich. Wenn du gesund wirst, sollst du nicht mehr in der Fabrik arbeiten. Du meine Tochter. Er muss ein guter Mensch gewesen sein. [*Weint*]

Nach einem Tag ist der Arzt wiedergekommen und sagte: Ich habe versprochen, ich halte

Weihnachtsfeier der Krankenschwestern

mein Wort. Du gehst ins Lazarett und arbeitest dort. Wenn du etwas brauchst, dann findest du mich in der Poliklinik. Ich konnte dann als Krankenschwester arbeiten, da war für mich eine bessere Zeit gekommen, das hat mir viel geholfen, sonst hätte ich mich verloren.
Ich durfte im medizinischen Revier zusammen mit zwei Kolleginnen aus dem Lutherhaus in einem Zimmer wohnen. Das Essen war wie immer, aber es war warm und wir mussten nicht draußen arbeiten. Irgendwann sind die Kranken weniger geworden und man hat mich nicht mehr gebraucht. So musste ich wieder in die Ziegelfabrik.

Liebe

Gleich an den ersten Tagen haben wir deutsche Kriegsgefangene gesehen, aus einem Lager ungefähr acht Kilometer entfernt. Wir haben sie bedauert und dachten: Wann werden wir auch so aussehen wie diese? Die waren verzweifelte, verhungerte, verwahrloste Männer. Nicht richtig angezogen, nur Fetzen um die Füße, keine Kopfbedeckung, keine Mäntel. Sie haben uns gesehen und waren neugierig: Ihr sprecht Deutsch, wer seid ihr, von wo kommt ihr? Wir sind aus Rumänien, wir müssen hier arbeiten. Hat einer gesagt: Dieser Krieg, jetzt bringt man schon Frauen her?
Von diesen Gefangenen lernte ich einen Mann kennen. Er kam ursprünglich aus Frankfurt. Aber irgendwann hab ich ihn nicht mehr gesehen. Das hat mir so leid getan. Die Monate vergingen, und an einem heißen Sommertag ging ich in die Stadt. Es war eine Industriestadt, aber ohne Menschen. Wohin man gegangen ist, die Straßen waren leer: Die Männer waren alle fort, die Frauen

waren arbeiten, kein Auto, kein Fahrrad, kein Pferdewagen, nichts ... Ich gehe allein auf der Straße und es kommen mir drei Gefangene und ein Russe mit Gewehr entgegen.
Plötzlich stehen wir voreinander. Er hebt den Kopf und ruft: Ich werde verrückt, da ist das Mädchen, das ich verloren habe. Da war eine Freude und der Russe wusste nicht, was er sagen sollte. Da hat er sich in den Straßengraben gesetzt, das Gewehr über die Beine gelegt und uns reden lassen. Zum Abschied sagte der Deutsche: Ich schreibe dir. Schon am nächsten Tag brachte er mir einen Brief. Ich konnte es kaum erwarten, ihn zu lesen. Das war für mich ein schönes Erlebnis und für ihn auch. Es war ein sehr guter Mensch und er hat mir geholfen, dass ich nicht gestorben bin in Russland.

Zurück – ein Weinen und ein Lachen und ein Reden ... ohne Ende

Es war Herbst '49, da hieß es: Fertigmachen! Erst dachten wir, es geht heim. Aber dann schickte man uns noch für zwei Monate in die Kartoffelernte. Als wir zurückkamen, waren die Kriegsgefangenen weg und es hatte ein Ende mit meinem Freund. Er schrieb schon nach Hause, als ich noch in Russland war, und meine Mutter wusste nicht, was los war. Er lebte in Ulm und sicherlich hatte ich die Gelegenheit, zu ihm zu fahren, aber ich bin nicht. Es war ein bisschen Trotz bei mir. Er ist vor einigen Jahren gestorben.

Dann leerte sich unser Lager, zunächst die Banater Schwaben, und nach einem Monat saßen auch wir plötzlich im Zug. Niemand hat mehr zugesperrt und wir wussten, jetzt fahren wir nach Hause. Der Zug fuhr nach Sighet in der Maramuresch und dort fielen mir überall die großen Plakate der kommunistischen Politiker auf, die ans Ruder gekommen waren.

In Sighet war ein rumänisches Durchgangslager mit tausenden Leuten aus vielen Ländern. Eine Kommission kontrollierte die Akten, die jeder mit sich hatte. Dann bekam man einen provisorischen Ausweis, einen Fahrschein, und es ging mit Lastern zum Zug nach Baia Mare.

Ich wusste, jetzt bin ich endlich frei! Aber ich konnte mich nicht freuen, man war stumpf, alles war gleichgültig. Man stand auf, aß, lief herum oder schlief. Das war alles so ...

Von Baia Mare fuhren wir mit einem Zug für Deportierte nach Copşa Mică. Überall stiegen Mädchen aus und zuletzt bin ich mit einer Schäßburgerin geblieben, wir waren die Letzten im Waggon. In Schäßburg stiegen wir aus und meine Begleiterin verschwand. Da stand ich alleine auf dem Bahnhof

und wusste nicht, ob ich nach Marienburg gehen sollte oder wo meine Mutter ist.
Irgendwann kam ein Rumäne und sagte: Ich kenne dich, du bist aus Marienburg. Wenn du willst, kannst du mit dem Pferdewagen mitfahren. Wir fahren, plötzlich ruft mir eine Frau zu: Wohin willst du? Ich weiß, wo deine Mutter ist. Meine Mutter war mit meinem jüngsten Bruder nach Schäßburg gezogen und da habe ich sie gefunden, am 27. November 1949, nach fünf Jahren. Es war ein Weinen und ein Lachen und ein Reden, ohne Ende. [*Weint bitterlich*] Die Erinnerungen machen einen kaputt. Man sieht alles wieder vor sich, wie in einem Film.
Es wurde gerade Weihnachten und meine Mutter sagte: Bleib hier, ruh dich aus. Wir waren mittlerweile so arm, nichts hatten wir mehr.

Neuer Anfang

Irgendwann bekam ich vom Chefarzt des Gesundheitsamtes Briefe geschickt. Er bot mir an, dass ich im Kinder- oder Altenheim arbeiten könne. Doch ich wollte in ein Krankenhaus und hab in Schäßburg eine Anstellung in der Nasen-Ohren-Abteilung bekommen, später in der Chirurgie. Am Anfang hatte ich Angst, weil ich nicht wusste, ob ich es schaffe. Doch der Doktor sagte nur: Du wirst schon lernen. Dann hab ich sechs Jahre im Operationssaal gearbeitet. Und der Direktor fragte: Kennst du noch Kolleginnen aus dem Luther-Haus in Hermannstadt? Du sollst sie alle herbringen! Ich habe noch drei Mädchen gebracht – wir waren sehr geschätzt.
Ich habe einen Rumänen geheiratet und auch Kinder bekommen. Als die Zeit des Auswanderns kam, hätten meine Kinder gerne nach Deutschland gehen wollen, aber ich konnte nicht, solange meine Mutter lebte. Und als sie 1990 starb, hab ich nicht mehr gewollt. Einer meiner zwei Söhne ist nach Deutschland ausgewandert und einer lebt in Rumänien. Von ihm habe ich eine Enkeltochter. Sie lebt bei mir und ich sorge auf sie, wie ich auf meine Mutter gesorgt habe. So bin ich nicht ganz allein und sie ist für mich wie meine Tochter.

Orte:
Enakievo – ukr. Jenakijewe
Frauenbach – Baia Mare
Klein-Kopisch – Copșa Mică
Sighet – Sighetu Marmației
Schäßburg – Sighișoara
Zuckmantel – Țigmandru

Ohne Herodes kein Weihnachten

Augustin Olear,
geboren 1930 in Oberwischau/Vişeu de Sus, lebt ebenda, katholisch, ledig, pensionierter Forsttechniker, Ehrenbürger von Oberwischau

Herr Olear, wer sind die Deutschen in der Maramuresch?

Wir Deutschen in der Maramuresch haben weder etwas mit den Banater Schwaben noch mit den Siebenbürger Sachsen zu tun. Zu einem Teil sind wir Oberösterreicher aus dem Salzkammergut. Als man im 18. Jahrhundert im Wassertal anfing, Holzschläge zu organisieren, wurden hier Waldarbeiter von dort angesiedelt.
Das Wassertal gehörte rumänischen Edelleuten und ein kleiner Teil der rumänischen Kirche. Doch die Grundbesitzer konnten den Wald nicht bewirtschaften. Da hat 1774 ein österreichischer Verwalter einen Antrag beim Finanzministerium in Wien gestellt: Kaiserliche Hoheit sollten einen Teil des Waldes abkaufen, denn dieser Wald geht zugrunde. Wien schickte einen Abgesandten und der bestätigte, es ist wunderschöner Wald, und ein Jahr später wurde der Kaufvertrag von Kaiserin Maria Theresia genehmigt.
Im Jahr 1776 kamen die ersten sieben Familien von Bad Ischl und irgendwo noch her und bereiteten die Sachen vor; 1777

Oberwischauer Bauarbeiter beim Dammbau im Wassertal 1910

zogen weitere 25 Familien nach, aber nicht aus Österreich, sondern aus Deutsch-Mokra in der heutigen Ukraine. Dort waren bereits 1775 aus genau demselben Grund 200 Familien aus Oberösterreich angesiedelt worden. Im nächsten Jahr sind schon Waldmeister und Wegebauer hergekommen, um die Dinge voranzutreiben. Die Leute erhielten Privilegien, um Häuser zu bauen, Grund zu erwerben oder ein Gut zu bewirtschaften. Um 1778 zogen weitere tausend Oberösterreicher zu: Flößer, Bauleute, verschiedene Fachleute. Im Jahre 1789 kamen die ersten 28 Familien aus der Zips. Die Zips ist ein Gebiet in der heutigen Slowakei, am Fuße der Hohen Tatra, und die Siedler kamen aus Hopgarten, Käsmark und Leutschau.

Die Österreicher haben sich an der linken Seite des Wassertals niedergelassen und die Zipser an der rechten Seite. Diese haben das deutsche Viertel gegründet, die Zipser Reihen. Zipser und Österreicher waren katholisch, man hat sich gut vertragen und untereinander verheiratet. Allerdings haben sich viele von den Österreichern und Zipsern magyarisiert, denn dieses Gebiet hier gehörte zum historischen Ungarn. Erst ab 1919 gehörte es zu Rumänien.
Über die ganze Zeit haben die Zipser hier als Waldarbeiter, als Holzfäller, als Flößer oder als Baumeister für Dämme gearbeitet. Das Wasser wurde gestaut, zweimal die Woche abgelassen und das Holz bis 1945 bis nach Ungarn in die Theiß gerudert.

Herodes-Spiel 1930 in Oberwischau

Welche Dialekte wurden gesprochen?

Der Dialekt der Zipser ist schlesisch eingefärbt. Aber es gibt nur noch einen alten Mann, der die richtige Mundart der Zipser kennt. Wenn meine Eltern etwas besprechen wollten, was wir Kinder nicht verstehen sollten, redeten auch sie Zipserisch.

In der Slowakei wird die Mundart der Zipser nur noch in Hopgarten gesprochen. Dort wohnen heute noch Zipser, und es gibt ältere Personen, die sprechen noch diese Mundart, aber von den jüngeren Leuten kann keiner mehr diesen Dialekt. Wir haben Verbindungen mit ihnen und zu den Zipser-Treffen besuchen wir uns. Jedes Jahr sind in Hopgarten die Kulturtage der Deutschen in der Slowakei.

Ich hätte gern etwas Persönliches über Sie und Ihre Familie erfahren ...

Ich bin 1930 in Oberwischau geboren, am gleichen Tag mit Jesus Christus, aber nicht im gleichen Jahr. Mein Vater war Baumeister, meine Mutter Hausfrau. Wir waren sieben Kinder in der Familie, aber eigentlich 14, denn mein Vater war zweimal verheiratet. Von den sieben Burschen aus zweiter Ehe bin ich noch alleine am Leben.

Auch mein Vater hat im Wald gearbeitet. Die Männer mussten oft die Arbeit tauschen, denn Waldarbeiter war ein sehr schwerer Beruf. Die Frauen blieben damals zu Hause, denn jede Familie hatte auch Landwirtschaft, und da waren die Frauen zu Hause beschäftigt, zumal die

Familien damals viele Kinder hatten, das Leben war schwer.
Ab 1952 sind die Zipser aus dem Wald abgezogen und haben andere Berufe gelernt, so dass 1960 kein einziger Zipser mehr Waldarbeiter war. Von Beruf war ich Forsttechniker und 45 Jahre habe ich im Wassertal, und nicht nur dort, gearbeitet. Ich habe mich 1991 pensioniert.

Existiert in Oberwischau ein Deutsches Forum?

Ich hab in der Zeit des Umsturzes aus dem Fernseher zur Kenntnis genommen, dass in Rumänien Organisationen für die deutschen Minderheiten gegründet wurden. Dann war ich in Oberwischau der Initiator des Deutschen Forums. Die Deutschen Foren haben die Aufgabe, die deutschen Minderheiten gegenüber den Behörden zu vertreten, ihre Rechte zu wahren, die deutsche Kultur zu erhalten, inklusive die deutschen Schulen und die deutsche Sprache.
Als wir am 16. Januar 1990 das Forum gegründet haben, waren wir über 3000 Deutsche. Jetzt sind wir noch 800, Forumsmitglieder vielleicht noch 400. Aktiv sind nur wenige und vielleicht 120 bezahlen noch Beitrag. Wir haben verschiedene Versammlungen und wir organisieren den Tag der Minderheiten, wo sich die Zigeuner, die Juden, die Ungarn, die Rumänen, die Ukrainer und wir Deutschen treffen und feiern. Ein schöner Tag.
Ich war 20 Jahre Vorsitzender vom Forum. Als ich 80 Jahre geworden bin, habe ich den Vorsitz abgegeben an eine junge Frau, mit der ich gut zusammengearbeitet hatte. Ich sollte sogar Vorsitzender vom Regionalforum werden, aber, ich bin schon 80. So alt sind wir nun schon hier.

Gibt es bei den Zipsern noch eine Jugend?

Nachwuchs gibt es schon, nur es sind keine wirtschaftlichen Grundlagen, keine Arbeitsplätze hier. Die Jungen machen eine Ausbildung und wandern ab. Manche gehen für drei Monate nach Deutschland und kommen wieder nach Hause und irgendwann gehen sie wieder. Die anderen bleiben in Rumänien, gehen aber in die Städte, wo deutsche Firmen sind. Junge Leute, die gut Deutsch sprechen, werden sofort eingestellt. Sie sind fleißige Leute. Ich befürchte, wenn sich hier ökonomisch nichts ändert, haben wir bald keine Jugend mehr. Oberwischau braucht eine gute Infrastruktur, damit Investoren kommen, sonst bleiben von den Deutschen nur noch ältere Personen hier.

Welche Nationen wohnten in Oberwischau?

Im 1910 waren in Oberwischau 14 300 Einwohner, von wel-

Zipser Holzfäller in Oberwischau, um 1932

chen 5200 Deutsche waren. 3200 Juden, 2500 Rumänen, über 1000 Ungarn – und es waren noch die Ruthenen da, also Ukrainer.

Wie ist jetzt die Bevölkerungszusammensetzung?

Oberwischau hat heute nicht mehr als 16 000 Einwohner. Die Mehrheit sind die Rumänen, aber die größte Minderheit sind noch die Deutschen mit über 800 Leuten. Danach kommen die Ungarn. Aber einige Zipser haben sich magyarisiert ,und so sind sie über 400 Leute. Wir haben hier ungefähr sieben oder acht Familien Zigeuner.

Welche anderen Sprachen haben die Zipser gesprochen?

Wir Zipser sprechen Rumänisch, Ungarisch weniger. Ich habe Ungarisch nicht gelernt und ich habe auch nicht die Ungarn lieb. Ich habe mich viel besser verstanden mit den Rumänen, weil wir selbst in der kommunistischen Zeit das Recht bekommen haben, eine deutsche Schule zu eröffnen und deutschen Gottesdienst zu haben. Wir hatten unsere Blasmusikkapelle und viele Deutsche waren in guten Positionen und sehr gut angesehen.

Warum waren die Deutschen gut angesehen bei den Rumänen?

Für uns waren die Jahre zwischen '45 und '50 sehr schwere Jahre, wir wurden Hitleristen und Faschisten gerufen. Wenn wir in ein Geschäft gegangen sind, wurde uns gesagt: Geht doch nach Deutschland. Im Banat und in Siebenbürgen ist das nicht so geschehen. Aber die rumänischen Behörden wollten die Holzindustrie aufbauen, dazu brauchten sie die Zipser, sie waren die einzigen guten Fachleute.

Oberwischauer Zipser Holzfäller, 1904

Aber man hätte sagen können: Baut auf, aber mit der deutschen Kultur ...

Dies ist zunächst geschehen – mit der deutschen Schule. Ich hatte einen Freund, der war Lehrer. Wir haben besprochen, dass für die Ungarn eine Schule gegründet wurde, noch 1946. Wir hielten es für richtig, dass es auch eine deutsche Schule geben sollte. Wir waren damals über 5000 Deutsche und die Ungarn nur 1000. Mein Freund hatte den Mut, einen Antrag zur Genehmigung einer deutschen Schule zu stellen. Er wurde angebrüllt: Ihr Hitleristen und Faschisten habt die ganze Welt zugrunde gerichtet und dann wollt ihr wieder deutsche Schulen haben? Mein Bekannter meinte, dass wir uns das nicht gefallen lassen, denn die Ungarn haben zusammen mit den Deutschen gekämpft. Außerdem waren wir nicht schuldig, was der Hitler gemacht hat.
Wir sind aufs Neue zur Behörde. Da haben sie den Schulinspektor angerufen und dann war es plötzlich möglich, aber sie hatten keinen Platz. Da sagte mein Bekannter: Meine Mutter hat ein leeres Haus, wir könnten die Schule dort gründen. Wir bekamen das Mobiliar, mein Bekannter wurde Lehrer, und am 5. September 1949 ist es losgegangen. Schon 1951 hat die deutsche Abteilung Klassenräume in der großen Schule bekommen. In 1956 hatten wir 400 Kinder und weil die Ungarn keine Kandidaten hatten, wurde deren Schule aufgelöst und die Kinder sind zu uns in die deutsche Abteilung eingetreten.

Gibt es noch eine deutsche Schule?

Die erste offizielle deutsche Schule wurde 1874 gegründet. Doch bereits 1790 war ein Pfarrer gekommen und hat im Auftrag der österreichischen Regierung den Kindern Lesen und Schreiben beigebracht. Heutzutage haben wir noch eine deutsche Abteilung von der ersten bis zur achten Klasse. Mehr als 50 Prozent sind rumänische Kinder, die restlichen noch Deutsche. Die Lehrer sind Einheimische und wir haben auch Gastlehrer aus Deutschland. Mit Unterstützung von Baden-Württemberg wurde in Oberwischau sogar eine Berufsschule für Tourismus gegründet. Da werden Köche und Kellner ausgebildet und es wird ab der neunten Klasse alles in deutscher Sprache unterrichtet. Bei uns sollte eigentlich der Tourismus die Zukunft sein, denn wir haben die Wassertalbahn als Hauptpotenzial.

Wo sind Sie zur Schule gegangen?

Als ich 1937 in die Schule gehen musste, gab es aber keine deutsche mehr und ich ging die ersten drei Klassen in die rumänische Schule. 1940 sind

Zipser Schulkinder der 5. und 6. Klasse in Oberwischau, 1956

die Ungarn gekommen und es wurde eine deutsche Schule gegründet, in die ich eingetreten bin. Doch 1941 bin ich in die Batschka gefahren. Das ist ein Teil von Ungarn gegen Serbien hin und dort wohnten nur Schwaben. Das war das reichste Gebiet von Ungarn wegen der guten Böden und es sind von hier 40 Kinder aus kinderreichen Familien für drei Monate auf Erholung geschickt worden. Meine Gastgeber hatten jeden Monat ein großes Paket mit 30 Kilo an meine Eltern gesendet und ich ging dort auf die Schule.

Dort haben Sie den Krieg erlebt?

Am 1. Oktober '44 haben mir meine Eltern ein Telegramm geschickt: Ich solle nach Hause kommen, sie werden von der deutschen Armee evakuiert. Dann bin ich über Budapest allein nach Hause gefahren und am 10. Oktober wurden wir evakuiert, in die Waggons hinein und bis nach Österreich. Wir sind gekommen bis nach Arbesbach, bei Zwettl. Nach drei Monaten, im Herbst 1944, ging es nach Edelbach nahe Allentsteig. Dort bekamen wir Haus und Hof.

Als 1945 die Gegend von den Russen besetzt wurde, hat der Bürgermeister von Edelbach gesagt: Ihr seid österreichische Bürger, ihr bleibt hier. Doch im Juni 1946 wurden wir bei den Russen verklagt, dass wir keine Österreicher sind. Da sind sie zu uns gekommen und befahlen uns, innerhalb von fünf Tagen Österreich zu verlassen, sonst sortieren sie uns nach Sibirien aus. Mein Vater spannte sofort die Pferde an und wir sind losgefahren. Einen Monat später haben sich die Russen

Deutsche Abteilung des Oberwischauer Kindergartens

zurückgezogen, dann hätten wir dort blieben können.
Zwei Monate waren wir unterwegs, zuerst kamen wir in Bruck an der Leitha an, dort hatten die Russen uns die Pferde und den Wagen weggenommen und uns in ein Sammellager gesteckt. Nach drei Wochen wurden wir in Viehwaggons geschmissen und nach zwei Monaten kamen wir in Oberwischau an. Oh mein Gott, wie wir alles vorgefunden haben: kein Zaun, kein Tor, kein Fenster, keine Möbel. Auch den Fußboden vom Haus haben sie ausgerissen. Selbst der Stall war weg, nur die vier Wände vom Haus waren uns geblieben.

Bereuten Sie es, dass Sie nicht in Österreich bleiben konnten?
Wir hatten schreckliche Jahre hier. All die schmutzige Arbeit mussten die Zipser machen. Oftmals mussten wir in Toiletten schlafen und uns vor der Gendarmerie verstecken. Und von denen, die hier geblieben sind, sind im Januar '45 nur 87 Personen deportiert worden, denn es sind viele in die Gebirge geflüchtet.

Sind viele Zipser nach dem Krieg zurückgekommen?
Über 600 Familien, die in Deutschland und in Österreich waren, sind nicht mehr zurückgekehrt. Aber der größte Teil war unter den Russen und die mussten nach dem Krieg alle zurückkommen. Im Jahre 1966 waren wir 6500 deutsche Katholische, 1978 nur 3878 Deutsche und bei der letzten Volkszählung 2002 noch 1349. Also ausgewandert sind nicht viele, aber viele sind gestorben, und für die jungen Leute gibt es keine Zukunft hier.

Haben Sie deutschen Gottesdienst in der Kirche?

Immer gab es deutsche Gottesdienste, auch heutzutage noch. Früh ist die ungarische Messe, um zehn Uhr in deutscher Sprache und danach in rumänischer. Der Priester ist ein magyarisierter Schwabe, aber er spricht Deutsch. In unseren Gottesdienst kommen bis 150 Personen und nach der Kirche sprechen wir noch eine Stunde vor der Kirche über Politik und Fußball und die Jungen gehen noch auf einen Kaffee oder ein Bier.

Was waren typische Traditionen bei den Zipsern in Oberwischau?

Wir haben unsere Traditionen behalten. Es gibt zu Weihnachten ein Theaterspiel, das heißt: *Der große Herodes*. Es wird von 18 Darstellern präsentiert, alles Burschen, nur die Heilige Maria ist eine Frau. Das Stück wurde aus der Zips mitgebracht und zum ersten Mal 1816 in Oberwischau organisiert. In derselben Art wird es heute noch aufgeführt und die Kirche ist voll. Bei uns heißt es: Ohne Herodes kein Weihnachten. Außerdem gibt es noch kleine Krippenspiele, zum Beispiel *Die drei Waisen aus dem Morgenlande*.

Ein anderer Brauch ist das Weihnachtssingen. Jede Familie schlachtet ein Schwein und es wird Mettenwurst gemacht und die wird nach der Christmette um 24 Uhr mit gewickeltem Kraut gegessen. Dann kommen Freunde Weihnachtslieder singen und der Gastgeber lädt die Leute ein zu Wurst, Wein und Schnaps. Später geht man gemeinsam zu anderen Freunden und immer wird gesungen *Heilige Nacht* oder die anderen schönen Weihnachtslieder. Zum Neujahr gehen die Erwachsenen und Kinder aus und tragen Gedichte vor und die Kinder bekommen ein Geschenk oder ein wenig Geld.

Ab 1820 war der Brauch, das Volkstumsfest im Wassertal zu feiern, am ersten Wochenende im August. Bereits freitags kamen die Arbeiter vom Wassertal herunter und am Samstag zog man saubere Kleider an und es wurde für die ganze Familie Festgottesdienst gehalten. Der wurde den Waldarbeitern gewidmet, damit in Zukunft keine Unfälle passieren. Am Nachmittag wurden Wettbewerbe organisiert: Tauziehen, Sacklaufen und Holzsägen. Es wurde Kuchen gereicht und später spielte die Musik. Die Leute haben bis spät abends getanzt und getrunken. So wurde es bis zum Ersten Weltkrieg gepflegt, danach ging es verloren. Ich habe dem Deutschem Forum vorgeschlagen, diesen Brauch wieder aufzunehmen. Seit 2001 wird wieder jedes Jahr am ersten Samstag im

Herodes-Spiel 2008 (»Der große Herodes«) in Oberwischau

August das *Volkstumsfest im Wassertal* gefeiert. Es kommen viele Gäste aus Deutschland, Österreich und von Sathmar, Großwardein, Bistritz, Reschitza und von Hermannstadt. Wir organisieren wie früher Wettbewerbe, Mittagessen und wir besichtigen die Stadt. Dann beginnt ein Kulturprogramm im Kulturhaus und anschließend treffen sich die Leute zur Unterhaltung in einem großen Restaurant. Wir haben eine sehr gute Tanzgruppe und es spielt die Musik bis früh um drei. Sonntags gibt es Gottesdienst und Kulturgruppenaufmarsch. Und montags ist ein Ausflug ins Wassertal.

Was gab es sonst noch für Traditionen?

Zum Beispiel Ostern die Paska-Weihe. Am Ostersonntag in der Früh nehmen die Leute ein Körbchen und es kommt ein schönes Brot hinein, das heißt *Paska* und Butter, Schinken, eine Flasche Wein, rote Eier und anderes. So gehen wir in die Kirche und der Pfarrer hält einen Gottesdienst und segnet diese Speise ein, mit Weihrauch. Dann wird zusammen das Frühstück genommen und nachmittags gibt es die große Messe. Am Ostermontag ist das Osterspritzen. Das haben die Siebenbürger von uns Zipsern übernommen. Die Männer gehen zu den jungen Mädchen und Frauen und spritzen Parfüm auf den Kopf.

Gab es Trachten bei den Zipsern?

Die Zipser in Oberwischau hatten bis zur Evakuierung 1940 noch Trachten, aber bei den Oberösterreichern gab es keine mehr. Die war aber mehr eine Festtracht, die man nur zu Ostern und zu Weihnachten

Deutscher Chor beim Oberwischauer Volkstumsfest, 2007

getragen hat. In Hopgarten hatten sie die Tracht noch behalten und wir haben 1990 sie von dort wieder übernommen. Wir haben also wieder Trachten, aber nur für die Kulturgruppen, die Tanzgruppe und für den Chor.

Der Chor wurde vom Forum gegründet, aber der ist auch zuständig für die Kirche. Es gibt ebenso eine Jugendorganisation und die wird von einem sehr guten Jungen geleitet. Zusammen mit der Forumsvorsitzenden organisieren sie Theaterstücke in Zipser Mundart.

Wie war die Auswanderung hier in den Westen?

Die erste Familie ist 1973 ausgewandert, da ist es losgegangen. Diese Leute, die nach dem Krieg im Westen geblieben waren, wurden von ihren Verwandten hier besucht und da haben sie den Unterschied gesehen und wollten weg. Die rumänischen Behörden haben unsere Zipser versucht zu halten. Sie brauchten sie, weil sie die besten Fachleute waren, und es wurde ihnen alles versprochen, damit sie die Meinung ändern. Die Leute wären nicht ausgewandert, wenn es mehr Essen gegeben hätte und das Leben generell leichter gewesen wäre.

Hätte der Ceaușescu die Leute nach Deutschland drei Monate arbeiten gehen lassen, dann wären die Leute wiedergekommen. Aber wer sich in den Kopf gesetzt hatte auszuwandern, der ist auch ausgewandert, und die Genehmigung dauerte bis fünf Jahre. So sind bis 1990 ungefähr 2000 Zipser aus Oberwischau ausgewandert, 3000 sind geblieben. Nach der Wende 1990 ist niemand ausgewandert, denn die Leute wollten ihre Häuser nicht verlassen und

Zipser Jugend

warteten auf eine Verbesserung. Das massive Auswandern hat hier erst 1992 eingesetzt, weil keine Besserung gekommen ist.

Sind Sie in Deutschland gewesen?

Mein Bruder ist '84 ausgewandert und das erste Mal war ich im '87er bei ihm. Es waren die schweren Jahre hier und ich bin mit vier großen Koffern zurückgekommen. Doch ich hatte anständige Zollbeamte in Arad: Ich habe für Sie eine Tüte fertig gemacht mit Zigaretten, Bier und Kaffee. Doch der Zöllner hat nur gesagt: Gib mir ein Bier, ich habe Durst.

Was waren Ihre Eindrücke in Deutschland?

Ich habe gesehen, dass alles in Ordnung war, wie die Leute leben und was es dort alles gab. Man hat mir '91 vorgeschlagen, ich solle bleiben, aber mit 61 Jahren hätte ich keine Rente und kein Arbeitslosengeld bekommen. Eigentlich habe ich mich auch nicht gut gefühlt in Deutschland. Mir ist dort alles so kalt vorgekommen und meine Freunde haben mir gefehlt. Es war mir immer so langweilig, deshalb bin ich später nie länger als 14 Tage geblieben, dann wollte ich wieder zurück und mich mit meinen Leuten treffen.

Was bedeutet für Sie das Wort Heimat?

In der Heimat bin ich geboren und aufgewachsen. Ich war als Kind sechs Jahre weg, damals, als ich in Ungarn und Österreich war. Da hatte ich keine Sehnsucht gehabt, aber nachher, als ich zurückgekommen bin und mit meinen Freunden hier war, das waren meine besten Jahre. Meine Heimat ist mir ans Herz gewachsen.

Haben Sie Familie gehabt?

Nein, verheiratet war ich nicht, aber dafür fahre ich jedes Jahr in den Westen.

Wie wurde oder wird bei den Zipsern geheiratet?

Man hat nur untereinander geheiratet. Erst nach der Wende gab es Mischehen. Die deutschen Mädchen bringen die Familie zu uns in die katholische Kirche, pflegen die deutsche Kultur und so übernimmt die Familie diese, und die Kinder gehen in die deutsche Schule. Es gibt sogar Rumänen, die den deutschen Namen der Frau annehmen. Aber auch rumänische Mädchen, die einen deutschen Jungen geheiratet haben, sind in die deutsche Kultur übergetreten und haben Deutsch gelernt. Es gibt Frauen, da weiß man gar nicht, dass sie Rumänen sind, so gut sprechen sie Deutsch.

Gab es Nachbarschaften bei den Zipsern?

Nein. Zwischen 1941 und '44, da gab es den Deutschen Volksbund, aber das war so eine nationalistische Organisation, die die Hitlerjugend organisiert hat. Da waren einige von den Zipsern Mitglied, aber sie hatten keinen Vorteil.

Haben die Zipser mit diesen nationalsozialistischen Ideen geliebäugelt?

Nicht sehr. Wir waren doch verschiedene Gemeinschaften hier und wir waren gute Freunde mit den Rumänen und den Juden. Es gab bei uns keinen Hass. Nun, es gab schon einige Hitlerleute unter uns, und einen Ortsgruppenführer. Die haben sich schwarze Uniformen angezogen mit dem Hakenkreuz am Arm. Aber das waren vielleicht zwölf Leute. Die meisten haben nichts gemacht.

Doch es war eine große Propaganda, dass die jungen Leute zur Wehrmacht gehen. Aber die Leute fürchteten sich und viele Eltern haben ihre Kinder nicht gelassen. Allerdings die, die schon über 18 Jahre alt waren, konnten sich selbstständig melden und es waren auch einige überzeugt, dass sie für Deutschland kämpfen müssten. Die meisten deutschen Burschen sind aber zur ungarischen Armee, da wir damals zu Ungarn gehörten, und die Zipser waren ungarnfreundlich. Als die Ungarn 1940 einmarschierten, wurden ihnen Blumen zugeworfen und man rief: Es lebe Ungarn. Aber die ersten Jahre unter ihnen waren schwierige Jahre. Es gab keine Lebensmittel, denn die Ungarn haben alles weggenommen, deshalb mussten wir als Kinder in die Batschka gehen.

Wie ist Ihr Kontakt zu den anderen Rumäniendeutschen?

Wir haben wenig Verbindung mit den Siebenbürger Sachsen oder den Schwaben. So bin ich nie in Hermannstadt gewesen. Man weiß kaum etwas über die Geschichte der anderen. Das

hat sicherlich damit zu tun, dass die Sachsen evangelisch und wir katholisch sind. Doch die Banater und Sathmarer Schwaben sind katholisch, und wir haben auch nicht so viel Verbindung. Erst nach der Wende habe ich sie kennengelernt.
Aber die Hermannstädter haben uns, als wir die deutsche Schule 1949 gegründet haben, mit deutschen Lehrkräften geholfen und die Mädchen haben sich mit Oberwischauern verheiratet und sind hier geblieben. Jetzt hat man eher Verbindung mit Bukarest zum deutschen Fernsehen oder zur *Allgemeinen Deutschen Zeitung*, die kommen öfters mal vorbei.

Orte und Regionen:
Batschka – ung. Bácska
Deutsch-Mokra – ukr. Німецька
Hopgarten – slowak. Chmeľnica
Käsmark – slowak. Kežmarok
Leutschau – slowak. Levoča
Zips – slowak. Spiš

Da ist immer ein Segen auf den Landlern gewesen

Annelies Pitter,
Jahrgang 1942, geboren und wohnhaft in Großpold/ Apoldu de Sus, evangelisch, verheiratet und vier Kinder, pensioniert

Frau Pitter, können Sie etwas zu Ihren Eltern sagen?

Geboren bin ich in Großpold und meine Eltern waren Johanna und Johann Wagner. Meine Mutter war eine geborene Klusch, das sind eigentlich Sachsen gewesen, so wie die Wagners auch. Nur die Mutter meines Vaters war eine Landlerin, eine Sonnenleitner, und sie hat sich in der Familie durchgesetzt.

Mein Papa war bei den Deutschen im Krieg und ist nicht mehr zurückgekehrt. Das letzte Mal war er auf Urlaub im '44er, er war bei Oranienburg, und danach wissen wir nichts mehr. Ich hatte noch zwei ältere Brüder, der große ist 1935 geboren und der zweite '38.

Was wissen Sie von den Landlern?

Die Landler kamen im 18. Jahrhundert aus Österreich nach Siebenbürgen und haben sich um Hermannstadt in den Dörfern Neppendorf, Großau und Großpold angesiedelt. Sie wurden vertrieben, weil sie evangelisch waren und man sie im katholischen Österreich nicht haben wollte. In Oberösterreich gibt es noch einen Sonnleitner-Hof, der Bauernhof meiner Ahnen.

Die Landler kamen hierher mit nichts, aber sie waren fleißig und hatten meistens ein Handwerk. Durch ihre Begabung und ihre Sparsamkeit konnten sie in größere Höfe wechseln und haben sich viel angeeignet. Ich denke, da ist immer ein Segen auf den Landlern gewesen. Die Sachsen werden es nicht gerne hören, aber sie waren etwas bequemer. Sie haben lieber einen größeren Hof gegen einen kleineren eingetauscht, weil da noch Geld übrig blieb. Das Landlerisch, was wir sprechen, ist ein österreichischer Dialekt, während das Sächsische ein Luxemburger ist. Es gibt keine Ähnlichkeit, aber wir sprechen hier in Großpold alle beide Dialekte, so dass jeder sich mit dem anderen verstehen kann.

Ist bei Ihnen auf dem Hof Landlerisch gesprochen worden?

Ich habe hier in die Familie geheiratet und die hat sich für Landler gehalten, obwohl Pitter ein sächsischer Name war. Aber meine Schwiegermutter war auch eine Sonnleitner, so wurde hier Landlerisch gesprochen. Auch meine Großmutter hat mit uns Enkeln immer Landlerisch gesprochen. In Großpold gab es eigentlich keine hundertprozentigen Familien von Landlern oder Sachsen.

Welche Tracht haben Sie angelegt?

Die Landlerische, denn es hat keine sächsische Tracht mehr in Großpold gegeben. Ich kannte nur zwei alte Frauen, die noch mit der sächsischen Tracht in die Kirche gegangen sind. Das war ein weißer Kirchenpelz und er ging bis an die Knie. In Großpold hatten die Landler eine einfache Tracht und es herrschte Schwarz vor, der Rock, das Rückl, und der Mantel ging nur zu den Hüften. Unsere Tracht ist eine Abart von der bayrischen und österreichischen Tracht.

Auch zu kommunistischen Zeiten haben wir Landler zum Kirchgang die Sonntagstracht angelegt. In der Fasten- und Adventszeit sind wir alle dunkel gegangen, aber für das Tägliche wurde die Alltagstracht angezogen. Heutzutage gehen noch drei von uns alten Landlerinnen in Tracht zur Kirche.

Die Jugend hatte aber die Tracht schon lange nicht mehr getragen. Die Jungen haben gesagt, es sei nicht so kommod, aber es war schön. Zu den Hochzeiten haben sie dann schon ein Brautkleid angelegt, nicht mehr die Tracht.

Was war typisch landlerisch bei Ihnen in der Familie?

Wir Landler haben Knödel gegessen und Spätzle, also Mehlsachen. Die Sachsen hatten es mehr mit dem Fleisch, so geräucherte Sachen, und Kraut, also schwerere Speisen.

Und wir Landler waren sehr religiös. Ich habe mit der Mutter viele Lieder aus der Bibelstunde gesungen, auf der Arbeit, im Weingarten. Großpold war eine lebendige Gemeinde, es waren Jugendstunden und

Annelies Pitter als Kind mit den Brüdern und Großeltern, Ende 1940er

Bibelstunden und es war Wochenschlussvesper. Vom ersten Advent bis zum Ostern war morgens eine halbe Stunde Andacht in der Kirche. Das hat in den kommunistischen Zeiten sogar funktioniert.

Welche Rolle spielte die Kirche hier in der Gemeinschaft?

Der Pfarrer war das Oberhaupt von der Kirche und eine Respektsperson in der Gemeinschaft. Und in der Kirche waren wir unter uns und wir haben uns sicherer gefühlt. Und es waren manchmal 800 Leute in der Kirche, sie war voll. Aber die Kirche war geteilt, auf der linken Seite saßen die Sachsen und auf der rechten die Landler: Die Männer saßen im Männergestühl, die Jungen auf der Empore und die Mädel und Frauen in den Mittelbänken. Die landlerischen Mädchen haben sich mit den sächsischen zusammengetan in der sächsischen Schwesternschaft. Aber die sächsischen Buben wollten sich nicht zusammentun mit den Landlern. *Mär wellen blewen, wat mer sen*, und sie blieben fast bis zum Schluss

Deutsche Schulklasse in Großau, 1970er Jahre

getrennt. Man sagte auch, die Sachsen sind dickköpfig.
Die jungen Frauen mussten sich dann entscheiden, gehe ich zu den Sachsen oder zu den Landlern, und um eine Zeit war auf der sächsischen Seite viel Platz, weil die meisten zu den Landlern gingen, auch meine Mutter. Sie hätte beruhigt auf die sächsische Seite gehen können, aber vielleicht saßen die Freundinnen bei den Landlern. Meine Brüder waren immer auf der sächsischen Seite. Aber im Gottesdienst wurde nur Hochdeutsch gesprochen.

Was hat Ihr Vater gearbeitet?

Mein Vater und sein Bruder waren Maurer, sie haben mit dem Opa zusammengearbeitet. Der Großvater war selbstständiger Maurermeister und es war bei uns üblich, dass die Meister Lehrjungen und Gesellen hatten. Der Großvater hat sich das Maurerhandwerk selbst anlernen müssen und deshalb schickte er meinen Vater und seinen Bruder nach Hermannstadt zu einem Architekten, dass sie lernen, wie man Pläne zeichnet und kalkuliert.
Gearbeitet haben sie viel in Poiana Sibiului, acht Kilometer von hier, bei den Rumänen. Da haben sie am besten verdient. Die Rumänen dort waren reich, weil sie immer große Schafherden hatten, auch in der Ceaușescu-Zeit. Es gab einen Meister, der hat nur in Poiana gearbeitet. Und uns hat ein Ofensetzer einmal gesagt, dass sie in Poiana erpicht sind, immer den größten und teuersten Kachelofen zu haben, denn sie wollen zeigen, dass sie Geld haben.
Wir Deutschen sind besser gefahren, wenn wir nicht auffielen. Man sollte nicht mehr haben als die Rumänen, sonst hat man eins auf den Kopf be-

kommen. Bei uns gab es schon begabte Leute, die hätten mehr gekonnt, aber wenn sie zum Beispiel mehr Lehrlinge gehabt hätten, hätten sie wieder mehr Steuern bezahlen müssen, so waren wir besser alle gleich.
Nach dem Krieg waren unsere Gründe und Bauernhöfe enteignet. Es mussten sich viele irgendwo Arbeit suchen, damit sie etwas verdienen konnten. Als unsere Mädchen aus Russland zurückkamen, gingen sie beispielsweise an den Bicaz-Staudamm, dort haben sie die Steine für die Straßenmauer getragen.

Was hat Ihre Mutter gearbeitet?

Meine Mutter hat auf unserem Grund gearbeitet, da musste sie mit dem Knecht hinausgehen. Der Vater hat in der Landwirtschaft mitgeholfen, weil es fast jede Woche einen rumänischen Feiertag gab. Wir hatten einen normalen Bauernhof mit Haus, Scheune und Stall für vier Großviecher.
Als die Mutter aus Russland kam, war sie allein und hat sich in der Kollektivwirtschaft eingeschrieben, die wurde 1950 gegründet. Das war die Zeit, wo wir nichts mehr hatten und auf unseren Höfen nur noch geduldet wurden. Bei uns zu Hause kam ein Kolonist aus Ludosch, er hat uns dreimal hinausgeschmissen und uns alles weggenommen: das Vieh, den Pflug, die Egge, den Wagen, alles. Wir hatten nichts mehr und waren vogelfrei.

War einem bewusst, warum die Situation so war?

Freilich. Am Kriegsanfang waren die Rumänen auf der Seite der Deutschen, dann haben sie sich auf die Russenseite gedreht und meinten, die Deutschen seien gegen sie. Den deutschen Männern, die beim rumänischen Militär waren, hat man den Grund nicht genommen, aber man hat sie in die Kollektivwirtschaft gedrängt, da waren sie ihren Grund auch los.

Wurde Ihre Mutter auch deportiert?

Sie war in Kriwoy Rog und Dnipropetrovsk und kam 1948 zurück. Ich weiß noch, der Großvater hat mich zum Fenster hochgehoben, als meine Mutter im Saal des Gemeindehauses eingesperrt war, doch von den Wachleuten wurde das gleich untersagt. An dem Gebäude stand noch viele Jahre *Evangelisches Gemeindehaus A. B.* auf einer Holztafel geschrieben. Zur Deportation 1945 haben sie dort alle gesammelt und es musste eine bestimmte Anzahl sein. Wenn sich welche versteckt haben, wurden andere genommen. Es sind viele Deportierte in Russland geblieben und viele junge Menschen haben das erste Jahr nicht überlebt. Es hat immer nur saure Gurken- oder Krautsuppe gegeben und nie war ein Fettauge drauf. Im '47er war Hungersnot, hier und auch in Russland. Meine Mutter hat gesagt, sie haben nur von Gras gelebt. Sie haben es aufgekocht und gegessen, weil es ein wenig Eisen enthalten hat. Das hat ihr das Leben gerettet.

Ich habe sehr gelitten, dass meine Mutter weg war. Es war großes Leid, man wusste nicht, ob man sich wieder sieht. Als meine Mutter 1948 zurückkam, war ich fast sieben Jahre alt und es wurde zwischen mir und der Mutter nie mehr so ein nahes und inniges Verhältnis, wie ich bei anderen Kindern geschaut habe, die diese Trennungsjahre nicht mitgemacht haben. Dafür waren die Großmutter und der Großvater meine Bezugspersonen.

Wann haben die Deutschen hier ihre Bauernhöfe wieder zurückbekommen?

Es kam nach 1957 ein Gesetz, da mussten die Kolonisten raus aus den Häusern. Wahrscheinlich hat man von außen Druck auf die rumänische Regierung ausgeübt. Den Kolonisten hat man Hofstellen und 20 000 Lei gegeben und da haben sie angefangen zu bauen, wo die Deutschen Grund hatten. Die, die ein Zuhause hatten, haben Großpold verlassen, nach Poiana, nach Kleinpold und Ludosch. Bei uns waren Zigeuner, und als sie weg sind, haben wir das Haus zurückbekommen. Aber in der Neugasse und in der Mittelgasse sind die Zigeuner geblieben, da mussten die Leute noch lange mit ihnen zusammenleben.

Gab es Konflikte zwischen den Deutschen und Rumänen?

Es lief nicht so friedlich ab, aber man musste sich irgendwie arrangieren. Man konnte nicht ständig im Streit liegen. Mein Großvater hatte dem Kolonisten so viele Dinge gegeben, dass er uns wieder das Haus lässt.

Wo sind Sie in die Schule gegangen?

Ich bin ab 1949 in Großpold sieben Jahre in die Schule gegangen. Wir waren damals in der Klasse 25 Schüler und davon sind 20 konfirmiert worden. In der Schule beim Unterricht wurde Hochdeutsch gesprochen und in der Pause sprach jeder seinen Dialekt. Ich sprach natürlich Landlerisch, nur zwei Schüler waren da, mit denen wir Sächsisch mussten reden. Auch meine Kinder hatten noch deutsche Schule und jetzt ist immer noch eine deutsche Abteilung, obwohl es keine deutschen Kinder mehr gibt. Doch die Schule hat ein Internat und es gehen dahin Kinder von Rumänen oder aus Mischehen.

Wie waren die Bevölkerungsanteile in Großpold verteilt?

Nach '45 ist alles anders geworden, denn es sind viele im Krieg

Junge Landler in Tracht in den 1980er Jahren

geblieben. Danach ging es wieder bergauf, die Deportierten kamen aus Russland und es gab starke Geburtenjahrgänge. Bei meinen Brüdern waren über 30 Kinder in den Klassen und ab 1960 über 50, da haben sie die Klassen sogar geteilt. Bevor die Deutschen hier 1990 ausgewandert sind, waren zwei Teile Deutsche und ein Teil Rumäner und Zigeuner.

Haben die Großpolder gut Rumänisch gesprochen?

In den Gassen, wo Rumänen waren, konnten die Deutschen besser Rumänisch. Aber mein Rumänisch ist schlecht.

Von was haben die Bauern von Großpold gelebt?

Bei uns hat man alles angebaut. Jeder Bauernhof hatte noch irgendwo Weingärten gehabt, aber es ist alles wüst jetzt. Den Wein konnte man allerdings nicht immer verkaufen, denn er war manchmal nicht so gut.

Gab es in Großpold auch Nachbarschaften?

Die gab es ständig. Wir hatten in Großpold 18 Nachbarschaften und bei uns auf der Gasse gab es drei, die untere und obere Nachbarschaft und die sächsische. Die Nachbarschaften hatten bestimmte Regeln, die man einhalten musste. Es wurde darüber gewacht, dass die Statuten nicht verletzt werden: Ging man beispielsweise nicht zum Begräbnis, gab es eine Geldstrafe. Und die Kirchensteuer wurde auch von der Nachbarschaft eingesammelt, jeden Monat zwei Lei. Meine Mutter sagte immer: Jetzt kommt der Altnachbar, da muss ich einen Liter Milch verkaufen, damit ich bezahlen kann.

Vor allem aber war die Nachbarschaftshilfe: Beerdigung, Fassrausrollen, Putzerei, Kirchenarbeit, da durfte niemand absagen, man musste hingehen und helfen. Die Nachbarschaften sorgten für Ordnung: Da wusste jeder, wo er zu kehren hatte auf der Gasse. Samstag wurde immer der Abschnitt vor dem Haus gekehrt, und die bei der Kirche gewohnt haben, mussten auch an der Mauer kehren. Jetzt kehrt niemand mehr. Und es mussten die großen Sechzig-Liter-Fässer, wo die Maische für den Schnaps drin war, gemeinsam zur Brennerei geschafft werden, weil sie so schwer waren.

Wichtig war der Versöhnungstag zu Fasching. Wenn man Streit miteinander hatte, hat man sich versöhnt und um Verzeihung gebeten. Jede Nachbarschaft hatte diesen Versöhnungstag, entweder in der Kirche, in einem Lokal, beim Altnachbarn oder bei jemand anderem aus der Nachbarschaft. Punkt zehn Uhr wurde begonnen, keiner durfte sich verspäten, und es gingen die Männer von der Nachbarschaft in Tracht. Frauen durften nicht dabei sein, das war Männersache. Wenn der Nachbarschaftsvater die Nachbarschaftslade geöffnet hatte, hatte nur er das Wort, und der Versöhnungsakt dauerte bis zwei Stunden.

Der Altnachbar hatte das Festessen zu organisieren, und der Jungaltnachbar und zwei Ehrenträger haben geholfen. Die Frauen haben gekocht und abgewaschen, und wenn der Versöhnungsakt beendet war, kamen sie mit den Kindern hinzu und es ist gegessen worden. Danach wurde gefeiert. In unserer Nachbarschaft waren wir 75 Leute, mit Kindern, und man musste Acht geben, dass man die Kleinen nicht übertreten sollte beim Tanzen.

Die Beerdigung wurde auch von der Nachbarschaft organisiert?

Wenn jemand gestorben ist, ging man zum Altnachbarvater und hat ihm den Todesschein übergeben und er ging auf das Bürgermeisteramt, den Verstorbenen abzumelden. Dann hat man dem Altnachbarvater eine Liste gegeben von den Leuten, die er einladen soll zum Tränenbrot.

Das Grab machten die beidseitigen Nachbarn und die Patenkinder. Der Tote wurde immer zu Hause aufgebahrt und am Vorabend ging man wachen. Bei uns dauerte das zwei Stunden und es kamen die, die zum Tränenbrot eingeladen waren.

Am Tag der Beerdigung, wenn die kleinen Glocken geläutet haben, versammelten sich die Leute auf dem Hof. Wenn alle Glocken geläutet wurden, kamen die Adjuvanten, die Blasmusik und der Pfarrer. Wenn sie alle da waren, hat der Alt-

nachbar den Toten herausverlangt: Die Stunde ist herangekommen, wo wir unseren Nachbarn zur letzten Ruhestätte hinaustragen sollen. Seid so gut und überlasst ihn uns.
Wenn man den Toten aus dem Haus herausgebracht hat, spielte die Blasmusik und der Herr Pfarrer hat gebetet und einen Psalm gelesen. Dann zog man zum Friedhof, der Pfarrer voran, dahinter die Blasmusik mit Trauermärschen. Es folgten die Ältesten aus der Nachbarschaft, dann der Sarg, von den Nachbarn getragen, und dahinter folgten die Angehörigen, die Verwandten und die Nachbarschaft. Nach der Beerdigung hat man die Trauerrede gehalten.

Nahmen die Nachbarschaften auch kirchliche Arbeiten war?

Alles, was Kirchenarbeit war, wurde durch die Nachbarschaft erledigt. Wir hatten einen Kirchen-Weingarten und es wurde bestimmt, heute geht diese Nachbarschaft und morgen eine andere. Auch bei einer Renovierung in der Kirche war es so. Die Nachbarschaften haben durch die kommunistische Zeit hindurch funktioniert.

Wie haben Sie die Auswanderungszeit erlebt?

Wir waren in Großpold 1600 Deutsche, doch geblieben ist nur eine Handvoll. Die Ausreise war eine Flucht und viele sind nicht gerne gegangen, aber wir waren doch eingesperrt. Ich wollte '74 zur Tante nach München fahren und habe die Absage bekommen. Ich habe es im '78er noch einmal versucht und die Genehmigung bekommen. Wie ich mit dem Zug zurückkam, war der Zug auf dem Grenzbahnhof in Curtici mit Militär umstellt. Ich dachte mir: Wir haben doch nichts verbrochen, dass wir im Ausland waren. Warum muss man den Zug mit aufgepflanzten Gewehren umstellen?
Es sind schon vor '89 viele in Deutschland geblieben, aber ich hätte das nicht tun können, weil ich drei Buben hatte. Ich habe immer dran denken müssen, wie meine Mutter weggerissen wurde von uns Kindern. Drei Jahre meine Kinder nicht sehen, das wäre für mich die Hölle gewesen. Außerdem gefällt es mir nicht in Deutschland, auch heute nicht.

Was waren Ihre Eindrücke in Deutschland?

Was mich fasziniert hat, war die Reinheit, die Ordnung und nichts wüst. Was mich gestört hat, waren die Geschäfte. Dort hingen überall Zeitungen mit nackten Frauen und Männern. Ich dachte mir: Wie soll ein Volk mit so etwas bestehen? Mann und Frau begehren sich nur noch und dieses Begehren ist Sünde. Die Jugend weiß nichts mehr von einer schönen Liebe. Man will sich gleich haben, das ist keine Liebe. Liebe muss wachsen und aufgebaut werden, damit man einen Grundstock hat. Das Sexuelle ist kein Grundstock für eine Ehe, aber anscheinend wollen sie auch nicht mehr. Jedenfalls, das war mein Eindruck von Deutschland.

Hatten Sie Begegnungen mit den Menschen in Deutschland?

Einmal sind wir mit der U-Bahn gefahren. Hunderte von Leuten sind rein und raus aus den Zügen, und als wir ausstiegen, sind alle nur an uns vorbeigerannt, keiner hat gefragt, wohin wir wollten. Das Erste, als ich nach Hause kam, war, dass ich nach einer Freundin rief: Bleib stehen! Hier konnte man immer mit einem Nachbarn oder Freund reden.

Konnten Sie die Leute verstehen, die ausgereist sind?

Ja, irgendwo kann ich sie verstehen, doch sie wussten nicht, was sie erwartet. Eine ausgereiste Nachbarin war den ganzen Sommer hier, sie wollte nicht nach Deutschland zurückfahren. Sie sagte: Hier kann ich reden, mit wem ich will, in Deutschland weiß ich nicht, mit wem. Und sie ist nicht alleine, sie lebt mit der Familie zusammen. Aber sie brauchen die Oma nicht mehr, da ist sie ganz auf sich allein gestellt.
Das hat es hier nicht gegeben. Da waren meistens drei Generationen auf dem Hof, die Alten und die Jungen und die Kinder. Man hat kein Altenheim oder Kita gebraucht. Die Kinder sollen nur weg, wenn sie 18 sind. Wie kann man nur sagen, ein Kind soll ausziehen!

Sind Ihre Kinder auch ausgereist?

Alle. Eines ist nach Österreich, zwei nach Deutschland. Ich habe meinen Kindern nie versucht auszureden, dass sie auswandern, es hätte keinen Sinn gehabt.
Wir hatten diesen Sommer unseren Enkel hier, er wird dieses Jahr 21 und hat Zivildienst gemacht. Er kam mit der oberösterreichischen Landlerhilfe nach Großpold und hilft nachmittags im Internat. Das Jahr geht jetzt zu Ende und ich glaub, es hat ihm sehr viel gebracht und uns Großeltern auch. Seine Eltern wollten gar nicht auswandern, doch plötzlich waren sie ganz allein. Jede Woche hat man gehört, dass welche weg sind. Die hatten alle Angst, dass man die Grenzen wieder zumachte. Da ging jeder raus, so schnell er konnte.
Aber für die Ausgewanderten war das erste Jahr sehr schwer, von einem Lager in das andere und man musste auf so viele Stellen. Eine Frau aus dem Dorf haben sie bei der Einbürgerung schikaniert, sie solle deutsche Volkslieder vorsingen. Doch ihr ist keins in den Sinn gekom-

men. Sie hätte zur Beamtin sagen sollen: Singen Sie mir eins vor! Denn die Deutschen können eigentlich weniger Volkslieder als wir. Ich kenne so eine Menge Volkslieder, ich könnte Ihnen singen und nicht wieder aufhören.

Wie sehen Sie die Zukunft der Landler und der Sachsen in Großpold?

Ich glaub nicht, dass noch irgendetwas übrig bleibt. Es gibt hier noch um die 40 Deutsche, aber ich habe gerade gehört, dass wieder eine gestorben ist. In diesem Jahr haben fünf ihren 70. Geburtstag gefeiert.

Wir sagen immer, die, die Kirchensteuern bezahlen, zählen zu unserer Gemeinde, aber es wohnen nicht mehr alle hier. Einige wohnen in Deutschland, manche auch im Altenheim in Hermannstadt und einige hier im Land. Also es geht weiter, doch nur solange wie wir Alten das noch irgendwie hinziehen. Und die Kirche ist leer. Wir verlieren uns in ihr. Wir gehen im Winter in ein Lokal und im Sommer machen wir Gottesdienst in der Kirche, da kommen einige Leute aus Deutschland.

Wir Frauen kommen jeden dritten Sonntag zusammen, machen uns einen Kaffee und ein wenig Kuchen und tratschen. Das haben wir früher nicht gemacht. Das hat der Kurator nach der Revolution eingeführt, denn andere machen das auch.

Nach der Wende hatten wir hier auch einen Landwirtschaftsverein gegründet, da haben alle ihr Land eingebracht, die den Antrag auf Rückgabe gestellt hatten, und wir haben viel Hilfe aus Österreich bekommen. Wir haben den Boden bearbeitet bis letztes Jahr, aber weil wir kein Geld haben, haben wir letztes Jahr aufgehört.

Orte und Worte:
Curtici – Ort an der ungarischen Grenze
Großau – Cristian
Großpold – Apoldu de Sus
Ludosch – Ludoș
Kleinpold – Apoldu de Jos
Neppendorf – Turnișor
Reussmarkt – Miercurea Sibiului

Schopfen – Schuppen
Lei – rumänische Währung
»Mär wellen blewen, wat mer sen« –
Inoffizielle Losung
der Siebenbürger Sachsen:
»Wir wollen bleiben, was wir sind«

An Genschers Seite –
Interview mit dem ehemaligen Stadtpfarrer von Hermannstadt

Wolfgang Rehner, geboren 1936 in Wolkendorf/Vulcan, lebt in Hermannstadt, evangelisch, verheiratet, fünf Kinder, pensionierter Pfarrer

Herr Pfarrer Rehner, wann und wo sind Sie geboren?

Geboren bin ich 1936 in Wolkendorf bei Kronstadt. Ich hatte drei Schwestern und meine Mutter war Hausfrau. Der Vater diente als evangelischer Pfarrer in Wolkendorf. Aber, wie es typisch bei den Siebenbürger Sachsen war, hatte er auch einen Lehrerberuf, und 1939 ging er zurück in den Schuldienst und übernahm die Leitung des Landeskirchlichen Seminars, eine Lehrerausbildungsanstalt.

Die Siebenbürger Sachsen bildeten ihre eigenen Lehrer aus?

Die Kirche hat dafür gesorgt, dass selbst das kleinste Dorf eine Schule hatte und dass die Kinder in deutscher Sprache unterrichtet werden konnten. Deshalb brauchte die evangelische Kirche für ihr Schulsystem Lehrer.

Seit wann gab es dieses Schulsystem?

Die Sachsen haben sehr früh mit Schulen begonnen und die erste Schulordnung wurde von Johannes Honterus im Jahr 1543 erstellt. Das geht auf die Ideen Melanchthons und Luthers zurück, dass Knaben und Mädchen zur Schule gehen sollten. Im 18. Jahrhundert gab es weitere Schulreformen und nach der 1848er Revolution war die große Schulreform in Österreich, der man sich anschloss. Obwohl alle Schulen der evangelischen Kirche gehörten, wurden diese von der katholischen österreichischen Herrschaft geduldet und anerkannt.

Was hatte die Sachsen dazu bewegt, so intensiv auf Schule zu setzen?

Vielleicht haben sie es früher schon geahnt, dass sie nur existieren können, solange es eigene Schulen gab. Damit wurden der Gemeinschaftssinn und die eigene Kultur gefördert. Und im 19. Jahrhundert wurde es ganz klar eine Überlebensfrage. Am Lehrerseminar wurden aber nur Volksschullehrer ausgebildet, als Gymnasiallehrer brauchte man ein Hochschulstudium. Es war bei den Siebenbürger Sachsen üblich, dass sie neben Theologie noch Fächer studierten, die an den Gymnasien gelehrt werden konnten.

Zum Studieren ging man meistens nach Deutschland und dort natürlich an protestantische Universitäten, nach Tübingen, Göttingen, Jena, Halle, Leipzig, sogar Marburg und Rostock. Es galt, wenigstens vier Semester in Deutschland studiert zu haben. Die Examina für das Pfarramt wurden in Hermannstadt abgelegt, vor einer theologischen Prüfungskommission. Die Karriere begann oftmals als Gymnasiallehrer und erst später wurde man Pfarrer. Das war ein Aufstieg, selbst wenn man ein angesehener Gymnasiallehrer in Hermannstadt war und später Pfarrer auf einem Dorf wurde. Denn die Pfarrer verfügten über den Zehnten, man war damit gut besoldet und sozial angesehen. Die Zehntregel wurde erst nach 1848 abgeschafft.

Sagen Sie bitte etwas über Ihre Mutter?

Meine Mutter ist in Graz, in Österreich, aufgewachsen. Ihr Vater stammte aus Böhmen und meine Großmutter war Grazerin, allerdings kam ihr Vater auch aus Böhmen. Als der Erste Weltkrieg verloren war, musste der Großvater sich entscheiden, wo sein Zuhause war und er hat für Böhmen optiert. So ist die Familie nach Böhmen gegangen und meine Mutter hat dort Tschechisch gelernt. Aber sie wollte weg, denn es war die Zeit der nationalen Auseinandersetzungen. Diese hat meine Mutter zu spüren bekommen, ihre tschechischen Altersgenossen waren sehr gegen die Deutschen.

Meine Mutter ist das erste Mal im Kriegsjahr 1917 mit einer Großaktion zum Auffüttern nach Siebenbürgen gekommen. Sie ist bei einem Arzt in Mühlbach untergekommen und hat sich bei der Familie wie zu Hause gefühlt. Dieser Doktor hat Zahntechniker ausgebildet, er hat meiner Mutter später angeboten, wenn es ihr in Böh-

Am Tag der Hochzeit im November 1959

men nicht gefällt, dass sie in Siebenbürgen Zahntechnikerin lernen kann. So ist sie 1922 wieder hergekommen, hat zwei Jahre Ausbildung gemacht und meinen Vater kennengelernt.

Was sind Ihre frühesten Erinnerungen an Hermannstadt?

Ich war drei Jahre alt, als meine Familie nach Hermannstadt gezogen ist. Ich habe hier den deutschen Kindergarten und die deutsche Schule besucht und eine Lehrerausbildung gemacht.
Als Kleinkind ging ich mit der Mutter in die Geschäfte und die Ladeninhaber sagten: Küss die Hand, Frau Direktor. Ich erinnere mich aber auch, dass die Leute nach 1940 *Heil Hitler!* sagten. Das war die Zeit, als sogenannte deutsche Lehrtruppen herkamen. Ich weiß noch, wie die Deutschen auf den Straßen in ihren feschen Uniformen gingen, und das hat enormen Eindruck gemacht. Die Sachsen haben ihnen zugejubelt, aber das war auch verständlich, nach den vorausgegangenen Ereignissen.

Was waren das für Ereignisse?

Als Siebenbürgen zu Ungarn gehörte, gab es Spannungen zwischen den Siebenbürger Sachsen und den Ungarn. Die Sachsen waren nicht zufrieden mit dem großungarischen Nationalismus, denn man wollte die ungarische Sprache durchsetzen und einen Nationalstaat schaffen. Wenn unsere Großväter da nicht solche Gegner gewesen wären, wären wir heute alle Ungarn. Neben den Sachsen hatten auch ihre rumänischen Zeitgenossen in Siebenbürgen für ihre Rechte gekämpft.
1919 haben die Siebenbürger Sachsen für Rumänien gestimmt, in der Hoffnung, dass alles besser gehen wird, denn die Rumänen sah man als Partner und Freunde. Doch dann kam in den zwanziger Jahren die große Enttäuschung. Von Jahr zu Jahr wurde es härter und es hieß: Die Ungarn wollten uns magyarisieren, die Rumänen greifen uns in die Taschen.
Vor allem die Kirche verlor. Der ungarische Staat hatte es gelten lassen, dass der mate-

rielle Besitz des aufgelösten Rechtskörpers der Sächsischen Nationsuniversität als Stiftung verwaltet wurde, dazu gehörten südlich von Hermannstadt die großen Sieben-Richter-Waldungen, deren Gewinn den evangelischen Schulen zugutekam. Der rumänische Staat nahm diese Wälder der Kirche weg und die Schulen hatten kein Geld mehr. Dann wurden die Kirchenbeiträge so erhöht, so dass sie teilweise höher lagen als die staatlichen Steuern. Die Sachsen haben praktisch die Schulen finanziert, die eigentlich der Staat hätte erhalten müssen.

Die sächsischen Unternehmer und Handwerker sahen sich immer wieder mit unrechten Geldforderungen konfrontiert. Entweder waren es übermäßige Besteuerungen oder Tricks der Finanzinspektoren, die immer Fehler fanden, wo keine waren. Doch man konnte nichts machen. Klagte man, kamen Schikanen auf eine andere Weise zurück. Man konnte sich praktisch nur freikaufen. Den Bauern erging es nicht besser. Diese missliche Situation in den Zwischenkriegsjahren ist von den Sachsen als nationale Bedrängung verstanden worden.

Handelten die Rumänen aus nationalistischen Motiven?

Diese Frage ist schwer zu beantworten. Die Sachsen standen sozial etwas besser da als die durchschnittlichen Rumänen. Allerdings waren diese nicht direkt gegen die Sachsen eingestellt. Eine nationalistische Gegnerschaft spürte man seitens der Regierung in Bukarest, die hatte eine ganz andere Auffassung von Staat. Die Bukarester kamen und sagten: Was habt ihr für Vorstellungen, Bukarest ist doch die Hauptstadt! Da machte sich Enttäuschung auch bei den siebenbürgisch-rumänischen Politikern breit.

Denn bis zur Vereinigung mit Rumänien war Siebenbürgen kulturell und administrativ von Wien her geprägt worden und bei den Rumänen jenseits der Karpaten gab es bis 1990 noch nicht einmal Grundbücher. Typisch war auch, wenn man etwas von der rumänischen Verwaltung wollte, dass man mit einem Geschenk ging und das musste natürlich auch dem Grad des Beamten entsprechen. Diese Sachen kannte man in Österreich-Ungarn nicht.

Nach dem Angriff Deutschlands auf Polen, das mit Rumänien verbündet war, fühlte sich die deutsche Minderheit unmittelbar bedroht. Erst als im September 1940 der rumänische Führer Antonescu die Regierung in die Hand nahm und mit Nazi-Deutschland paktierte, änderte sich die Lage schlagartig. Die sächsische Bevölkerung war damals so beeindruckt, dass man dem Nationalsozialismus gegenüber blauäugig wurde und vor dem Hintergrund der nationalen Spannungen die Parolen der Nationalsozialisten annahm.

Zum Beispiel?

Das man grundsätzlich vom Nationalen her denkt: Wir als Sachsen wollten Deutsche sein, und alles, was aus Deutschland kam, war gut. Bei den Sachsen gab es nationalsozialistische Bewegungen, extreme und gemäßigtere. Es schieden sich die Geister lediglich an der Frage, wie weit geht man, und dann schlugen sie sich bei Saalschlachten gegenseitig die Köpfe ein. Keine der beiden Gruppen lehnte den Nationalsozialismus grundsätzlich ab. Die Gemäßigten haben sogar ausdrücklich betont: Wir sind die besseren Nationalsozialisten!

Gab es Auswüchse gegen die Andersnationalen, Rumänen oder Juden?

1942 gingen die Schulen an die Volksgruppe über und da hat man plötzlich diejenigen, die nicht deutsch waren, also vor allem Juden, aber auch Rumänen, verwiesen. Darüber hinaus ist mir in Bezug auf Antisemitismus oder Ausschreitungen gegen andere nichts bekannt. Ich habe einmal vor Amtsbrüdern über Pogrome gegen Juden in Rumänien aus Dokumenten berichtet, und die Amtsbrüder fragten mich damals: Warum bringst du nur Beispiele aus Bukarest oder Galatz? Ich sagte: Weil es das bei uns in Siebenbürgen nicht gab.

Wie haben Sie die Kriegswende hier erlebt?

Mein Vater hatte eine Dienstwohnung im Lehrerseminar, wo jetzt die theologische Fakultät untergebracht ist. Eines von diesen Gebäuden ist 1940 der deutschen Armee zur Verfügung gestellt worden. Im Jahre '44 waren nur noch ein paar Männer einer Genesungskompanie da, dann kam der Befehl, dass sie in 48 Stunden das Land zu verlassen haben. Nach ihnen nahm die rumänische Armee Quartier auf dem Hof, und zwei Wochen später, nach dem 6. September 1944, kamen die Russen, übernahmen alle Gebäude – und wir mussten ausziehen.

Es kam ein Offizier, um die Übernahme zu machen, es war eine Frau. Diese sprach Deutsch und mein Vater hat ihr gesagt, dass er auszieht, doch er weiß nicht, wie. Da sagte die Frau: Kein Problem. Es kam ein russisches Militärauto und die Sachen wurden draufgepackt. Grundsätzlich war die Situation so, dass alles Deutsche schlecht war. Die Rumänen waren auch plötzlich auf der russischen Seite und die sächsische Bevölkerung in Hermannstadt musste im Herbst Radio, Telefone und Fahrräder abgeben. Die Deutschen sollten keine

Kommunikations- und Bewegungsmöglichkeit mehr haben. Man begann ab Herbst '44 auch schon Listen von den Deutschen zu machen, für die Aushebungen zur Deportation.

War Ihre Familie von der Deportation betroffen?

Meine Mutter war über dem Alter, aber mein Vater musste gehen. Doch wir wussten nicht, ob auch die ältere Schwester auf der Liste stand. Aber sie hatte Glück und konnte bleiben, sie hatte noch nicht Geburtstag gehabt, als die Listen gemacht wurden. Der Vater ist am 13. Januar '45 gegangen, kam aber bereits Weihnachten '45 mit einem Krankentransport zurück.

Wie war die Stimmung unter den Sachsen 1945?

Sehr gedrückt. Man hatte mitgemacht und den Krieg verloren. Man war nicht in der Situation, um über den verlorenen Charakter der Stadt nachzudenken, sondern man war mit dem Überleben beschäftigt. Bevölkerungsmäßig hatte sich die Aufteilung in wenigen Wochen verändert. War es bis zum Kriegsende zwischen Sachsen und Rumänen ein fast ausgeglichenes Verhältnis, so ist das ganz schnell zu einem Drittel und zwei Drittel geworden. Fast zeitgleich mit dem Einmarsch der Russen kamen aus Bessarabien massenhaft Flüchtlinge hierher. Sie wurden einfach bei den Sachsen in die Wohnungen gesetzt. Die Stadt wurde also damals spürbar überlaufen. Und sie wollten nicht wieder zurück, denn es war für sie ein Aufstieg, was das Umfeld betraf. Hermannstadt war eine europäische Stadt und in Bessarabien war man etwas rückständiger.

Nach 1947 kam dann der Kommunismus und dieser war sehr hart moskauisch. Zu jener Zeit sprach eine Kundin eine Verkäuferin wie üblich auf Deutsch an. Eine offenbar jüngst zugezogene Rumänin fragte scharf: Was ist das für eine Sprache? Da antwortete die Kundin auf Rumänisch: Die Sprache von Marx und Engels. Das hatte eingeschlagen.

Was war in Hermannstadt, der Hauptstadt der Siebenbürger Sachsen, zu Ihrer Zeit noch sächsisch?

Als im Herbst 1940 deutsche Lehrtruppen nach Hermannstadt kamen, sagten sie: Wir haben gehört, dass hier in Hermannstadt Deutsche leben, aber man hat uns nicht gesagt, dass die Stadt deutsch ist. Sie haben die Stadt gesehen und sind in die Geschäfte gegangen, haben Menschen getroffen, überall hat man Deutsch gesprochen. Hermannstadt hatte zu der Zeit schon knapp eine rumänische Mehrheit, aber im Stadtzentrum war Deutsch die Hauptsprache.

Mit Konfirmanden vor dem Hermannstädter Stadtpfarrhaus

Wurde Hochdeutsch oder Sächsisch gesprochen?

Man hat mehr Hochdeutsch gesprochen und das bedeutete so ein bisschen Wiener Einschlag, noch aus Zeiten der Monarchie. Wenn man einen Straßenbahnschaffner traf, der sprach nicht Sächsisch, sondern Deutsch. Das klang fast genauso wie in einer Wiener Vorstadt. Insgesamt war es also ein Gemisch, als wenn man das Wienerisch mit dem Siebenbürgisch-Sächsischen kreuzen würde und noch einiges Böhmisches hinzunimmt.

Eine andere Erinnerung war, dass '45 alles schlecht war, was deutsch war. Nur konnten wir Deutsche uns gar nicht verstecken und wir wollten das auch nicht. Die Situation, die man von deutschen Gruppen aus dem Ausland kannte, dass man sich hinter der Mehrheitsbevölkerung versteckte, war hier in Siebenbürgen nicht möglich, denn das Deutsche war allgegenwärtig.

Können Sie ein Beispiel geben?

Die Geschäfte in der Oberstadt gehörten alle Sachsen, die Eisenwarenhandlungen, Textilgeschäfte, Haushaltswarengeschäfte, also alles Mögliche, was man sich vorstellen konnte. Die Auslagen und Beschilderungen waren meistens in Deutsch, aber auch in Rumänisch. Die deutsche Beschilderung wurde dann 1945 sofort heruntergenommen. Die Namen der Geschäftsbesitzer blieben noch bis '47. Und auch die Fabriken gehörten Deutschen. Es waren zwar keine

Pfarrer Rehner in Weilau/Uila in Nordsiebenbürgen

großen, aber immerhin gab es eine Eisenverarbeitungsfabrik, die Firma Rieger, die heutige *Independența*. In diesem Betrieb wurden unter anderem die Kanalabdeckungen gegossen, was man heute noch auf alten Deckeln lesen kann. Es gab auch eine Waagenfabrik, eine Bleistift- und Strumpffabrik und ein bedeutendes Elektrizitätswerk. Und in Heltau, im Nachbarort, war sehr viel Textilindustrie, da gehörte alles den Sachsen.

Wie war die soziale Aufteilung bei den Siebenbürger Sachsen in Hermannstadt gewesen?

Es waren Intellektuelle, vom Lehrer bis zum Rechtsanwalt, es gab viele Ingenieure und Meister, und es lebten in Hermannstadt viele Handwerker, aber wenige Arbeiter. Im Allgemeinen waren die Meister Sachsen und die unqualifizierten Arbeiter Rumänen. Dazu muss man den sozialen Hintergrund verstehen: Die Rumänen waren in der Umgebung von Hermannstadt sehr zahlreich. Das ist aber erst in den letzten Jahrhunderten geschehen, durch eine natürliche Bevölkerungsentwicklung. Die Sachsen hatten nicht so viele Kinder wie die Rumänen. Aber die Sachsen waren Besitzer und Unternehmer und auf den Dörfern waren sie selbstständige Bauern mit Hof und Grund, während die Rumänen Hirten waren. Die Schafzucht beispielsweise war eine Angelegenheit der Rumänen. Wenn der Sachse Wolle brauchte oder Käse, ging er zum Rumänen. Wenn der Rumäne Wein brauchte, ging er zum Sachsen. So war die Situation 1945.

Linke Ideen hatten in der sächsischen Gesellschaft keine Chance?

Wenn unter den Sachsen einer Sozialdemokrat war, dann war er schon gezeichnet als Linker. Es gab Sozialdemokraten, aber eine verschwindend geringe Anzahl. In der siebenbürgisch-sächsischen Gesellschaft gab es ein ganz starkes Traditionsbewusstsein und aus der ungarischen Zeit auch ein Bestehen darauf. Deshalb waren die Sachsen sehr kirchentreu, hatten andererseits auch ein sehr ausgeprägtes Vereinswesen.

Was waren das für Vereine?

Es waren finanziell orientierte Vereine, die soziale Ideen voranstellten, beispielsweise der Raiffeisenverein oder die Bodenkreditanstalt. Letztere war eine rein sächsische Organisation, die dafür sorgen sollte, dass die sächsischen Bauern nicht verarmen, dass sie den Grund nicht teilen oder verkaufen mussten, sondern neu einkaufen konnten. Andererseits half man auch den Leuten, die aus der Landwirtschaft kamen und in die Städte wanderten. Da ging es darum, dass sie Haus und Garten erwerben konnten. Dann kam nach dem Ersten Weltkrieg Fritz Fabritius mit seiner Selbsthilfe, die

ähnlich dachten. Sie gingen davon aus, wenn du jung bist, brauchst Du eine Arbeitsstelle, eine Familie und ein Haus. Katastrophal war, dass die sozialen Ideen in den Strudel des Nationalsozialismus gelangten.

Konnten Sie nach dem Krieg noch deutsche Schulen besuchen?

Ich bin im Herbst '43 in die erste Klasse gekommen und im Jahre '48 war die große Schulreform. Da hat man in Hermannstadt die deutschen Gymnasien aufgelöst, gleichzeitig wurde eine Lehrerbildungsanstalt in deutscher Sprache gegründet, die ich besuchte. Seit 1949 wurde die deutsche Minderheit wieder als solche anerkannt und wir konnten etwas aufatmen. Es hieß dann, wir brauchen Mittelschulen für die deutsche Minderheit, und man gründete die Wegbauschule und Hoch- und Tiefbauschule, denn die Deutschen galten als gute Techniker.

Woran lag das?

Ich glaube, dass Sowjetrussland der rumänischen Freundschaft nicht ganz traute. Sie wussten genau, dass die kommunistische Partei in Rumänien sehr klein war und höchstens die Hälfte der Mitglieder Rumänen waren. Die anderen waren Ungarn oder Deutsche aus der Reschitzer und der Petroschaner Gegend. Das waren deutsch-

Ordination am 4. März 1959

stämmige Bergarbeiter, die und die Ungarn haben in der kommunistischen Partei eine große Rolle gespielt. Das wusste man in Moskau haargenau und das war vielleicht der Grund, dass man nach dem Krieg sehr viele politische Bücher, also Werke von Marx, Engels, Lenin und Stalin, in deutscher Sprache kaufen konnte.

Gab es einen Entzug der Bürgerrechte für die Deutschen in Rumänien?

Nach '45 hatte die deutsche Bevölkerung kein Wahlrecht, und es war die Frage offen, ob wir überhaupt Bürgerrecht bekommen. Wir waren praktisch nur geduldet, und dass wir im Land bleiben durften, hat sich erst '48 oder '49 geklärt. Da hieß es plötzlich, es gibt eine deutschsprachige Minderheit in Rumänien und das sind nicht nur Nazis, es sind ernste Leute drunter und es sind gute Arbeiter. Das war völlig neu, denn wir waren von '45 bis '48 die Prügelknaben gewesen. Aber '49 setzte dann langsam eine Normalität ein: Die letzten Russlanddeportierten kamen im Herbst zurück und im Frühjahr '49 ist zum ersten Mal die Zeitung *Neuer Weg* erschienen.

Was glauben Sie, warum konnten die Deutschen in Rumänien bleiben?

Ich kann mir das nur so erklären, dass die Rumänen gemeinsam mit den Deutschen bis zum Kaukasus marschiert sind. Die Verärgerung der Rumänen gegenüber den Deutschen kann nicht mit Polen verglichen werden. Die Rumänen waren Waffenbrüder und sie haben zu den Deutschen aufgesehen. Wo es wirklich Verärgerung bei den Kriegsteilnehmern gab, war sie durch die Arroganz der Deutschen begründet. Dass sie alles besser wussten und etwas Besseres sein wollten.

Wie ging es nach der Schule für Sie persönlich weiter?

Ich habe meine Ausbildung auf der Lehrerbildungsanstalt gemacht. Wir waren damals nur Sachsen, 27 Schüler in der Jungenklasse und 40 in der Mädchenklasse. Das Abitur war impliziert und so konnte ich da-

Konfirmandengruppe vor der Stadtpfarrkirche in Hermannstadt

nach die Universität besuchen und habe Theologie studiert.

Der Pfarrerberuf spielte eine besondere Rolle bei den Sachsen. Bei Ihnen auch?

Es war neben dem Glauben auch das nationale Denken. Mir stellte sich die Frage: Wo kann ich meinem Volk am besten dienen und seine Identität bewahren? Soll ich zur kommunistischen Schule gehen lehren oder auf die Kanzel? Ich sah, innerhalb der Kirche konnte man sich freier bewegen und man war nicht gezwungen, das und das zu predigen, aber die Lehrer waren gezwungen, das und das zu lehren. So kam ich zur Kirche und habe es danach mit der Theologie sehr ernst genommen.

Wie verlief Ihre theologische Laufbahn?

Ich habe mit der Theologie in Klausenburg angefangen und während ich Student war, ist die deutschsprachige Abteilung nach Hermannstadt übergesiedelt. Wir Studenten waren davon nicht so begeistert. Wir hatten dort in Klausenburg im theologischen Konvikt mit den ungarischen Studenten zusammengewohnt und in den freien Stunden konnten wir uns mit den sächsischen Studenten der anderen Fakultäten treffen. Sonntagabend hatten wir deutschen Gottesdienst. Das bestellten die Professoren und die Kirche war immer voll mit deutschen Studenten. Das hat uns in Hermannstadt gefehlt. Ich habe in Hermannstadt noch drei Jahre studiert und nach der Ordination bin ich nach Gergeschdorf gegangen. Nach sechs Jahren bin ich allerdings wieder nach Hermannstadt gekommen, an das Theologische Institut, und habe in Vertretung Altes Testament doziert. Doch ich wollte Pfarrer sein, und dann rief mich die Gemeinde

Großpold, wo ich mein Vikariat gemacht hatte. In Großpold hatte ich acht Jahre und bin von '76 bis '93 als Stadtpfarrer nach Hermannstadt zurückgekommen. Ab 1993 bin ich freiwillig in die Diaspora nach Sächsisch-Reen gegangen.

Welche Rolle spielte die Kirche für die Sachsen in Hermannstadt?

Die Verweltlichung war generell hier nicht so stark wie beispielsweise in der DDR. Wir hatten gute Freunde in Kirchenkreisen in der DDR und dadurch sehr gute Gelegenheit zu vergleichen. Wir haben hier auch um den Religionsunterricht ringen müssen, aber eigentlich war es in Hermannstadt kein Problem. Wir waren sozial durch die kommunistische Herrschaft in unseren eigenen Winkel abgeschoben: Kümmert euch um eure Kirche und wir lassen euch in Ruhe. Wir hatten keine Chance, im öffentlichen Umfeld aufzutreten, dafür ersetzte die Kirche so manche soziale Einrichtungen und die Sachsen trafen sich in der Kirche, wenngleich nicht so stark wie auf dem Dorf.

Wie viele Gemeinden gab es hier bei der evangelischen Kirche?

Als ich es übernahm, waren wir organisatorisch eine einzige Stadtgemeinde von über 14 000 Mitgliedern, Wir hatten noch das alte System gehabt, dass es einen Stadtpfarrer gab und Seelsorgebezirke. Dafür hatten wir noch zusätzlich fünf Pfarrer angestellt. Gottesdienste wurden in der Stadtpfarrkirche und in der Johanniskirche gehalten. Wir haben auch noch ein Gemeindehaus im Neubauviertel Hipodrom gebaut. Der Bau wurde '79 beschlossen und 1983 wurde er erst eingeweiht, wegen der vielen Baustopps und Strafen.

Schon 1978 bauten wir die erste Pfarrstelle ab, später in den 80er Jahren noch zwei. Die Auswanderungswelle warf ihre Schatten voraus, auch in unserer Gemeinde in Hermannstadt. Das Problem der Existenz der Minderheit hier rückte mehr und mehr in den Hintergrund gegenüber der Tendenz: Wir wollen weg. Schon in den siebziger Jahren konnte man an den Gemeindezahlen den Rückgang erkennen, das war die Vorbereitung für den großen Exodus.

Wie hat man als Kirche im kommunistischen Rumänien überleben können?

Man wurde bis zu einem gewissen Grad geduldet und ist ausgewichen, wo man konnte. Schlimm war, wenn man gezwungen wurde, sich zu beugen. Es hieß auch, wir werden beobachtet und die Predigten werden angehört. Ich denke, man hat uns nur soweit bespit-

zelt, ob wir nicht hitlerische Ideen verbreiten und natürlich sind wir nie auf die Idee gekommen, auf die Kanzel zu gehen und zu predigen, dass die Kommunisten weg müssen. Aber es gab die Alltagsprobleme: Das fing schon in Gergeschdorf an, als ein Parteiaktivist verlangte, dass ich mit den Kindern keinen Religionsunterricht zu halten habe. Ich sagte ihm, es gibt eine Bestimmung, dass es in Kirchenräumen erlaubt ist. Doch er wollte das nicht akzeptieren mit der Begründung, dass diese Bestimmung nicht mehr bindend wäre. Als ich seine Forderung schriftlich verlangte, fing er an, mich zu beschimpfen und sagte: Wir geben nichts schriftlich. Dieser Terror hat den kirchlichen Unterricht wesentlich geschädigt. Das war Anfang der 60er Jahre.
Wichtig war aber, dass wir weiterhin unsere Rolle in der Gemeinschaft erfüllen konnten. Man konnte zwar nicht öffentlich auftreten, aber man konnte die Leute schon beeinflussen und die Leute fanden in der Kirche einen Halt.
Ich denke gerade an die Gergeschdorfer Zeit, da kamen Lehrer im Dunkeln zu mir und dann klang es durch: Ihr habt es gut als Pfarrer, euch drückt man nicht so wie uns. Also, man konnte sich in der Kirche in einem gewissen Maß dem Zwang entziehen.

Wie ging die Kirche mit dem Thema Ausreise um?

Bischof Friedrich Müller hat gesagt, dass die Siebenbürger Sachsen hier ihre Zukunft haben, und wir als Pfarrer haben dem Volk einen moralischen Halt zu geben. Er hat sehr stark diese Linie vertreten und wir waren damals viele Pfarrer, die ihm folgten. Dabei war es klar, dass wir die kommunistische Obrigkeit zu akzeptieren hatten. Aber wir erwarteten keine Hilfe von Bukarest oder von Moskau, sondern allein vom HERRN.
Im Jahre '56 hat der rumänische Staat offiziell erklärt, dass ehemalige Deutsche aus Rumänien aus dem Westen herkommen und sich integrieren können, wenn sie nicht westliche Propaganda machen. Ich habe kein Dorf in Siebenbürgen angetroffen, wo es keine Rücksiedler gab. Angesichts der Ereignisse in Ungarn im selben Jahr versandete diese Aktion jedoch rasch. Gleichzeitig verbreitete sich die Meinung der Landsmannschaft, die sagte: In Rumänien ist alles aus, wer deutsch bleiben will, der muss nach Deutschland ausreisen. Viele, die damals das Sagen in der Landsmannschaft hatten, waren Leute, die vorher mit dem Nationalsozialismus mitgegangen waren, dann in der Waffen-SS dienten und schließlich nach Westdeutschland gelangt sind.

Später hat der nachfolgende Bischof Albert Klein auch die Linie seines Vorgängers vertreten, aber es wuchs in der Bevölkerung die Zahl derer, die weg wollten, auch unter den Pfarrern. Dann hieß es, den Pfarrern und Lehrern gibt man leichter die Pässe, das wurde zumindest so empfunden. So hat sich Anfang der 70er Jahre Bischof Klein in einem Hirtenbrief gegen die Auswanderung der Pfarrer geäußert, was damals mutig war. Er sagte sinngemäß: Die Kirche wandert nicht aus. Wir können und wollen das Volk nicht aufhalten, anders steht es jedoch bei den Pfarrern, sie haben einen Eid abgelegt, dieser Kirche zu dienen. Diese Haltung haben ihm einige Pfarrer sehr übel genommen und es ist die Rede aufgekommen: Der Bischof ist schlimmer als Ceaușescu.

Welches waren Ihre persönlichen Gründe, zu bleiben?

Ich kann nicht sagen, dass es mir in Deutschland nicht gefallen hat. Aber ich habe mich heimatverbunden gefühlt und zusätzlich bin ich als Pfarrer der Haltung der Bischöfe gefolgt. Ich habe mit der Frage der Ausreise schon zu Schulzeiten gerungen. Hierzu eine Episode: Ich traf bei einem Absolvententreffen vom Lehrerinstitut meinen ehemaligen Banknachbarn, er war ausgewandert. Er sagte: Weißt du noch, wie wir '54 übers Auswandern diskutiert haben. Du hast gesagt: Nein! Und ich habe gesagt: Ja. Er klopfte mir auf die Schultern und sagte: Ich gratuliere dir, dass du durchgehalten hast. Das war eine sehr persönliche Äußerung eines guten Freundes.

Haben Sie bereut, dass Sie hiergeblieben sind?

Nein. Ich habe nach dem Umbruch damit gerechnet, dass die evangelische Kirche überleben kann, wenn sie sich ethnisch öffnet. Ich habe mit Zigeunern gearbeitet und es war mir damals die Frage ernst: Gibt es das, dass ich mir mein Luthertum bewahre und mein Deutschsein zur Nebensache wird? Dafür war ich bereit. Jetzt haben wir allerdings eine deutschsprachige Restkirche, die ein wenig geöffnet ist, aber nicht stark.

Wie haben Sie als Pfarrer in Hermannstadt die Ereignisse um 1990 erlebt?

Ich war Stadtpfarrer in Hermannstadt und am 16. Januar 1990 kam der deutsche Außenminister Genscher hierher, sein Besuch galt hauptsächlich der deutschen Minderheit. Der Außenminister traf sich im Bischofspalais mit Bischof Albert Klein und den Vertretern des Deutschen Forums und der Bischof hatte mich beauftragt, ich solle kirchlicherseits an Genschers Seite sein.

Konnte Genscher etwas mit den Siebenbürger Sachsen anfangen?

Es gibt sicherlich deutsche Politiker, die keine Ahnung von uns haben, aber Genscher war ein guter Politiker und wir haben uns von ihm verstanden gefühlt. Er kannte auch unsere Haltung und wusste über die Situation Bescheid, dass das Volk wie verrückt Pässe verlangte. Viele Sachsen kamen nach Hermannstadt und haben demonstriert gegen die Haltung der deutschen Regierung, die ihrer Meinung nach nicht die Möglichkeiten schaffte, um schnelle Ausreisen zu ermöglichen.

Pfarrer Rehner begrüßt Bundespräsident Karl Carstens auf dem Hermannstädter Kirchhof, 1981

Die Sache war so: Zwischen dem 22. Dezember '89 und dem 1. Januar '90 waren die Grenzen nicht bewacht. Dann hatte sich der Staat irgendwie konstituiert und wieder Kontrollen eingeführt. Doch die Sachsen wollten raus und stellten Passanträge. Die Passämter arbeiteten mit Hochdruck, aber sie kamen nicht nach. Dort standen endlose Schlangen von Siebenbürger Sachsen, die nur sagten: Wir wollen nach Deutschland. Es war wie eine Psychose.

Genscher entschied: Er wird zum Volk reden, aber es muss ein geschlossener Raum sein. So stellte ich ihm die Kirche zur Verfügung. Er sagte: Lassen Sie am Anfang einen Choral singen und sprechen Sie ein Gebet, dann werde ich auf die Kanzel gehen und eine Rede halten. Ich schaute ihn an, und sagte: Sie sind liberal. Ja, sagte er, aber wir halten zur Kirche. Dann hat er vielleicht eine halbe Stunde geredet, ganz frei.

Hat Genscher den Nerv der Sachsen getroffen?

Ja, Genscher hat das Volk beruhigt und prägte den Satz: Die Tür bleibt offen. Die Leute waren zu jener Zeit nur an dieser offenen Tür interessiert. Genscher sagte aber auch, dass es gut wäre, wenn hier weiterhin eine deutsche Minderheit bestünde und dass Deutschland bereit sei, diese zu unterstützen.

Orte:
Wolkendorf – Vulcan
Klausenburg – Cluj-Napoca
Gergeschdorf – Ungurei

Wir haben ein selbstbewusstes Forum

Thomas Hartig, geb. 1959 in Petersdorf/ Petriș, verheiratet, zwei Kinder, Vorsitzender des Demokratischen Forums der Deutschen in Bistritz (DFDR-Bistritz)

Thomas Hartig (links) mit Blaskapelle

Erzählen Sie uns bitte etwas über die Nordsiebenbürger Sachsen und die Deutschen in Bistritz.

Die Siebenbürger Sachsen von hier stammen aus Luxemburg und Nordrhein-Westfalen. Es gibt in der Luxemburger Region noch drei Dörfer, von denen sich Dorfnamen aus dem hiesigen Gebiet ableiten: Treppen, Wallendorf und Tschippendorf. Die Sachsen wurden von den ungarischen Königen gerufen, sich hier im Karpatenbogen niederzulassen, wo sie heutzutage noch leben. Der Beginn der Kolonialisierung Nordsiebenbürgens fand im 12. Jahrhundert statt, wahrscheinlich eher als in Südsiebenbürgen, und dauerte 400 Jahre. Wenn Hermannstadt die wichtigste Stadt von Siebenbürgen war und Klausenburg die größte, so war Bistritz die schönste. Als der Zweite Weltkrieg kam, wurde Nordsiebenbürgen Ungarn zugeschlagen. Es war ein freiwilliges Muss, dass die sächsische Jugend zur deutschen Armee ging, aber sie wurde in die erste Linie geschickt, das war ein Opfer, denn Hitler versuchte seine Leute zu schonen. Im '44er wurden die Deutschen in Nordsiebenbürgen und aus sieben Dörfern bei Sächsisch-Reen aufgefordert, nicht gezwungen, mit der deutschen Armee zu flüchten. Es hieß: Die Russen kommen und sie erschlagen und erschießen die Deutschen. Der erste Transport ging am 8. September 1944. Bis Anfang Dezember sind sie geflüchtet und in Oberösterreich wurden die Flüchtlinge von der Front überholt. Diejenigen, die von den Russen erwischt wurden, mussten zurück. Andere sind weiter geflüchtet nach Westdeutschland, Kanada, USA ... Die wenigen Deutschen, die in Nordsiebenbürgen blieben, wurden im Januar '45 nach

Russland verschleppt und von denen kamen wenige zurück. Beide Varianten waren schlecht für die Sachsen, sowohl nach Westen zu flüchten, wie hier zu bleiben. Es hat sich trotzdem gezeigt, dass es besser war für diejenigen, die geflüchtet sind, denn von denen kam ein Drittel zurück und aus Russland fast keiner mehr. So ist die Zahl der Sachsen in Nordsiebenbürgen sehr stark gesunken. Und die, die ab den 70er Jahren gegangen sind, gingen nur aus rein ökonomischen Gründen. Übriggeblieben sind im Kreis Bistritz noch 658 Deutschstämmige und in der Stadt Bistritz nur noch 0,07 Prozent, von früher einmal mehr als der Hälfte. Bei Sächsisch-Reen gibt es auch noch ein paar Dörfer, wo ein paar Sachsen leben. Praktisch werden wir assimiliert, nicht aus politischen Gründen, aber der Heiratsmarkt ist klein, denn es gibt keine Jugend.
Wir Deutschen in Bistritz haben hier ein selbstbewusstes Forum. Es gibt eine Liste, da sind wir auf Platz drei von 18 Regionalforen, also wir sind nach dem Hermannstädter und dem Kronstädter Forum das aktivste, gemessen an der Zahl der Mitglieder, den durchgeführten Veranstaltungen und so weiter. Und wir haben gelernt, Finanzierungsanträge zu stellen und Förderung von verschiedenen Stiftungen zu bekommen, sogar aus dem Ausland. In jedem der sächsischen Dörfer gab es früher eine Blaskapelle, und deshalb habe ich 2005 wieder eine gegründet. Da sind wir sehr stolz drauf. Die Blaskapelle gehört zum Forum, und wenn andere Foren uns brauchen, fahren wir hin. Der offizielle Name ist Bistritzer Blaskapelle »Harmonie« des Deutschen Forums Bistritz. Die Leute kommen aus Bistritz und auch aus den umliegenden Dörfern, und wenn alle da sind, haben wir 28 Mitglieder. Aber nur noch wenige sind deutscher Herkunft, die meisten sind Ungarn. Doch sie mögen die deutsche Kultur und Musik. Bereits seit dem Jahr 2001 haben wir die Tanzgruppe »Regenbogen«. Dieses Jahr war sie den ganzen Sommer unterwegs, in Bacău beim Oktoberfest, beim Sachsentreffen in Kronstadt und nächstes Wochenende fahren wir nach Vatra Dornei. Zu alldem haben wir eine wunderschöne Webseite. Wir haben in Bistritz auch noch eine Schule mit einer deutschen Abteilung der Klassen eins bis zwölf, mit über 300 Schülern. Das imposante Schulgebäude gehört jetzt wieder der evangelischen Kirche. Die Leiterin der deutschen Abteilung ist eine Sächsin und im Oktober feiern wir nach zehn Jahren wieder einen Lehrertag in Bistritz. Da kommen alle Lehrer von den deutschen Schulen in Siebenbürgen nach Bistritz.

Projektidee und -ziel: Erinnerungskultur pflegen, Identität bewahren

Trotz der abnehmenden Bevölkerungszahlen unterhalten die regionalen deutschen Minderheiten Institutionen, die für ihre politischen, sozialen und kulturellen Interessen und die Weiterbildung einstehen. Eine dieser zentralen Institutionen ist die Evangelische Akademie Siebenbürgen (EAS) in Hermannstadt/Sibiu. Unter ihrem Dach wurden in den letzten Jahren wichtige Projekte für die Selbst- und Fremdwahrnehmung sowie für die Erinnerungskultur der deutschen Minderheit durchgeführt. Beispielsweise initiierte die EAS unter dem damaligen Akademieleiter Pfarrer Dr. Jürgen Henkel bereits 2006 ein Museumsprojekt, in welchem der Autor dieses Bandes als Museologe eine durch Laien geschaffene Museenlandschaft analysierte und beschrieb.[1]

Aus der Erfahrung des Museumsprojekts und unter dem Eindruck der oftmals ergreifenden persönlichen Begegnungen mit den Menschen vor Ort, die sich mit ihren Sammel- und Ausstellungstätigkeiten gegen einen tragischen, doch unausweichlichen Wandel stemmen, entsprang die Idee eines Bandes mit gesammelten Interviews. Es schien an der Zeit, nicht nur Objekte zu sammeln und zu bewahren, sondern auch authentische Stimmen von jenen einzufangen, die als Erlebnisgeneration von ihrem Leben und Alltag innerhalb der Minderheitengemeinschaft und ihres multiethnischen Umfelds noch etwas zu erzählen hatten.

Die Idee des vorliegenden Projekts besteht darin, Zeitzeugen zu befragen, die ausschließlich den deutschen Minderheiten in Rumänien angehören und deren Erfahrungen bisher undokumentiert und deshalb verlorenzugehen drohte. Somit liegt das Hauptziel des vorliegenden Bandes darin, das Wissen über frühere Lebensumstände in die Erinnerung und Geschichtsschreibung zurückzuholen und damit einen genauso wichtigen wie wertvollen Beitrag zur Erinnerungskultur und zum historisch-kulturellen Gedächtnis der deutschen Minderheit in Rumänien zu leisten.

---

[1] Hierzu erschienen: Sören Pichotta, Museen der Kirchenburgen. Kleinode in Siebenbürgen (160 S., 2008, ACADEMIA Sonderband 1) sowie: Vom Sammelsurium zum Museum. Aspekte der Museumsarbeit in der evangelisch-sächsischen Kirchenlandschaft Siebenbürgen (176 S., 2008, ACADEMIA Bd. 5).

Unzweifelhaft werden damit nur Bruchstücke von Lebenserinnerungen gesammelt, doch scheint dies eine der letzten Möglichkeiten zu sein, das Wissen über das Leben der Rumäniendeutschen (auch für eine spätere wissenschaftliche Betrachtung) auf ein breiteres Quellenfundament zu stellen.

In diesem Sinne versteht sich diese Arbeit als Dokumentationsarbeit und sogar Quellensammlung und explizit nicht als soziologische Untersuchung mit gezielter Auswertung. Es geht um eine Erfassung von Selbst- und Fremdbildern sowie um ein umfassendes Bild vergangener Lebenswelten zwischen individuellen Lebensläufen und Lebenskontexten bis hin zu Konvergenzen und Divergenzen unterschiedlicher regionaler und konfessioneller Zugehörigkeiten innerhalb der deutschen Minderheiten in Rumänien, deren Schicksale durch eine Vielzahl von politischen Umbrüchen im 20. Jahrhundert in besonderer Art und Weise gekennzeichnet waren und teilweise noch sind.[2]

Diese Umbrüche brachten gravierende Einschnitte in die familiären, eigentumsrechtlichen und beruflichen Situationen und persönlichen Verhältnisse der Betroffenen. Parallel dazu setzte eine dramatische Veränderung des kulturellen und sozialen Umfelds ein, dass bis zum Ende des Zweiten Weltkriegs oftmals exklusiv deutsch bestimmt war.

Es ist offensichtlich, dass die persönlichen Erlebnisse mit den Veränderungen des sozio-kulturellen und politischen Makro- und Mikroumfelds in einem Wechselspiel standen. Das Ergebnis ist bekannt: der massenhafte Wegzug der deutschen Minderheit aus Rumänien ab 1978 (Abkommen zwischen Bundeskanzler Helmut Schmidt und Staats- und Parteichef Nicolae Ceaușescu) und vor allem nach 1990. Das bedeutete einen unumkehrbaren Einschnitt in die rumäniendeutsche Kultur, darüber hinaus für die gesamte rumänische Gesellschaft. Es gibt völlig von Deutschen entvölkerte frühere »sächsische Dörfer«, wie etwa in manchen Landstrichen Siebenbürgens (zum Beispiel Donnersmarkt/Mănărade bei Blasendorf/Blaj) oder Dörfer, in denen von früher bis zu 1000 deutschen Bewohnern noch zwanzig verblieben sind, wie zum Beispiel Schönau/Șona oder Bulkesch/Bălcaciu in der gleichen Region.

---

[2] Im Wesentlichen waren dies: politisch-territoriale und ökonomische Veränderung in Gebieten der ehemaligen österreichisch-ungarischen Monarchie, Zeit zwischen den Weltkriegen, Königsdiktatur und reichsdeutscher NS-Einfluss, Umsiedlungen und Kriegsauswirkungen der Jahre 1940-44, Deportation und staatsbürgerliche Entrechtung der deutschen Minderheit, Zeit der kommunistischen Diktatur in ihren unterschiedlichen Phasen, politische Wende und Massenauswanderung, Demokratisierung und Neuausrichtung der deutschen Minderheit in Rumänien nach 1990, europäische Integration, EU-Beitritt 2007.

Die noch Verbliebenen sind eine Minderheit der Minderheit, denn die überwiegende Mehrheit lebt in Deutschland. Und die heutigen Rumäniendeutschen sind in einem starken Alterungsprozess begriffen. Insofern war es ausdrücklich Ziel und Absicht des Projektes, an diese Leute heranzutreten und deren persönliche Erinnerungen für die Nachwelt aufzunehmen, zu »konservieren«.

Mit diesem Zeitzeugen-Projekt sollte ein weiterer Baustein im Mosaik einer bereits bestehenden vielfältigen Erinnerungskultur der rumäniendeutschen Minderheiten entstehen. Erinnerungskultur ist ein Begriff, der das persönliche »Erinnern« übersteigt. Durch den Anhang »Kultur« wird deutlich, dass hier die Erinnerung sozialisiert wird, zu einem in der Gesellschaft verankerten Begriff und Anliegen und daher von der Gesellschaft betrieben und gepflegt (kultiviert) werden soll. Stefan Jordan beschreibt die Bedeutung und den Zusammenhang von Erinnerungskultur und historischem Gedächtnis in seinem Buch über Theorien und Methoden der Geschichtswissenschaft sehr treffend mit den Worten:

»Erinnerung und Gedächtnis sind zwei fundamentale Kategorien menschlichen Denkens. Sie bezeichnen den Prozess, in dem ein Mensch Vergangenes gedanklich in seine Gegenwart einholt beziehungsweise den Ort und das Medium, in dem Eindrücke und Bilder von der Vergangenheit abgespeichert sind. Erinnern ist nur in Verbindung mit seinem Gegenteil, dem Vergessen, möglich; beides sind aktive Prozesse, in denen Bewahrenswertes von weniger Bewahrenswertem getrennt wird.«[3]

Gesellschaftliches Erinnern manifestiert sich in vielen Bereichen: Museen, Schulunterricht, Literatur, öffentliche Feier- und Festtage, Medien etc. Auch für die deutschen Minderheiten lässt sich aktuell und praktisch unter dem Begriff Erinnerungskultur eine enorme Vielzahl von Aktivitäten subsumieren, angefangen bei den bereits erwähnten Sammlungen und Ausstellungen bis hin zu Gedenkfeiern und -gottesdiensten unterschiedlicher Anlässe oder den jährlich stattfindenden Orts- und Gemeindetreffen bis hin zu den Großveranstaltungen[4] mit traditionellen Musik-, Trachten-

---

[3] Stefan Jordan, Theorien und Methoden der Geschichtswissenschaft, Paderborn 2009, S. 168 f.; vgl. insgesamt die ausgezeichnete Darstellung »Erinnerung und Gedächtnis«, S. 168-174, besonders die für unsere Fragestellung durchaus relevanten Erwägungen zum Verhältnis kollektiver und individueller Erinnerung, Generationen- und Kulturgedächtnis.

[4] Verwiesen werden soll hier auch auf die im Buch angesprochenen offiziellen Großveranstaltungen der Siebenbürger Sachsen wie die jährlich stattfindenden Sachsentreffen in Siebenbürgen und Dinkelsbühl oder die Heimattage der Ba-

und Tanzbeiträgen. Erinnerungskultur findet sich ebenso im literarischen Bereich wieder, wo es in den letzten Jahrzehnten eine große Anzahl von persönlicher Erinnerungsliteratur gab, ganz zu schweigen von den Beiträgen in den Print- und E-Medien. Darüber hinaus ist diese Erinnerungskultur ein wichtiger Teil der Identitätspflege geworden, die der sich »zurückbildenden« Gesellschaft der deutschen Minderheiten wichtige Impulse der Selbstvergewisserung und nachhaltigen Erinnerung gibt.

Das vorliegende Buch möchte Freunde, Kenner und Interessenten am südosteuropäischen Karpatenraum zur Beschäftigung mit den rumäniendeutschen Minderheiten anregen. Gleichzeitig soll für die weitere wissenschaftliche Arbeit zum Thema eine Dokumentation entstehen.

Oral history

Für die Befragungen wurde die Methode der *oral history* – der mündlichen Geschichte – gewählt. Mit diesem Ansatz wird – im Unterschied zur klassischen Geschichtswissenschaft oder der Museologie – nicht auf bereits Vorhandenes (Urkunden oder Objekte) zurückgegriffen, sondern es werden durch die Befragung, Aufzeichnung und Aufarbeitung historische Quellen »erzeugt«, anders formuliert: Mit dem Abfragen verschiedener Themen wird ein neuer Quellenfundus geschaffen. Karl Kaser unterstreicht in seinem Standardwerk zur südosteuropäischen Geschichte und Geschichtsforschung die besondere Bedeutung der *oral history* gerade für Forschungen in diesem Raum:

»Es ist mittlerweile zu einer Binsenweisheit geworden, dass man für historische Forschungen im südöstlichen Europa nicht nur über ausdauerndes Sitzfleisch für die Arbeit in den Archiven und Bibliotheken verfügen muss, sondern auch über ein gutes Schuhwerk. Die historischen Quellen sind vielfach nicht in den Archiven vorzufinden, sondern liegen sprichwörtlich auf der Straße – man hat sie nur aufzulesen. Es gab einmal eine Zeit, in der Historikern und Historikerinnen die Methode der oral history als etwas Gewagtes erschien. Heute sind wir wesentlich weiter: Wir können uns nicht mehr den vielfältigen

---

nater Schwaben. Eine weitere Kategorie hierzu sind die Beiträge der deutschen Minderheiten zu den ebenfalls jährlich stattfindenden regionalen multikulturellen Volksfesten (Festival de dansuri si tradiții populare) in Rumänien, zu dem u. a. das reaktivierte »Volkstumsfest im Wassertal« (Oberwischau/Maramuresch) zu zählen ist.

Möglichkeiten, die die Feldforschung bietet, verweigern. Oral history ist lediglich eine der vielen Methoden, die unter dem Begriff Feldforschung zusammengefasst werden.«[5]

Diese Vorgehensweise schien besonders geeignet, um das Ziel des Projekts zu erfüllen, nämlich die »kleinen Leute« zu Wort kommen zu lassen, deren Lebensgeschichten weder aktenwürdig waren, noch einen literarischen Niederschlag erfahren haben.

Für die Interviews wurde ein Fragenkatalog ausgearbeitet. Dieser enthielt ausschließlich sogenannte offene Fragen[6], um den Befragten sowohl individuelle Antworten zu den jeweiligen persönlichen Lebensumständen und Sichtweisen zu ermöglichen, andererseits aber auch ein annähernd kongruentes Themenspektrum abzuarbeiten.

Bei dieser Herangehensweise ist einkalkuliert, dass das Berichtete unvollständig und persönlich-emotional gefärbt ist. Doch der Reiz dieser Methode liegt gerade in seinen »unbereinigten« und einzigartigen Subjektivitäten[7], sprich in dem Authentischen, das einen Einblick in die jeweiligen individuellen Ansichten zulässt und dadurch ein tieferes Verständnis der beschriebenen und damit dokumentierten Lebenswelten und -weisen.

Arbeitsweise – Befragungsansatz, Auswahl der Probanden und Durchführung der Interviews

Der Fragekatalog enthielt circa zehn Schwerpunkte, wobei zunächst die *biografischen Grunddaten*[8] der Probanden erfragt wurden. Im ersten Themenkomplex sollten die Befragten ihre unmittelbare *Lebenswelt* beschreiben, also ihr familiäres und soziales Umfeld und das, was man mit dem Wort *Heimat* ausdrückt, wie man sich damit identifiziert beziehungsweise welches damit verbundene Identifikationsfaktoren sind.

Erfragt wurde das *Selbstbild als Deutsche* in Rumänien: Was verstand man persönlich beziehungsweise in der Gruppe unter dem »Deutschsein« beziehungsweise was wurde als typisch deutsch empfunden.

Aus diesem Ansatz heraus ergab sich der nächste Fragenkomplex über das *Fremdbild*, also zum Verhältnis zu und das Bild über

---

[5] Karl Kaser, Südosteuropäische Geschichte und Geschichtswissenschaft, Wien/Köln/Weimar, 2. Aufl. 2002, S. 248.

[6] Im Gegensatz zu »geschlossenen Fragen«, welche Antworten vorgeben.

[7] Siehe hierzu: Dorothee Wierling, Oral History, in: Handbuch der Geschichtsdidaktik, Seelze-Velber, 5. Aufl. 1997, S. 236 ff.

[8] Geburtsjahr und -ort, Elternhaus, Schulbildung und Beruf, Familienstand.

die mitwohnenden Nationen, vor allem zu den Rumänen, die die Mehrheitskultur darstellen. Darüber hinaus ging es um das *Bewusstsein als Minderheit*, wie gestaltete sich der Alltag in der Minderheit und was wurde dabei als positiv oder negativ empfunden.

Weitere Fragen bezogen sich auf *historische Ereignisse*, also diejenigen Zeitmomente, die spürbare Einschnitte[9] in das persönliche, familiäre und gemeinschaftliche Leben bedeuteten. Die Befragten sollten auch die *Jetzt-Situation* sowie die *Zukunft der Deutschen in Rumänien* einschätzen und welche Einstellung man als »Hiergebliebener« zur *Auswanderung* und den Ausgereisten einnahm.

Erfragt wurde ebenso *Verhältnis zu Deutschland und den Deutschen* (aus der Bundesrepublik). Interessant dabei ist, ob sich dabei die Einstellung, Deutscher in Rumänien zu sein, verschob oder eine zusätzliche Spezifizierung erlebte.

Stellte sich im Laufe der Befragung heraus, dass ein Interviewpartner zu einem spezifischen Thema über profundes Wissen und Erfahrung verfügte – beispielsweise Deportation, Kirche oder Gemeinschaftsleben –, wurde der Fragenleitfaden verlassen und mit weitergehenden Fragen diese Thematik vertieft.

Bei der Auswahl der Probanden kam dem Sesshaftigkeitsprinzip die oberste Priorität zu. Interviewt wurden nur dauerhaft im Lande gebliebene Angehörige der deutschen Minderheit.[10] Zudem kamen ausschließlich Personen infrage, die mit ihrer Region bestens vertraut waren. Als Idealfall bedeutete das, dass die Leute in der Region geboren und größtenteils dort gelebt haben. Vereinzelt musste allerdings von diesem Prinzip abgewichen werden, da es nicht mehr möglich war, dieses Kriterium zu erfüllen.[11]

Im Sinne des Projektziels war bei der Auswahl der Probanden ein möglichst hohes Alter erwünscht, wobei ein Mindestalter von 70 Jahren angestrebt wurde. Davon ist nur in einigen Ausnahmefällen abgewichen worden. Eine weitere Bedingung war das Beherrschen der deutschen Sprache sowie ein gutes Erinnerungsvermögen und geistige Frische. Bei der Auswahl nach

---

[9] Es handelte sich hier vorrangig um die Auswirkungen des Zweiten Weltkriegs bzw. dessen Ende und speziell die Deportation nach Russland sowie die Zeit der politischen Einschränkungen und Enteignungen in dieser Zeit. Des Weiteren sollten sich die Befragten nach den empfundenen Auswirkungen der kommunistischen Periode, der rumänischen Revolutions- und Nachrevolutionszeit sowie der Massenausreise und der Jetztsituation äußern.

[10] Dies ist insofern zu betonen, da mittlerweile eine Vielzahl von Erinnerungsliteratur ausgewanderter Rumänien-Deutscher erschienen ist.

[11] Lediglich in zwei Fällen wechselten die Befragten schon in ihrer Jugend in eine andere Region. Öfters kam es jedoch vor, dass innerhalb einer Region der Geburts- und der Wohnort verschieden waren.

Geschlechts- und Konfessionszugehörigkeit wurde auf eine ungefähre Balance geachtet, ebenso beim Kriterium Stadt-Land-Bevölkerung. Betreffs regionaler Verteilung ging es um eine ausgewogene Proportion, bei nur noch sehr kleinen Minderheiten wurde aber mindestens eine Person befragt.[12]

Durchgeführt wurden 30 Befragungen, allerdings konnten nicht alle für das Buch verwendet werden, da die Qualität der Interviews nicht immer dem angestrebten Standard entsprach. Auch im Hinblick auf eine maximale Buchseitenzahl wurden die ins Buch aufgenommenen Interviews auf 26 reduziert, allerdings befinden sich darunter drei Doppelinterviews, so dass die geplante Anzahl von Personen annähernd erreicht wurde.

Zur Kontaktaufnahme mit den Interviewpartnern wurde auf die Infrastrukturen der deutschen Minderheiten zurückgegriffen und bei den Pfarrämtern oder Ortsverbänden des Demokratischen Forums der Deutschen in Rumänien (DFDR) angefragt. Dieser Weg erwies sich als zuverlässig und unproblematisch, was für den nach wie vor hohen Organisationsgrad der deutschen Minderheiten spricht. Auffällig dabei auch – und das sollte nicht unerwähnt bleiben –, wie gut die zwischenmenschlichen Kontakte unter einander funktionierten, denn wurde man von einer Person empfohlen, bedeutete dies bereits einen hohen Vertrauensvorschuss seitens des Probanden für den Autor.

Die konkreten Terminabsprachen mit den Probanden wurden per Telefon beziehungsweise über eine Drittperson vorgenommen. Zur Vorbereitung wurden mit den Ausgewählten die Fragen im Vorfeld besprochen, im günstigsten Fall einen Tag vor dem Interview. War dies nicht möglich, wurden die Fragen direkt vor der Erhebung besprochen. Die Befragungen wurden in den jeweiligen Privatwohnungen oder offiziellen Räumlichkeiten wie in Pfarrämtern, Forumsbüros oder Gemeinschaftszentren durchgeführt.

Die Befragung erfolgte jeweils an einem Tag, da den Probanden mehrmaliger Besuch erspart werden sollte, auch waren Zeit und finanzielle Mittel des Interviewers nicht unbegrenzt. Prinzipiell wurden Einzelinterviews durchgeführt und in drei Fällen Doppelinterviews. Letzteres wurde bewusst zugelassen, wenn deutlich wurde, dass bei der persönlichen Interview-Anfrage eine gewisse Scheu vor einem Einzelinterview vorhanden war oder sich zwei Personen zugleich zum Interview bereit erklärten.

---

[12] Befragt wurden Mitglieder folgender deutscher Minderheiten: Banater Schwaben, Batschka-Schwaben, Siebenbürger Sachsen, die Deutschen im Gebiet der historischen rumänischen Landesteile der Moldau und der Walachei (sogenanntes Altreich) sowie der Dobrudscha, der Bukowina, der Maramuresch und des Kreisch-Gebiets (Partium).

Das Aufsuchen der Interviewpartner war oftmals eine aufwändige Angelegenheit, da diese teilweise in abgelegenen Regionen lebten und somit weite Entfernungen zurückgelegt werden mussten. Die Anreise erfolgte entweder mit dem Auto, über Mitfahrgelegenheiten oder öffentliche Verkehrsmittel. Die Reisen wurden nach Regionen geplant, wobei bei Bedarf Übernachtungsmöglichkeiten organisiert werden mussten. Oftmals war es möglich, beim jeweiligen Ortspfarrer oder Ortsverband des DFDR zu übernachten.

Die Termine mit den Probanden[13] mussten so miteinander abgestimmt werden, dass ein nochmaliges Anreisen vermieden werden konnte. Dies funktionierte nicht immer, so dass einige wenige Male eine weitere Anfahrt unternommen wurde. Nur selten kam es vor, dass sich empfohlene Interviewpartner nicht zur Verfügung gestellt haben. Die Gründe hierfür sind im Persönlichen zu vermuten oder in einer Kontakt- oder Redeangst.

Waren die Probanden bereit, Fotografien zur Verfügung zu stellen, wurde so verfahren, dass diese aufgrund des hohen persönlichen Wertes für die betreffenden Personen gleich vor Ort oder in der Nähe vervielfältigt wurden. Dies war in ländlichen Gegenden oftmals ein Problem, da hierfür die nächstgelegene Stadt angesteuert werden musste, was Zeit und zudem eine weitere Übernachtung kostete. In einigen Fällen waren die Probanden bereit, thematisch passende Fotos auszuwählen und per Post zuzusenden.[14] Diese Fotos wurden nach der Reproduktion wieder zurückgeschickt.

Alle Interviews wurden mit einem Aufnahmegerät aufgezeichnet und zunächst als komplette Sprechtexte transkribiert. Da die Interviews als Lesetexte erscheinen, musste das größtenteils umfangreiche Textmaterial gekürzt[15], sprachlich und grammatikalisch bearbeitet und ins Hochdeutsche übertragen werden. Der ursprüngliche Ansatz, mit den Interviews auch den jeweiligen Dialekt in der Besonderheit der Ausdrucksweise und Wortwahl beizubehalten und authentisch wiederzugeben, musste aufgegeben

---

[13] Bei den Terminvereinbarungen musste in Betracht gezogen werden, dass es sich um Personen fortgeschrittenen Alters handelte, welche zeitlich und räumlich nicht mehr flexibel waren. Auch konnte nicht allen Personen zugemutet werden, den Autor persönlich zu empfangen, so dass einige Interviewpartner nur zu einer bestimmten Zeit und an einem bestimmten Ort bereit waren, sich befragen zu lassen oder diese gar abgefangen werden mussten, wenn sie vor Ort waren.

[14] Bei dieser Gelegenheit möchte ich mich bei den entsprechenden Personen für das Vertrauen bedanken.

[15] Die abgedruckten Lesetexte geben die Hälfte oder weniger der Sprechtexte wieder.

werden, da die Texte vom hochdeutschen Leseempfinden zu weit abgewichen wären, worunter die Lesbarkeit erheblich gelitten hätte.

Als schwierig erwies sich die inhaltliche Bearbeitung der Sprechtexte, vor allem dann, wenn die Interviewpartner sich zu weit vom Fragekanon entfernten und in zu vielen Nebensächlichkeiten und Wiederholungen verstrickten. Hier mussten sensibel Textbereinigungen vorgenommen werden. Dies bedeutet aber nicht, dass die Aussagen an sich entstellt wurden.

Vereinzelt wurde im Buch auf eine Wiedergabe als Interviewtext (Frage-Antwort-Text) verzichtet. Das war der Fall, wenn die Erzählstruktur zu stark von der Reihenfolge der Fragen abwich oder diese nicht verstanden wurden und es nur über einen großen Bogen möglich war, zu den Hauptthemen zurückzukehren. In diesem Falle, und um das Interview dennoch wiederzugeben, schien es zweckmäßiger, nach Themen zu ordnen und das jeweilige Interview thematisch strukturiert als Fließtext zusammenzusetzen. Selbstverständlich wurde darauf geachtet, dass die Sinnfälligkeit dabei gewährleistet blieb. Bei der Mehrheit der Texte erübrigte sich jedoch diese Vorgehensweise, so dass diese in ihrer ursprünglichen Form als Interviews wiedergegeben werden konnten. Die Texte wurden von den Probanden autorisiert.

Da im vorliegenden Band ausschließlich Angehörige der deutschen Minderheit im Mittelpunkt stehen, werden im Buch weitestgehend auch die von den Befragten benutzten deutschen Orts- und Regionalbezeichnungen verwendet. In den Fällen, wo die rumänischen Bezeichnungen benutzt wurden, sind diese natürlich belassen worden. Um den nicht-ortskundigen Lesern die Orientierung zu erleichtern, wird unter die Interviews eine deutsch-rumänische Ortsliste angefügt.

Zusammenfassung der Ergebnisse

Grundsätzliches

Das Anliegen des Projektes und die Durchführung der Befragungen ist von den befragten Menschen weitestgehend positiv aufgenommen worden, stieß sogar oftmals auf eine erfreuliche Hilfsbereitschaft und Interesse. Fast schien es, dass einige Befragte regelrecht darauf warteten, ihre Lebensgeschichte »an den Mann bringen« zu können.

Der ursprüngliche Ansatz, lediglich »einfache« Leute zu befragen, erwies sich während der Projektdurchführung als nicht vollends sinnvoll. Gründe hierfür lagen in nachgelassener Gedächtnisleistung, in mangelhaft reflektierter Erinnerung oder einer Überforderung mit den Fragen. In diesen Fällen konnte entweder gar nicht geantwortet werden, oder es kam zum Ausweichen bis hin zu stark simplifizierten Antworten. Auf diese Tendenz wurde reagiert und Probanden hinzugezogen, die über eine überdurchschnittliche Bildung verfügten. Dadurch konnten das Informationsspektrum und die Qualität der Interviews verbessert werden.

Während der Interviews kam es vereinzelt zu sehr emotionalen Ausbrüchen[16], was nicht selten eine thematische Ablenkung oder eine Einschränkung der Gesprächsfortführung zur Folge hatte. Hier musste äußerst sensibel und einfühlsam reagiert werden, um das Interview nicht gänzlich zu gefährden.

Beim wichtigen Kriterium der Beherrschung der deutschen Sprache kann resümiert werden, dass beinahe alle sie perfekt können, wobei es natürlich regional bedingte Unterschiede in Akzent und Wortschatz gab. Bei einigen wenigen Ausnahmen waren Schwierigkeiten mit der deutschen Sprache festzustellen, dies betraf Angehörige nur noch sehr kleiner deutscher Minderheiten, wo kein beziehungsweise nur noch ein kleines deutschsprachiges Umfeld vorhanden, die Alltagssprache also Rumänisch oder Ungarisch war.

Auffallend war, dass fast alle Befragten unabhängig davon, welcher der deutschen Minderheitengruppen sie angehörten, gut bis hervorragend mit der Geschichte ihrer Volksgruppe und der Familiengenerationen vertraut waren.

In Anbetracht der Tatsache, dass es fast aussichtslos ist, *den* idealen Gesprächspartner zu finden, der alle Kriterien für ein optimales Interview erfüllt, kann festgestellt werden, dass die Auswahl der Probanden aufgrund der unterschiedlichen Menschencharaktere und der daraus entsprungenen Lebenserfahrungen und Meinungsvielfalt als gelungen und die Ergebnisse insoweit auch als ansatzweise repräsentativ bezeichnet werden können.

Thematische Zusammenfassung[17]

So gut wie allen Befragten war gemein, dass sie über gute bis extrem detaillierte Erinnerungen über ihre Kindheit verfügten. Dabei ist auffallend, dass die Beziehung zu den Eltern, teilweise sogar zu den Großeltern, als sehr innig wahrgenommen und wiedergegeben wurden. Ein bedeutender Aspekt innerhalb der Kindheit war die Schulzeit, die eine wichtige Phase der Sozialisierung innerhalb des deutschen Umfelds und auch der Abgrenzung hin zum Anderen darstellte.

---

[16] Meist beim Thema Deportation.
[17] Hier nur wesentliche Punkte und Tendenzen.

Nicht selten wurden die Erinnerungen an die Schulzeit mit einem gewissen Stolz vorgetragen – in dem Bewusstsein, dass die deutschen Schulen nicht nur eine lange Tradition besaßen, sondern, auch in der kommunistischen Zeit, über eine hohe Qualität verfügten. Dies dürfte unter anderem der Disziplin und dem guten Organisationsgrad geschuldet sein, der an diesen Schulen herrschte. War man allerdings durch äußere Umstände wie beispielsweise dem Kriegsende und der damit verbundenen (vorläufigen) Schließung deutscher Schulen gezwungen, rumänische Schulen zu besuchen, waren es gerade diese, die die Abgrenzung zu andersethnischen Nachbarn durchbrachen.

Eine besondere Rolle nahmen die Kriegsereignisse beziehungsweise das Kriegsende ein, eine Zeit, die für viele schwerwiegende persönliche Einschnitte bedeutete. Im Speziellen gingen die Schicksale der Befragten teilweise auseinander, da die deutschen Minderheiten in Rumänien in sehr unterschiedliche Situationen gerieten: So gab es diejenigen, die das Land verlassen mussten[18], jene, die in ihrer Heimat und somit in Rumänien blieben, und jene, die zwar in ihren Heimatorten verbleiben konnten, aber durch politische Entscheidungen plötzlich zu einem anderen Staat gehörten.[19]

Von allen Befragten wurden diese Ereignisse als schwerwiegend empfunden. Zwei Szenarien lassen sich für die Rumäniendeutschen feststellen: Diejenigen, die zu Umsiedlern und später zu Flüchtlingen wurden, erlebten den Krieg quasi hautnah und fanden im Falle ihrer Rückkehr ihr ursprüngliches deutsches Umfeld so gut wie nicht mehr wieder. Andrerseits hatten die Deutschen, die in ihrer Heimat verblieben – Siebenbürger und Banater – kaum Kontakt mit direkten Kriegshandlungen, aber sie hatten die mehrjährige Deportation nach Russland zu ertragen.

Mit dem Stichwort *Heimat* wurde bei der Befragung bewusst ein Begriff ins Spiel gebracht, der Aufschluss geben sollte über die Identifikation der Probanden zu ihrer ursprünglichen Lebenswelt beziehungsweise was sie als solche erklären. Da die Interviewten »Daheimgebliebene« sind, war zu vermuten, dass sich hinter *Heimat* vor allem ein ausgeprägtes Bewusstsein für das Hiergebliebensein verbirgt. Im Großen und Ganzen trifft das auf die Befrag-

---

[18] Dies betraf vor allem die Regionen Bukowina und die Dobrudscha, hier wurden im Zuge der »Heim ins Reich«-Aktion die dortigen Deutschen ins Deutsche Reich bzw. in besetzte Gebiete umgesiedelt.

[19] Durch den Zweiten Wiener Schiedsspruch von 1940 fiel Nordsiebenbürgen und die Maramuresch an Ungarn.

ten auch zu. Trotz aller Schwierigkeit, die der Begriff in sich birgt, ging man sehr offen an dieses Wort heran. Nur wenige konnten mit dem Begriff nichts anfangen oder verneinten diesen. Letzteres traf eher auf die Städter zu, teils weil sie als Zugezogene selber dort ihren neuen Lebensmittelpunkt gefunden hatten beziehungsweise sich der deutschen Gemeinschaft entziehen konnten, teils weil der Begriff sich auf eine (Groß-)Stadt schwerer anwenden lässt.

Heimat bedeutete für viele der Inbegriff für den Ort, wo man (hin-)geboren wurde und wo Vertrautes vorherrscht. Doch zeigte die Konnotation Heimat – Vertrautes selbst für in Rumänien Verbliebene starke Risse. Vieles vom Vertrauten ist verschwunden: die Familien, die Gemeinschaft, die gewohnte Sprache auf der Straße usw. In vielen Interviews wurde deutlich, dass die Befragten sich »ihre Welt« bewusst erhalten, eine Welt, die nur noch sie verstehen, beispielsweise wenn nach wie vor die alten Orts- oder Straßennamen verwendet oder Geschäftsnamen benutzt werden, auch wenn die Geschäfte bereits seit Jahrzehnten nicht mehr existieren. Eine verständliche Nostalgie drang auch durch, wenn »Heimat« mit den »Ahnen« oder den »Vorvätern« in Verbindung gebracht wurde, deren Lebenswerk man nicht verachtet oder gar verlässt.

Die griffigste Erklärung für »Heimat« in Verbindung mit In-der-Heimat-geblieben kam von denjenigen, die meinten, das Heimat dort ist, wo man sich wohlfühlt und zu Hause ist, oder wie es in einem Interview ausgedrückt wurde: »Es [Heimat, S. P.] ist das Gefühl des Verwurzeltseins. Dazu gehört auch das Bunte der gemischten Bevölkerung. Hier bin ich einfach zu Hause.«[20]

Zum Begriff *Heimat* gehören für viele aber auch typische Institutionen der Gemeinschaft, die teilweise über Jahrhunderte das sozio-kulturelle Rückgrat bildeten – insbesondere bei den Siebenbürger Sachsen. Dies waren neben den Schulen die Organisationen der Nachbarschaften und vor allem die Kirche. Egal ob evangelisch-lutherisch oder römisch-katholisch, die Kirche beziehungsweise die kirchliche Gemeinschaft schienen im hier abgebildeten Zeitraum eine ganz zentrale Rolle einzunehmen – und das bei allen deutschen Volksgruppen. Nahezu alle Befragten bekannten sich zur Kirche beziehungsweise erleben sie bis heute als die alles zusammenhaltende Institution.[21]

Weitere Kategorien waren das Selbstbild als Deutsche (in Rumänien) beziehungsweise das Deutschsein – also wie sieht man sich

---

[20] Siehe Interview mit Inge Jekeli, Mediasch.
[21] Selbst kirchenkritisch eingestellte Personen wurden entweder über die Kirchengemeinde vermittelt oder dort angetroffen.

und seine Kultur als deutsch und was erkennt man dabei als »typisch« an. Je nach Kontext kann hierbei variiert werden zwischen einem generellen Selbstbild als Deutscher, in seiner regionalen Einfärbung als siebenbürgisch-sächsisch oder banat-schwäbisch etc. und dem Selbstbild als Auslandsdeutscher – beispielsweise im Falle des Kontakts mit Bundesdeutschen[22].

Bezüglich des »Deutschseins in Rumänien« war wohl keiner der Fragepunkte so unumstritten wie dieser: Die Deutschen in Rumänien fühlen sich unzweifelhaft als Deutsche und verbinden damit einen gewissen Stolz und die Gewissheit, dass man als Angehöriger der deutschen Minderheit auch persönlich für die sogenannten deutschen Tugenden wie Fleiß, Ehrlichkeit, Verlässlichkeit etc. steht. Dafür genießt man in der anderen Bevölkerung einen gewissen Respekt und Anerkennung. Doch »deutsch« ist in Rumänien offensichtlich nicht nur positiv besetzt, denn es steht auch für Einfältig- beziehungsweise Folgsamkeit, für langweilig und unlustig, für penibel bis pingelig.

Als deutsch betrachteten die Befragten unzweifelhaft ihren unmittelbaren Kulturkreis, in welchem die ganz eigenen spezifischen Traditionen und Bräuche gepflegt werden. In diesem Kontext traten wiederum die bereits erwähnten Institutionen Schule, Kirche, Nachbarschaftsorganisationen, Deutsches Forum etc. zutage. und natürlich auch die Sprache – vom Dialekt bis zum Hochdeutsch. Über Letzteres bekommen die Rumäniendeutschen eine Art angeborenen Zugang zu einer anderen Welt, der »deutschen Kultur-Welt«.

Einige der Befragten gaben in diesem Zusammenhang an, mit den »Klassikern« der Literatur und dem Liedgut bestens vertraut zu sein – hier könnte man annehmen, mehr als der bundesdeutsche Durchschnittsbürger. Über die Sprache und speziell über das deutsche TV-Programm bauen sich viele Rumäniendeutsche auch eine Art »Ersatz- und Kontaktwelt« zu ihren Verwandten und Bekannten in Deutschland auf: »Jetzt kann ich Schritt halten ... Ich weiß, wo sie leben, ich sehe sie, ich kann jetzt alles miterleben.«[23]

Das Deutschsein ist aber auch bei den Rumäniendeutschen an negative Erinnerungen gekoppelt, denn es bedeutete für Tausende, dass sie 1945 den Weg zur Deportation in die Sowjetunion antreten zu mussten.[24] Fast alle der Befragten waren von die-

---

[22] Historisch ist hier auch Österreich zu erwähnen, in dessen habsburgischen Zeiten viele der deutschen Minderheiten auf dem Territorium des heutigen Rumäniens angesiedelt wurden. Diese Tatsache wurde von einigen Probanden erwähnt, allerdings wurde darauf nicht näher eingegangen.

[23] Siehe Interviews Anneliese Andrâşescu oder Dorothea Schiff.

[24] Das wird beispielsweise bis heute in vielen Gedenkveranstaltungen erwähnt.

sem Ereignis betroffen, entweder selbst oder die Eltern und Verwandte. Die Tragik der Deportation lag darin, dass sie neben der Massenauswanderung von 1990 das einschneidendste Ereignis für die Rumäniendeutschen bedeutete, da während der Zeit der Deportation und des dazu parallel verlaufenden Systemwechsels die meisten ihren persönlichen Besitz verloren haben.

An dieser Stelle stellte sich die Frage, ob man eine Mitschuld der Rumäniendeutschen bei der Kooperation mit Nazideutschland sah. Nicht in allen Interviews ist dieses Thema angesprochen worden, allerdings deckte das Antwortspektrum vom lediglich persönlich erfahrenen unverschuldeten Leid bis hin zur kollektiven Mitschuld alles ab.[25]

Ein weiterer Bestandteil des Selbstbilds als Deutsche war die Zugehörigkeit zur jeweiligen regionalen deutschen Minderheit zum Beispiel als Siebenbürger Sachse oder Banater Schwäbin. Hier war es interessant, wo die Befragten die Linie zogen zwischen »deutsch-deutsch« oder beispielsweise »siebenbürgisch-deutsch«. Meistens wurde die Frage mit einem Sowohl-als-auch beantwortet, also einer auch in der Bundesrepublik üblichen Interpretation.

Grundsätzlich wurde ein beschädigtes Selbstbild als Deutscher offensichtlich, wenn das Thema Deutschland angesprochen wurde.[26] Fast immer kam dann große Enttäuschung zum Ausdruck über die weitverbreitete Unkenntnis der Bundesdeutschen über die Rumäniendeutschen. In diesem Zusammenhang fiel die Bemerkung »Die Deutschen kennen die Geschichte der Deutschen nicht«. Unverständnis bis Kränkung wurde empfunden, wenn besagte geschichtliche Unkenntnis sich mit staatsnationaler Versimplifizierung paarte und die Rumäniendeutschen mit Rumänen gleichgesetzt wurden – mit dem Argument, dass es in Rumänien schließlich nur Rumänen geben könne.[27]

Sieht man von einigen wenigen Äußerungen über die Hilfs- und Aufnahmebereitschaft ab, zeichnete sich unter den Befragten ein Deutschlandbild ab, das einerseits bestimmt wird von der Anerkennung vor Ordnung, Sauberkeit und guter Organisation, andrerseits aber auch von fehlenden Mensch-zu-Mensch-Bezie-

---

[25] Vgl. hierzu Paul Milata, Zwischen Hitler, Stalin und Antonescu. Rumäniendeutsche in der Waffen-SS, Köln, Weimar, Wien 2007 (= Studia Transylvanica, Bd. 34).

[26] Mit Deutschland sind zu Zeiten der Trennung beide Teile gemeint. Dabei dürfte nicht verwunderlich sein, dass viele der Befragten ihre ersten teilweise auch intensiveren Kontakte mit der DDR hatten.

[27] Dies wird in vielen Interviews bemerkt. Als Beispiel hier die Äußerung einer Wissenschaftlerin aus der DDR. Siehe Interview mit Herr Kottler.

hungen. Also das Menschliche wurde vermisst. Dies schien den Befragten auch von nach Deutschland ausgewanderten Landsleuten bestätigt worden zu sein.

Neben dem Selbstbild spielte auch das Fremdbild, hier vor allem gegenüber der rumänischen Mehrheitsbevölkerung, eine Rolle. Trotz einiger Verbitterungen, die meistens in Bezug auf Enteignungen in der Nachkriegszeit hervortraten, gewinnt man das Bild, dass die meisten Befragten eine positive Einstellung zum Land hatten und den Rumänen gegenüber Verbundenheit und Respekt empfanden. In diesem Zusammenhang wurde auch erwähnt, dass die Rumäniendeutschen einiges von der Gelassenheit und Lebenslust der Rumänen angenommen und davon in ihrem Lebensgefühl profitiert hätten, Aspekte, die durchaus den Entschluss zum »Hierbleiben« beeinflusst haben könnten.

Ein weiteres Indiz dafür, dass die Befragten sich in Rumänien »zu Hause« fühlten, dürfte auch die Einstellung zur Staatssprache Rumänisch sein. Alle Befragten beherrschen diese Sprache gut bis sehr gut und gaben dies auch mit einem gewissen Stolz auf eine vorbildliche Integration und Loyalität gegenüber ihren rumänischen Nachbarn zu. Die Vermutung, dass sich die Befragten bei politischen Themen zurückhalten würden, bestätigte sich nicht. Es wurde sowohl die Gegenwartspolitik kritisiert, wie auch lobend über die fortschrittliche Minderheitengesetzgebung der Regierungen gesprochen. Eine Interviewpartnerin war sogar der Meinung, dass die Deutschen als Minderheit mehr Rechte besäßen als der rumänische Mitbürger.[28]

Ein schwieriges Thema war das Auswandern. Fast jeder der Befragten war davon betroffen, da die nähere Verwandtschaft – fast immer die Kinder und Enkelkinder – nach Deutschland ausgewandert sind. Festgesetzt hatte sich die Erinnerung an den massiven Auswanderungsprozess, als sich für nahezu alle Befragten innerhalb eines sehr kurzen Zeitraums von nur wenigen Jahren das Lebensumfeld änderte.

Auf die Frage, warum man nicht selbst das Auswandern erwog, wurden sehr unterschiedliche Positionen eingenommen: Hier wurde teils mit einem zu hohen Alter argumentiert, aber auch mit kategorischen Entscheidungen zum »Hierbleiben« aus Gründen der Verbundenheit zum Umfeld, des Berufes wegen oder aus moralischer Verpflichtung den verbliebenen Angehörigen gegenüber. Für einige war es auch der Umstand der Ehe mit einem rumänischen Partner. Fast alle beurteilten den Grund der Auswanderung

---

[28] Siehe Interview Frau Simeon.

als einen materiellen, dem wurde teils Verständnis, teils Ablehnung entgegengebracht.

Im letzten Punkt des Interviews wurde gebeten, sich zur Jetzt-Situation sowie der Zukunft der Deutschen in Rumänien zu äußern. Teils dramatisch wurde ein Bild der Abwicklung und in diesem Sinne auch des Abschieds von einer Kultur gezeichnet, teils gab es aber auch Optimisten, die der Meinung waren, dass es »irgendwie« weitergeht. Allen Befragten war jedoch bewusst, dass die Zeit, als die Deutschen in Rumänien noch eine offensichtliche und wichtige kulturelle Rolle einnahmen und damit ihre Regionen prägten, unwiederbringlich vorbei sei.

Danksagung

Ich möchte zunächst der Evangelischen Akademie Siebenbürgen/ EAS und dem früheren Akademieleiter Pfarrer Dr. Jürgen Henkel danken, der den Anstoß zu diesem Projekt gegeben hat. Ich danke dem Projektmanager der Akademie, Herrn Roger Pârvu, der die Antragstellung für Zuschüsse erfolgreich initiiert und abgewickelt hat, ohne die das Projekt nicht möglich gewesen wäre. Ich danke der EAS auch für die zur Verfügung gestellte Logistik (Arbeitsräume, Fahrzeug etc.).

Mein besonderer Dank gilt dem Haus des Deutschen Ostens/ HDO in München, das dieses Projekt als Kooperationspartner der EAS im Wesentlichen finanziert und dadurch die Durchführung der Interviews und der dazugehörigen Fahrten und Aufenthalte überhaupt erst ermöglicht hat.

Ich danke allen Interviewpartnern für ihre Bereitschaft zu teils sehr persönlichen Erfahrungen und Erlebnissen aus dem eigenen Leben Stellung zu nehmen und so bereitwillig Auskunft zu geben in dem Wissen darum, dass dies einmal veröffentlicht wird. Unvergesslich wird die Gastfreundschaft vieler Interviewpartner bleiben. Oftmals wurde man zum Essen eingeladen oder es wurden Getränke herbeigeschafft. Nicht selten wurde man mit einem Päckchen Kuchen, Speck, Eier oder auch einer Flasche Wein oder Schnaps nach Hause geschickt.

Einen herzlichen Dank an dieser Stelle auch an die Förderer der Buchveröffentlichung, die durch ihre Druckkostenzuschüsse die Ergebnissicherung in gedruckter Form ermöglichten. Es freut mich sehr, dass mit einer gewissen zeitlichen Verzögerung nun doch die Ergebnisse dieses Interview-Projekts dokumentiert und für die Gegenwart und die Nachwelt, aber auch für Forschung und Wissenschaft gesichert und überliefert werden können.

Aus der umfangreichen Literatur über die deutsche Minderheit in Siebenbürgen und Rumänien seien exemplarisch genannt: Hannelore Baier u. a., Geschichte und Traditionen der deutschen Minderheit in Rumänien, Mediaş/Mediasch 2004; Jürgen Henkel, Rumänien und seine Minderheiten in Geschichte und Gegenwart, in: Zur Versöhnung herausgefordert. Ideen und Informationen. Arbeitsheft zum Weltgebetstag 2002, Stein 2002, S. 62-74; Erich Kendi, Minderheitenschutz in Rumänien, München 1992 (Untersuchungen zur Gegenwartskunde Südosteuropas, Bd. 30); Zsolt K. Lengyel/ Ulrich A. Wien, Siebenbürgen in der Habsburgermonarchie, Köln, Weimar, Wien 1999 (= Siebenbürgisches Archiv, Bd. 34); Viorel Roman/Hannes Hofbauer, Transsilvanien/Siebenbürgen, Begegnung der Völker am Kreuzweg der Reiche, Wien 1996; Harald Roth, Kleine Geschichte Siebenbürgens, Köln, Weimar, Wien 1996; Annemie Schenk, Deutsche in Siebenbürgen. Ihre Geschichte und Kultur, München 1992; Günter Schödl (Hg.), Deutsche Geschichte im Osten Europas. Land an der Donau, Berlin 1995; Zu Rumänien: vgl.: Thede Kahl/ Michael Metzelin / Mihai-Răzvan Ungureanu (Hg.), Rumänien, Wien/Berlin 2006; Ekkehard Völkl, Rumänien, Vom 19. Jahrhundert bis zur Gegenwart, Regensburg 1995. Es gibt zahlreiche Studien zu den verschiedenen deutschen Siedlungsgruppen in Rumänien und früher zeitweise rumänischen Gebieten, z. B.: Ute Schmidt, Die Deutschen aus Bessarabien. Eine Minderheit aus Südosteuropa (1814 bis heute, Köln, Weimar, Wien 2003, oder auch zur Kirchengeschichte der deutschen Minderheit, z. B.: Jürgen Henkel, Evangelisch in der Dobrudscha. Anmerkungen zum Gemeindeleben der lutherischen Christen in den Gemeinden der Dobrudscha in Geschichte und Gegenwart, in: Valentin Ciorbea (Hg.), Germanii dobrogeni – Istorie şi civilizaţie, Konstanza 2006, S. 37-46; Christa Stache/ Wolfram Theilemann, Evangelisch in Altrumänien. Forschungen und Quellen zur Geschichte der deutschsprachigen evangelischen Kirchengemeinden im rumänischen Regat, Schiller Verlag, Bonn-Hermannstadt 2012.